# LA

# SECONDE

# TERREUR

## EN QUERCY

Par M. Eugène Sol

TOULOUSE

IMPRIMERIE COMMERCIALE DU " TÉLÉGRAMME "

—

1914

# LA
# SECONDE
# TERREUR
## EN QUERCY

Par M. Eugène SOL

TOULOUSE
IMPRIMERIE COMMERCIALE DU " TÉLÉGRAMME "

—

1914

# DU MÊME AUTEUR :

## Librairie Edouard CHAMPION, *Paris, 5, Quai Malaquais.*

**Archives Ombriennes :**

    1° *Les Archives Oddi-Baglioni de Pérouse.* 1903, broch. in-8° de 40 pages..................................... 1 fr.

    2° *Les Archives épiscopales de Pérouse.* 1903, 1 vol. in-8° de 168 pages.................................... 4 50

**Un Canoniste du XVI° siècle :**

    *Le cardinal Giacomo Simonetta.* Rome, Cuggiani. 1902, broch. in-8° de 48 pages;

**L'Œuvre canonique du Cardinal Giacomo Simonetta :**

    *Le Traité sur les deux signatures de justice et de grâce.* Ibid., broch. in-8° de 78 pages.

**Il Card. Ludovico Simonetta,**

    *datario di Pio IV e legato al Concilio di Trento.* Roma. 1904.

**Les Rapports de la France avec l'Italie,**

    *du XII° siècle à la fin du 1er Empire, d'après la série K des Archives Nationales.* 1905. 1 vol. in-8°, de 167 pages ................ 5 »

**Le Dépôt des Archives nationales :**

    *Aperçu historique.* 1911. broch. in-8° de 24 pages. (Extrait du *Bulletin de la Société des Études du Lot.* 1911, 2° fascicule)

POUR PARAITRE PROCHAINEMENT :

# Le Clergé du Lot

### sous la

# Terreur Fructidorienne

# LA
# SECONDE TERREUR
## EN QUERCY



### INTRODUCTION

En montant sur l'échafaud, le 8 novembre 1793, Mme Roland s'écria : « O liberté ! que de crimes on commet en ton nom ! » Les récits qui vont suivre, tous relatifs à l'histoire de la période révolutionnaire dans l'ancienne province du Quercy, principalement en ce qui concerne le clergé, pourront constituer une preuve entièrement convaincante de la vérité de cette parole prononcée par l'illustre femme qui, d'après Aulard, aurait été « républicaine par instinct » mais « monarchiste par raison ».

Le clergé de l'ancien département du Lot dont le territoire était le territoire même de l'ancien Quercy fera d'ordinaire l'objet de cette étude. Quelques mots seulement seront dits, d'après les archives locales, sur le coup d'Etat de fructidor et l'état politique de cette région à l'époque où il éclata.

On se plaît généralement à reconnaître que le clergé de l'ancien régime de la fin du XVIII° siècle, celui-là même que nous allons voir âprement persécuté de 1797 à 1799, au lendemain du dix-huit fructidor, était, quoi qu'on en ait dit, le corps le plus digne, le plus sain, de l'ancienne société française. On ne proclame pas l'ordre du clergé comme le premier ordre seulement de l'Etat sous l'ancienne monarchie ; on le dit encore l'ordre le mieux constitué dans la société de l'époque.

L'historien de la Révolution française, H. Taine, a jugé très favorablement ce clergé de l'Ancien Régime. Et on ne contestera pas sérieusement que cet historien ne se soit informé amplement avant de se proclamer sympathique au premier ordre de l'ancien royaume de France.

Taine écrivit ses *Origines de la France contemporaine* en utilisant les documents originaux que renfermaient les dépôts publics ou privés d'archives et les bibliothèques, ou en évoquant les souvenirs que pouvaient renfermer les pièces déjà mises à profit par les érudits de province dans des biographies ou des monographies locales. Dans la partie de son grand ouvrage où il traite de *La Révolution et le gouvernement révolutionnaire*, le célèbre historien de la Révolution ne manque pas cependant de porter sur le personnel du haut et du bas clergé de l'ancienne France un jugement plein d'estime qui est connu de tous. L'opinion qu'en avait eue avant lui, dans la première moitié du XIX° siècle, M. de Tocqueville, n'était point d'ailleurs moins sympathique à tous ces chanoines, chapelains de chapitres, de collégiales, professeurs de Séminaires ou de Collèges, curés et vicaires, comme aussi à tous ces évêques que posséda le royaume avant 89. A une page de son ouvrage sur *L'Ancien Régime et la Révolution*, ce publiciste et homme politique a écrit : « Je ne sais si, à tout prendre et malgré les vices de quelques-uns de ses membres, il y eut jamais dans le monde un clergé plus remarquable que le clergé catholique de France, au moment où la Révolution l'a surpris, plus éclairé, plus national, moins retranché dans les seules vertus privées, mieux pourvu de vertus publiques et, en même temps, de plus de foi. » M. de Tocqueville déclare qu'il avait commencé l'étude de l'ancien régime plein de préjugés contre l'ordre du clergé, mais il avoue qu'il en est sorti plein de respect pour ce corps de l'ancienne société française.

Un travail qui a pour objet de faire connaître les souffrances d'un tel clergé durant deux années de persécution religieuse, de 1797 à 1799, même sur le modeste théâtre d'une petite province, ne peut donc que retenir l'attention. Et semblable considération a pu suffire à elle-même pour donner le courage requis par les longues et pénibles recherches que nécessite le traité d'un pareil sujet.

La plupart des prêtres dont il va être question, les plus humbles d'entre eux comme les plus hauts dignitaires du clergé local, tel un abbé de Bécave, furent des victimes bien nobles de la Révolution. On ne peut qu'être puissamment ému en apprenant leurs souffrances. Ils avaient eu à souffrir beaucoup sous la Première Terreur de 1793 et de 1794. Mais ils eurent encore à subir, comme on va le voir, une persécution bien terrible sous la Seconde Terreur, durant le temps que le gouvernement du Directoire fructidorisa Pape, clergé et royalistes.

Au cours des deux années d'épreuves qu'ils eurent à traverser, ils durent en maintes circonstances faire preuve d'une très grande énergie de caractère, mais surtout d'une bien éminente sainteté, pour surmonter les périls qui s'opposaient au libre exercice de leur culte, et pour vaincre les dangers de toute sorte qu'ils coururent dans la calme et tranquille possession de leurs biens. Beaucoup d'entre eux honorèrent grandement le sacerdoce catholique et romain. Ils pourront rester pour tous les temps un objet de particulière édification pour les fidèles.

Les notes historiques que je présente aujourd'hui au public ont été évidemment rédigées d'après ce que peuvent contenir les documents originaux. On trouvera indiquées, dans le texte lui-même, les sources auxquelles ont été puisés les matériaux divers qui ont été employés pour la constitution de ce travail.

Souvent les lois de la période révolutionnaire seront mentionnées ; parfois même elles seront transcrites en partie au moins. On s'est servi pour les différentes citations des lois révolutionnaires de la collection bien connue de Duvergier.

Les sources manuscrites de l'histoire de la Révolution dans l'ancien Quercy se trouvent notamment dans le dépôt préfectoral des archives départementales du Lot, et celui des archives du Tarn-et-Garonne en ce qui concerne l'ancien Bas-Quercy, dont faisait partie la ville même de Montauban. On trouve évidemment des pièces manuscrites de cette histoire dans les archives communales du département et dans les archives de certaines familles d'ancienne noblesse ou autres.

On pourrait consulter avec profit, à propos de l'histoire révolutionnaire de la région, les registres de délibérations municipales ou de correspondance des communes suivantes : Bio, Caillac, Calamane, Calviac, Cambes, Camburat, Cazillac, Cieurac, Douelle, Flaugnac, Ginouillac, Glanes, Lacave, Lanzac, Le Montat, Les Junies, Loubressac, Lunan, Marcillac, Mercuès, Meyronne, Parnac, Pradines, Prudhomat, Rampoux, Saint-Cernin, Saint-Martin-Labouval, Saint-Médard-de-Presque, Saint-Michel-Loubejou, Saint-Pantaléon, Saint-Vincent-de-Bannes, Teyssieu, Trespoux-Rassiels, Vers.

Les rapports adressés tous les ans au Conseil général du Lot par l'archiviste départemental, M. Victor Fourastié, contiennent généralement des indications fort utiles concernant l'histoire de cette époque, par suite des transcriptions de récits d'intérêt révolutionnaire qu'ils renferment, ou des mentions des registres qui y sont signalés avec un très grand soin.

Pour écrire avec exactitude et d'une manière pleinement consciencieuse une histoire aussi difficile que celle d'une époque particulièrement compliquée comme celle qui s'étend de 1797 à 1799, il n'y a qu'un moyen, celui de parcourir les documents originaux eux-mêmes. Seule une telle lecture peut permettre de saisir la véritable physionomie de cette période troublée.

Les menus faits de la vie journalière des ancêtres de cette époque ne peuvent s'apprendre manifestement qu'en étudiant les pièces originales. Or, on ne peut de nos jours écrire décemment l'histoire qu'en essayant de se rendre compte des moindres événements de la vie privée et publique des hommes d'une époque à étudier.

On n'a pas encore écrit l'histoire de la Révolution dans l'ancien Quercy. Le sera-t-elle même jamais ? tellement le sujet en est vaste. On ne saurait, de longtemps encore, écrire semblables annales quercynoises de la grande tourmente. On pourrait du moins, par des biographies particulières et par des études locales variées, préparer un tel travail d'ensemble, et fortement contribuer à la rédaction d'une histoire générale du Quercy pour cette période.

Je voudrais que la présente étude contribuât quelque peu à la connaissance du passé révolutionnaire de notre pays. Elle ne pourra pas toutefois fournir une bien forte contribution à l'histoire d'une telle époque, parce qu'elle est nécessairement incomplète même au seul point de vue de l'idée à donner de l'état religieux du pays durant cette période. Cela provient de ce que à Cahors et même dans le Lot il y aura de longtemps encore, sur cette période, des documents à consulter (1). Tel qu'il est, cependant, ce travail sera peut-être de nature à offrir un réel intérêt, en raison des quelques souvenirs d'ordre ecclésiastique plus que centenaires qu'il évoque. Il fournira au moins maints exemples capables de faire connaître la manière dont on appliqua la loi fructidorienne du 19 sur le théâtre du département du Lot.

Le sujet traité ici est limité à l'étude du clergé sous la Seconde Terreur qui sévit avec vigueur en France à partir de septembre 1797. Il était utile de restreindre de la sorte les recherches à un objet bien déterminé, tellement sont devenues étendues les recherches à faire sur la période révolutionnaire.

La société de l'époque de la Révolution est chose plus « compliquée », selon le mot de Taine, que la société de l'ancien régime. C'est pourquoi, il serait comme impossible de la faire bien connaître si on ne réduisait pas, tout d'abord, l'étude de cette société de la Révolution à un seul des membres de ce vaste corps, et encore pour une époque bien délimitée.

Je n'ai pas besoin de dire qu'en me mettant à rédiger ces notes j'ai eu à l'esprit la pensée de faire avant tout œuvre de narrateur impartial.

Je laisserai de côté tout ce qui ne serait pas strictement historique et serait du domaine de la légende plutôt que de celui de la sévère vérité historique.

En histoire, l'art ne consiste pas à plaire, mais à dire vrai : tel sera le principe que j'aurai toujours présent à mon esprit. J'éviterai autant que possible d'écrire quoi que ce soit avec le but de chercher les idées d'ensemble au moyen desquelles j'apprécierais les événements.

Le passé révolutionnaire doit être jugé en dehors de tout principe préconçu, à la seule lumière des faits.

L'histoire doit, autant que possible, être comme une « science exacte ». Elle doit s'appuyer sur des pièces authentiques. On ne pourrait faire rien de bon, sans recourir le plus possible aux documents originaux. Mais si cela est vrai de l'histoire en général, cela est encore bien plus vrai de l'histoire de la Révolution. Le passé révolutionnaire d'une de nos anciennes provinces doit nécessairement être étudié d'une manière tout à fait objective.

C'est surtout sur le terrain de la Révolution que la dissertation littéraire n'est plus de mise, en un temps où on a plus que jamais le culte du document. On estime de nos jours,

_______  --

(1) A Paris, on trouverait beaucoup de pièces d'intérêt révolutionnaire pour l'ancien département du Lot. On peut voir à ce sujet « La Révolution Française », revue d'histoire moderne et contemporaine publiée par la « Société d'Histoire de la Révolution », 1902, T. 42, pp. 194 et suivantes, où est une étude de M. Schmidt sur les sources de l'histoire locale à l'Hôtel Soubise. On trouverait dans le travail de M. Schmidt l'indication des séries des Archives nationales de Paris, des cartons ou liasses des mêmes Archives où sont les documents les plus importants pour toute histoire révolutionnaire des départements. On pourrait voir aussi, à ce sujet, l'étude de M. Caron Pierre sur « L'organisation des études locales d'histoire moderne » dans « La Révolution Française », 1902, Tome 42, pp. 481-510.

et à un bien juste titre, que l'on ne parviendra jamais à bien connaître la société de cette époque qu'en l'étudiant dans les pièces originales, officielles ou personnelles, que les administrations et les hommes de ce temps nous ont léguées.

On a eu écrit jadis l'histoire religieuse de la Révolution française non avec des preuves et des textes, mais avec force préjugés, selon des sentiments personnels de sympathie admirative pour tous les événements, même les plus horribles, ou d'hostilité intransigeante envers des faits qui ne furent parfois que le résultat d'un mouvement généreux et désintéressé, ou le produit de nobles et grands sentiments. Depuis une vingtaine d'années déjà, ceux qui recherchent uniquement la vérité ne se contentent plus de pareils travaux qui n'auront jamais l'éloquence que donne aux œuvres durables le témoignage des faits réellement authentiques.

A ces études de jadis on préfère plus que jamais les travaux de savants érudits qui ont été publiés en ces derniers temps. On apprécie davantage des ouvrages tels que *Le Clergé de France pendant la Révolution* de l'abbé Augustin Sicard, l'*Eglise de Paris et la Révolution* du chanoine P. Pisani, l'*Histoire religieuse de la Révolution Française* de Pierre de La Gorce, les *Martyrs* de dom H. Leclercq.

Tous les chercheurs de vérité pure prêtent volontiers leur attention à ce que disent de semblables travaux, qui méritent d'ailleurs, au jugement de tous, de l'attirer pleinement. De telles études sont très aptes à faire réfléchir tout esprit non prévenu. De semblables travaux d'ensemble, qui tout récemment seulement ont vu le jour, à côté de monographies singulièrement érudites, renouvellent, et avec honneur pour l'Eglise, l'histoire ecclésiastique de la Révolution.

Les savants historiens qui ont écrit ces travaux remarquables ont montré à tous que cette histoire religieuse de la période révolutionnaire n'était plus seulement laissée désormais aux simples polémistes. Ils ont fait comprendre qu'ils n'entendraient pas qu'on sacrifiât plus longtemps, chez nous, les faits d'intérêt religieux aux événements d'ordre purement politique ou économique, aux opérations militaires ou autres.

Dans tous les départements, à l'heure actuelle, surgissent des érudits dont le dessein est de faire des travaux solidement documentés, analogues à ces études d'intérêt général. Tous s'entendent bien sur ce point que, pour être juste dans l'appréciation des événements révolutionnaires, il faut avant tout savoir être vrai. S'ils ne sont pas hommes à tout condamner, ils ne sont pas hommes non plus à tout absoudre. Ils veulent se contenter de laisser parler les documents seuls.

Dans le passé, à propos d'histoire provinciale comme à propos d'histoire générale, la tentation a toujours été grande pour l'historien, surtout en matière d'histoire ecclésiastique pour la période révolutionnaire, de faire en sorte de plaire à ses partisans et de tâcher de déplaire à ses adversaires politiques ou religieux. On était surtout préoccupé de servir des principes et de juger les événements d'après eux. On revient actuellement d'une telle méthode. On semble mieux comprendre, de nos jours, qu'on doit étudier l'histoire révolutionnaire en dehors de toutes opinions préconçues et de tous préjugés.

Décidément, à l'heure présente, dans le monde des historiens on paraît n'aborder un semblable domaine qu'avec l'intention de prononcer seulement les jugements qui découleront de l'énoncé des textes. Aussi viendra-t-il le jour où les études révolutionnaires, même d'intérêt local, seront entièrement renouvelées et dans un sens plus voisin de la vérité. Semblable résultat sera obtenu grâce à l'excellence des méthodes rigoureuses d'investigation qui sont aujourd'hui en honneur.

Si je puis parvenir à être rigoureusement impartial dans l'appréciation des faits religieux de l'époque fructidorienne, cette étude pourra, peut-être, malgré ses lacunes, avoir quelque utilité. Elle pourra servir quelque peu à faire mieux connaître la petite patrie de ceux qui habitent présentement l'ancien Quercy, pour les deux années de tourmente que je me propose de décrire. Les classes bourgeoises et rurales, généralement avides de savoir quel a été le passé, surtout le passé de persécution de la période révolutionnaire, de leur localité ou de leur petite ville, la liront alors probablement avec intérêt. Ne voulant pas tout ignorer des événements dont leur village ou leur chef-lieu actuel de canton ont été le théâtre, elles ne demanderont qu'à parcourir ce récit. Ces classes-là ne sont pas, en effet, comme les déracinés, les vagabonds, qui sont sans attachement aucun pour la terre des ancêtres, se montrent insouciants de l'histoire de leur bourgade et ne font aucun cas des souvenirs locaux.

Mais, je l'avouerai sans peine, je voudrais avant tout, au moyen de ce modeste travail, faire aimer l'ancien Quercy des habitants actuels du département du Lot et des deux arrondissements, de Montauban et de Moissac. Car il me semble que, lorsque les petites patries sont aimées, la grande patrie, la France, est elle-même plus chérie. Toute petite patrie n'est qu'une fille de la grande, selon un mot célèbre.

E. S.

I

## Le coup d'Etat du dix-huit fructidor

Le 18 fructidor an V (4 septembre 1797), les trois membres du Directoire exécutif, Barras, Rewbell et Larévellière-Lepeaux, croyant la République fortement menacée par une conspiration monarchique, voulurent sauver le régime par la force.

Ils mirent le général Augereau à la tête des troupes qui se trouvaient alors dans la capitale.

Les barrières de Paris furent fermées. Augereau occupa militairement les salles où siégeaient les deux conseils des Cinq-Cents et des Anciens. Huit ou dix mille hommes de troupes envahirent les Tuileries.

A l'époque de ce coup d'Etat, vivait, à Paris, un enfant du Quercy, Murat, qui étudiait la médecine à l'*Ecole de Santé*, ainsi qu'on appelait alors la Faculté actuelle de Médecine de Paris.

Cet étudiant avait à Figeac un oncle, nommé Labarthie, qui était juge au tribunal civil de cette ville du Haut-Quercy. Il correspondait souvent avec lui. Dans ses lettres, l'étudiant aimait à raconter les événements dont il était le témoin dans la capitale.

On possède deux lettres écrites au moment du dix-huit fructidor par ce jeune étudiant au juge de Figeac, toutes deux relatives aux faits mémorables dont tout le monde parlait autour de lui et qui se produisaient à Paris. Dans mon étude sur *Le

*chargé du Lot sous la Terreur fructidorien-*
*ne,* publiée dans le second fascicule du
*Bulletin de la Société des Etudes du Lot*
de cette même année, le texte de ces deux
lettres figure aux premières pages.

On peut, grâce à ces deux lettres, juger
de la forte impression que faisaient sur un
jeune homme de vingt ans les événements
qui survenaient dans la capitale.

Les lettres sont datées, l'une, du jour
même où les Tuileries furent envahies par
les troupes d'Augereau, c'est-à-dire du dix-
huit fructidor, et l'autre, de quelques jours
après cette journée, à savoir du 24 fructidor an V.

Le jeune étudiant ne manque pas de dire à son oncle Labanhie qu'il se fait l'écho
auprès de lui de faits d'une haute gravité,
qui auront sans doute dans l'histoire un
très grand retentissement.

Avec le récit que fait des événements
l'étudiant Murat, on n'apprend sans doute rien de nouveau sur le coup d'Etat de
fructidor. Tous les historiens de cette époque vraiment mouvementée de notre histoire nationale, ont raconté, et dans les
détails même, ce que les trois Directeurs
firent pour sauver leur République bourgeoise, essentiellement antireligieuse, quand
ils la virent fortement menacée par les députés modérés du Corps législatif et par
un groupe de royalistes. Mais on a le plaisir de voir raconter à un enfant du pays
des faits de capitale importance. On sait
que les événements de fructidor contribuè-
rent à assurer pour quelque temps encore
le triomphe de la République d'alors, et furent aussi le point de départ d'une persécution très violente contre les royalistes et
les prêtres.

Rappelons brièvement ces événements
que tout le monde connaît et que nous raconte d'une manière quelque peu ingénue
l'étudiant quercynois.

Les chefs de l'opposition au Directoire et
beaucoup de représentants du peuple furent arrêtés et faits prisonniers. Les deux
conseils furent purgés. Et, quand on eut
bien épuré le Corps législatif, on songea
à arrêter tous les émigrés, officiers, hommes politiques, anciens ministres, journalistes et autres opposants notables.

Le directeur Carnot put s'échapper, mais
Barthélemy fut arrêté. On remplaça ces
deux membres du Directoire par Merlin
(de Douai) et François (de Neufchâteau).
Barthélemy, après son arrestation, fut
conduit au temple.

Dans Paris on put lire des affiches an-
nonçant qu'on passerait par les armes
tout citoyen « qui se permettrait de rappeler la royauté, la Constitution de 1793,
ou d'Orléans. » Le sabre ou le fusil servirent de loi pour l'instant.

Le Directoire accusa Pichegru d'avoir
voulu faire une restauration monarchique et, pour cela, d'avoir conspiré en faveur du prétendant, Louis XVIII. Des pièces furent publiées par le gouvernement à
l'appui de semblable accusation.

Un véritable coup d'Etat venait de s'ac-
complir en ce jour du 18 fructidor an V.

Les auteurs responsables en étaient les républicains bourgeois et les députés libéraux du Directoire, unis aux anciens terroristes, jacobins ou anarchistes.

D'une manière toute spéciale, Murat signale dans ses lettres les principaux personnages qui jouèrent un rôle dans cette
affaire du coup d'Etat de fructidor. Il a
soin de nous parler de Rovère, ce membre du Conseil des Anciens, qui fut comme Pichegru, au nombre des soixante-cinq
citoyens condamnés à la déportation et qui,
déporté à la Guyane, y mourut, alors que
Pichegru parvint à s'évader. Il mentionne
Dumolard, ce membre du Conseil des Cinq-
Cents qui lui aussi fut condamné à la déportation.

Au nombre des victimes du coup d'Etat
se trouvait un cadurcien, Ramel. Murat
ne pouvait manquer de nous dire le sort
qui lui fut réservé par les circonstances.

Le commandant des grenadiers du corps
législatif, Ramel, fut arrêté et condamné
à être déporté. Il parvint toutefois à s'é-
chapper de la Guyane. Ce Ramel était le
frère du prêtre de ce nom qui fut curé
constitutionnel de la paroisse de Saint-
Barthélemy, à Cahors. Il était aussi le
frère de Jean-Pierre Ramel, qui fut déca-
pité à Perpignan au mois de mars 1793,
et avait été nommé par le département à
l'Assemblée législative avec Lachièze, Cal-
mon, Duphénieux, Guilhou, Brégoux, etc.

Beaucoup d'autres membres du conseil
des Cinq-Cents et du conseil des Anciens
furent arrêtés. Dix-sept individus proscrits
furent déportés à la Guyane, mais 48 proscrits ne purent être arrêtés.

Ce fut à l'Odéon que, par arrêté du Directoire exécutif, se réunirent les membres
du conseil des Cinq-Cents pour délibérer
sur les mesures extraordinaires que leur
proposa le gouvernement constitutionnel
pour affermir le triomphe de la République
dans le pays.

Les députés du conseil des Anciens s'as-
semblèrent eux, au contraire, à l'Ecole de
médecine ou, comme on disait alors, à
« l'Ecole de santé ». L'étudiant Murat sui-
vait les cours de cette haute Ecole. Aussi
trouve-t-il intéressant d'écrire à son oncle
Labanhie que là où enseignaient ses maîtres sont réunis les députés de la République pour traiter des plus hautes questions
que pût alors avoir à traiter une assemblée
nationale.

Le jeune Murat fait allusion aux travaux
des membres des deux conseils. Tout le
monde sait que les votes des Cinq-Cents ne
furent confirmés qu'avec peine par le conseil des Anciens. Le corps législatif tout entier ne pouvait cependant manquer d'émet-
tre les votes définitifs que sollicitait le Directoire. Les députés les plus dévoués à la
cause de la Monarchie n'étaient plus là ;
on les avait arrêtés. Il ne restait qu'une
majorité entièrement gagnée à la République.

C'est durant la longue séance que tin-
rent les membres du conseil des Cinq-Cents
que le gouvernement fit connaître, dans
un message adressé aux députés, les pièces

de la conspiration royaliste organisée par le général Pichegru, et les moyens dont il avait fait usage pour conjurer ce complot.

Les mesures que prirent les deux conseils des Cinq-Cents et des Anciens furent des plus draconiennes. Elles étaient dirigées contre les royalistes et les membres du clergé. La loi révolutionnaire du 19 fructidor an V (5 septembre 1797) renferme le texte de ces diverses mesures prises par le corps législatif contre les ennemis de la République. En ce qui concerne le clergé réfractaire, il suffisait qu'il restât fidèle à la religion apostolique et romaine pour qu'il apparût au Directoire particulièrement dangereux pour la République.

On ne peut guère signaler le Coup d'Etat du 18 Fructidor an V pour avoir été favorable aux prêtres. Une persécution des plus violentes, qui rappelait celle qui fut subie sous la Terreur de 1793, fut la conséquence de cette journée mémorable de Fructidor.

<h2 style="text-align:center">II</h2>

### Au lendemain du Coup d'Etat
### de Fructidor

Le 23 fructidor an V (9 septembre 1797), le Directoire exécutif lança dans le pays une proclamation relativement aux événements du 18 fructidor.

Il y annonçait au peuple le triomphe de la République sur ceux qui s'étaient conjurés contre elle, et l'échec de la conspiration royale tramée par Pichegru en faveur du prétendant Louis XVIII. Le gouvernement invitait les citoyens attachés à la République à consolider ce triomphe.

La proclamation parvint jusque dans les moindres villages de France et les administrateurs cantonaux eurent ordre de l'afficher et de la faire connaître sur tout le territoire de leur dépendance.

On trouverait cette proclamation dans nos archives départementales, comme aussi on y trouverait de nombreuses pièces relatives à l'envoi de cet acte gouvernemental aux municipalités des cantons du Lot. Sous la cote série L 246, on voit, en effet, ces documents et, en outre, la correspondance des administrations municipales de tout le département avec l'administration centrale du Lot touchant la réception de la proclamation du Directoire et la situation politique des communes à cette époque troublée de notre histoire.

Dès le début de vendémiaire an VI, le 3 de ce mois (24 septembre 1797), le ministre de la police générale Sotin, rappela aux administrations centrales des départements, aux bureaux centraux et administrations municipales des cantons de la République, les vérités que le Directoire avait adressées aux Français dans sa proclamation du 23 fructidor précédent. Il les leur prescrivait pour règle dans l'exercice de leurs fonctions. « La République a triomphé, écrivait Sotin ; mais ses ennemis ne sont que dispersés : ils vont chercher à se rallier et à ourdir, dans les ténèbres, de nouvelles trames ; et, sans dou-

te, ils parviendront encore à semer d'entraves la marche du gouvernement, à empoisonner toutes les sources de vie du corps politique, et à opérer de nouvelles convulsions, si les vainqueurs de fructidor, instruits par la triste et funeste expérience du passé » n'employaient tous les moyens en leur pouvoir à leur faire opposition.

Les moyens que les républicains devraient employer pour répandre leurs idées et asseoir définitivement la République étaient la presse et le théâtre. (1).

Le gouvernement constitutionnel voulait plus que jamais, au lendemain du 18 fructidor, s'établir sur des bases inébranlables. Pour cela, il portait l'espoir dans les cœurs des républicains ; surtout, il leur demandait d'assurer avec lui l'anéantissement des projets des ennemis de la République.

Dans la circonstance, l'administration centrale du Lot était toute gagnée à la cause que préconisaient les membres du gouvernement, qui était de travailler au maintien de la République et à une lutte acharnée contre tous ceux qu'on prenait pour les ennemis du régime.

Nos administrateurs départementaux de Cahors ne manquèrent pas de signer une adresse au Directoire exécutif au sujet de la satisfaction qu'ils éprouvaient d'avoir vu triompher la République au dix-huit fructidor. Le président des membres du Directoire sut écrire, à la date du 12 brumaire an VI (2 novembre 1797), aux signataires de l'adresse que le gouvernement agréait avec plaisir le suffrage de bons républicains comme ceux du Lot.

Dans le département, parmi les administrateurs et les fonctionnaires, on fut naturellement enthousiaste pour les événements qui venaient de se produire.

Le président de l'administration municipale du canton de Cazes-Mondenard, parlait du 18 fructidor comme d'une *mémorable journée*, dans une lettre qu'il écrivait le 29 ventôse an VI (19 mars 1798) à l'administration centrale du département.

D'autres administrateurs ou fonctionnaires locaux tenaient le même langage à propos des événements de ce jour. J. Delsouc, le commissaire du Directoire exécutif près l'administration municipale du canton de Lacapelle-Marival, dans un réquisitoire destiné à la municipalité de ce canton, ne traitait de la journée du 18 fructidor que comme d'une *heureuse époque pour la République française.*

Les administrateurs locaux furent particulièrement satisfaits lorsqu'ils virent le Directoire faire voter, le 2 fructidor an VI (19 août 1798), par le Corps législatif, une loi ordonnant l'anniversaire du dix-huit fructidor.

Le Directoire avait compris que la République avait remporté, en fructidor, un beau triomphe sur ses ennemis. Aussi, il ne s'était pas contenté d'envoyer une proclamation au peuple républicain et de lui

---

(1) *Archives du Lot*, série L 282, n. 5.

rappeler de temps en temps, par l'intermédiaire de ses ministres, le salut que la République avait obtenu ce jour-là. Il avait voulu en perpétuer le souvenir en faisant voter une fête d'anniversaire de ce jour.

En l'an VI, dans les localités du Lot, comme dans toute la France, le peuple fut invité à célébrer comme une fête nationale l'anniversaire du 18 fructidor.

Le gouvernement et les administrateurs des départements, comme les administrateurs des municipalités, n'avaient point tort de se réjouir de la sorte de la journée du dix-huit fructidor. A pareille date, la République avait réellement triomphé. Le gouvernement républicain se trouvait encore bien assis dans le pays et la monarchie était bien mise de côté pour quelque temps encore.

Dans le département, en dehors du milieu des administrateurs et des fonctionnaires de la République, il n'y eut pas toutefois que de l'enthousiasme pour les événements qui venaient de se produire.

Sans doute, nos populations se montrèrent généralement quelque peu indifférentes aux changements divers survenus à Paris. Elles ne s'affichèrent guère ouvertement pour ou contre le nouvel état de choses.

Cependant, dans certaines contrées, on se montra crânement hostile au régime qui s'inaugurait.

Dans quelques villes du Lot, on fut loin d'accepter les faits accomplis. Il se produisait des troubles dans la région. A Molières, on s'agita fort. A Montauban, on put saisir une correspondance des plus suspectes (1).

Ainsi donc, dans le département du Lot, le peuple se montra indifférent sinon hostile aux membres du Directoire qui organisèrent le coup d'Etat du 18 Fructidor. Les administrateurs et les fonctionnaires, par contre, se montrèrent sympathiques aux hommes qui avaient assuré, contre le général Pichegru, le triomphe de la République.

III

### L'Etat de la France
#### sous la Terreur fructidorienne

A l'époque du 18 fructidor et durant les deux années qui suivirent, sur certains points du territoire de la République, dans le département comme dans le reste de la France, on eut à prendre des mesures de police pour assurer la tranquillité publique.

Le pays fut loin de jouir d'une sécurité parfaite. « L'audace des brigands est à son comble, citoyens, écrivait de Paris le ministre de la police générale aux membres des administrations centrales et municipales de la République, à la date du 13

frimaire an VI (3 décembre 1797) ; réunis en troupes nombreuses, organisées, soumises à des chefs, ils ne daignent même pas se couvrir des voiles de la nuit. Le soleil éclaire leurs attentats. Les courriers, les voitures publiques ne sont pas plus que le voyageur isolé à l'abri de leurs attaques : le plus souvent, elles paraissent avoir pour principal objet le pillage des fonds du trésor national, l'enlèvement de la correspondance du gouvernement, et annoncent ainsi le dessein formel de paralyser son action (1). »

Le ministre se demandait, et dans tous les milieux officiels on devait se le demander aussi, d'où pouvait provenir ce déplorable état de choses, quelle était la cause de ce désordre effrayant, « comment de vils ramas de brigands, de voleurs de grand chemins portaient la terreur au sein de cette nation qui a su vaincre au dehors tant d'ennemis redoutables, triompher au dedans de tant de conspirateurs ».

On ne pouvait donner comme cause à tous ces désordres qui survenaient dans le pays, l'insuffisance des lois. Celle du 10 vendémiaire an IV prescrivait des moyens d'assurer la police intérieure des communes.

Par ailleurs, au dire de Sotin, les autorités constituées employaient le plus grand zèle à maintenir l'ordre et la tranquillité publique.

La gendarmerie nationale se montrait très active à arrêter tout auteur de brigandage.

Cependant administrateurs et gendarmes même en assurant de leur mieux l'exécution des lois ne parvenaient pas à rendre au pays le calme voulu.

La cause de tous ces désordres, on crut la trouver dans une inexécution trop grande de la loi de police du 10 vendémiaire an IV, de la part d'un grand nombre de citoyens de la République. Le ministre de la police générale crut dès lors nécessaire de faire appel à tous les bons républicains, et de leur demander de ne pas se reposer uniquement, en conformité avec la loi du 10 vendémiaire, sur le zèle des autorités locales, qui ne pouvaient tout voir, et sur l'empressement de la gendarmerie qui ne pouvait pas agir à la fois sur tous les points de l'arrondissement où elle était établie, mais de veiller eux-mêmes à la défense commune. La Constitution de l'an III comme aussi la législation du pays faisaient d'ailleurs à tout bon citoyen une obligation d'exercer cette surveillance (2).

Le ministre Sotin pensait bien, en effet, que, si tous les citoyens veillaient continuellement d'une façon sérieuse au bon ordre dans leurs communes respectives, les rassemblements de brigands ne seraient plus aussi fréquents. L'exacte observation de la loi du 10 vendémiaire an IV et l'exécution fidèle des obligations imposées à

---

(1) « Archives Départementales », série L. 245, 246. En parcourant les pièces qui se trouvent, sous cette cote, aux Archives du Lot on pourrait se rendre entièrement compte du plus ou moins grand nombre de troubles qui surgirent dans la région à l'époque du coup d'Etat.

---

(1) A. D. Série L 141, n. 4.

(2) Constitution de l'An III, titre IV, articles 275, 276, 277.

tout citoyen par la Constitution de l'an III devaient, d'après lui, puissamment remédier aux désordres nombreux qu'il était facile de constater alors de toute part (1).

Il était temps d'ailleurs de remédier à une telle situation, car de tout côté les adversaires du régime ne se faisaient nulle peine de montrer au peuple le crime plus impuni sous la République que sous la monarchie et plus audacieux que jamais.

La mainmise des brigands et des assassins sur tout le territoire, décrite par le ministre de la police générale dans sa circulaire du 13 frimaire an VI, n'était que trop réelle. La lettre de Sotin ne put même obtenir un résultat immédiat bien important. Après comme avant, encore pendant longtemps, le pays ne fut nullement en sécurité. Le remède aux maux de la France, proposé par le ministre, ne sera guère d'aucune efficacité.

Pour ce qui est du Lot, on peut noter pour l'an VI plusieurs assassinats notoires : celui d'un militaire dans la commune de Payrac ; ceux qui se commirent à Lauzès ; l'assassinat notamment qui fut commis sur le courrier de la malle le 27 frimaire an VI (17 décembre 1797) près de la petite ville de Souillac (2).

Durant la même année, aux environs de Saint-Céré, on dévasta plusieurs bois (3).

Dans la nuit du 4 au 5 brumaire, an VII (25 au 26 octobre 1798), des conscrits et des réquisitionnaires commirent à Gramat plusieurs actes de violence.

A Lauzerte, les gendarmes essuyèrent de mauvais traitements de la part des bandits ; dans le canton de ce nom, les déserteurs se laissèrent aller à des excès regrettables (4).

L'administration centrale du Lot eut à suspendre de l'exercice de ses fonctions le citoyen Siffray, adjoint municipal de St-Pierre-Lafeuille, qui s'était mis à la tête d'un rassemblement de gens armés et avait passé avec une semblable troupe une partie de la nuit du 16 vendémiaire an VII (7 octobre 1798) dans une auberge de cette localité, où il les aurait poussés à aller dévaster des prés et bois-taillis d'un habitant du nom de Gontaut (5).

A Moissac, dans la nuit du 20 au 21 fructidor an VI (6 au 7 septembre 1798), des troubles graves eurent lieu. Des placards incendiaires furent affichés à l'arbre de la liberté et aux portes de la maison commune. Une compagnie de brigands s'y organisa. Les vols s'y commirent chaque jour. Les habitants, plongés dans une profonde terreur, n'osaient même pas quitter leur asile. Les administrateurs municipaux de cette ville étaient obligés de prendre les plus grandes précautions pour échapper aux poignards des assassins (6).

Pour rendre les routes plus sûres, pour empêcher les bandits d'assaillir les voitures, de dépouiller et même d'assassiner les voyageurs, d'aller en bandes organisées dévaster les campagnes, forcer l'entrée des maisons et y commettre les pires excès, on avait bien le moyen de réorganiser la gendarmerie et la police de la France. On avait surtout le grand et infaillible moyen d'assainir l'esprit public.

Faisons cette justice au ministre Sotin d'avoir compris que le moyen de répression à opposer aux brigands était surtout de rendre plus saine la mentalité de la société d'alors. On ne peut, en effet, passer sous silence la circulaire que ce ministre de la Police générale de la République adressa aux administrations centrales, aux bureaux centraux et aux administrations municipales des cantons, le 3 vendémiaire an VI, relativement à la presse et à la surveillance des spectacles publics, où se révèle la préoccupation d'éloigner du théâtre et du journal tout ce qui est immoral et criminel.

Sans doute, le ministre y parle bien contre les menées des ennemis de la République, de leurs entraves contre-révolutionnaires, des difficultés qu'ils créent à la marche du Gouvernement. Il y signale évidemment le complot de ces ennemis, vaincus dans la journée du 18 fructidor, qui vont toujours chercher à se rallier et à ourdir, dans les ténèbres, de nouvelles trames, à emprisonner l'esprit du peuple.

Seulement, on voit aussi dans cette lettre un ministre de la République conjurer les magistrats du peuple d'opposer une ligue puissante « à ce torrent d'abjection et d'immoralité profonde qui, chaque jour, s'échappe de tous les théâtres ».

Le même ministre y stigmatise les plumes de journalistes infâmes vendues au crime, ces écrivains corrompus et corrupteurs que la France vomit de son sein.

Il place la presse sous l'œil du Gouvernement afin qu'elle ne produise plus d'écrits que désavouent les mœurs et le bon goût. On la laissera libre pour tout ce qui intéresse les progrès des sciences et des arts, et aussi, évidemment, pour tout ce qui touche à la liberté et à l'œuvre républicaine, mais on réprimera ses écarts licencieux.

On épurera le théâtre. La scène ne devait plus retentir que des oracles de la morale, des maximes sacrées de la philosophie et des grands exemples de la vertu. On ne devait plus applaudir avec transport qu'à l'expression des sentiments généreux du cœur humain et de l'amour de la patrie.

On ne devait plus faire paraître les vices sur la scène que pour inspirer de l'horreur, et les ridicules que pour donner des leçons salutaires. Les institutions où l'attrait du plaisir appelle en foule les citoyens, comme sont les théâtres, devaient être en même temps pour eux une école de morale.

Le ministre invitait bien sans doute les administrations républicaines à faire un examen très sévère du répertoire des théâtres et à défendre la représentation des pièces propres à dépraver l'esprit républicain et à réveiller l'amour de la royauté ainsi



---

(1) A. D. L. 141. n. 4.
(2) A. D. Série L. 247. passim.
(3) Ibid.
(4) Ibid. L. 249.
(5) A. D. Série L. 150. N. 17
(6) A. D. Série L. 150. numéros 15 et 16

que la pratique des anciennes superstitions, comme aussi à surveiller activement les productions de la presse en tout ce qui paraîtrait favoriser le retour de la monarchie et du fanatisme ; mais, il savait bien recommander d'éloigner de la scène, comme des livres ou des journaux, tout ce qui dépraverait les bonnes mœurs et conduirait à l'immoralité ou au crime (1).

On ne pouvait cependant parvenir à améliorer la mentalité et la moralité du pays et à assurer la parfaite sécurité de la France, malgré tous ces efforts louables tentés par le Gouvernement du Directoire sur le double terrain de la presse et des spectacles, en organisant sur tout le territoire de la République un accroissement de persécution contre les nobles et les prêtres. La police, la gendarmerie, les administrations locales et les citoyens républicains, dans leur redoublement de zèle contre la noblesse et le clergé ne pouvaient s'adonner exclusivement à la lutte alors si nécessaire contre le brigandage et l'anarchie.

Les nécessités de la politique religieuse du moment, que le Directoire crut devoir prendre au lendemain du coup d'Etat, éloignèrent d'une manière fort inopportune, durant la période de l'an VI et de l'an VII, les forces vives de la France républicaine d'une tâche qui était alors cependant essentielle, celle de sauvegarder avant tout l'ordre public sur tout le territoire de la République.

## IV

### La loi du 19 fructidor an V

Le Gouvernement du Directoire fit voter par le Corps législatif, au lendemain du 18 fructidor, des mesures de salut public, dirigées surtout contre les royalistes et les prêtres réfractaires.

Les lois existantes auraient sûrement suffi à réduire les séditieux qui pouvaient exister. Nul besoin n'était d'une loi nouvelle pour conjurer leur complot (2).

Carnot pensait du moins ainsi. Ce directeur et son collègue, Barthélemy, jugeaient même qu'il n'y avait pas de péril royaliste et que la majorité du Corps législatif ne demandait qu'à établir la paix religieuse dans le pays.

Les autres membres du Directoire avaient pensé autrement. Ils voulaient maintenir l'ancien état de guerre de la République contre le clergé de l'Eglise romaine. Ils traitèrent les réfractaires en ennemis, tout aussi bien que les royalistes. Ils ne voulurent voir en eux que des agents du royalisme. La conspiration royaliste de Pichegru ne fut qu'un prétexte pour organiser contre le clergé insermenté, résidant sur le territoire de la République, une véritable persécution.

Il y avait cependant, parmi les prêtres réfractaires, des ralliés à la République. Plusieurs d'entre eux avaient un tel désir de la paix sur le terrain religieux qu'ils acceptaient un gouvernement avec forme républicaine, en vue d'une cessation de la guerre entreprise contre l'Eglise.

Le Directoire fera surveiller même ces prêtres ralliés au gouvernement (1). La loi de représailles du 19 fructidor an V ne les atteindra pas directement s'ils prêtent le serment de haine à la royauté et d'attachement à la Constitution de l'an III, mais cette loi sera suivie de la loi du 23 nivôse an VI (12 janvier 1798), qui autorisera les seuls constitutionnels à prêter le serment de haine et mettra ainsi tous les réfractaires, soumissionnaires ou insoumissionnaires, hors de la loi et hors de la liberté, pour ce qui est de l'exercice du culte romain.

Tout le clergé insermenté ou rétracté eut ainsi à souffrir la persécution légale la plus odieuse, à partir de janvier 1798.

Le gouvernement traitera tous les prêtres réfractaires comme il traitait les royalistes, en ennemis de la République. Il en voudra surtout à leur fidélité aux ordres de Rome.

La loi du 19 fructidor an V, votée pour assurer le salut de la République, pour conserver à la France la Constitution de l'an III, jeta l'épouvante dans tout le pays. Elle frappa de consternation le clergé insermenté qui comprenait tant d'émigrés rentrés en France, ou tant de prêtres dont le domicile était ignoré et qu'on considérait comme des ennemis particulièrement dangereux pour le gouvernement.

Cette loi révoquait, en effet, la loi du 7 fructidor an V, qui rappelait les prêtres déportés (2).

Elle abrogeait cette loi si libérale, en vertu de laquelle les prêtres insermentés qui avaient été atteints par les lois précédentes rentraient dans leurs droits de citoyens français, et étaient remis en possession de tous leurs droits civils et politiques. Les Cinq-Cents d'abord, le 26 juin 1797 (8 messidor an V), puis les Anciens, le 21 août (7 fructidor), après avoir entendu le rapport de Thibaudeau, avaient voté cette loi d'amnistie pour tous les prêtres réfractaires bannis et leurs recéleurs.

Le projet de loi qui fut voté, et qu'on venait de rapporter, avait cependant été défendu bien éloquemment devant les Cinq-Cents par le représentant du peuple Royer-Collard. Ce député s'était exprimé en ces termes : « Ils (les prêtres) haïssent, dit-on, le gouvernement républicain. Mais lequel ? Est-ce le gouvernement révolutionnaire ?

---

1. Archives dép, Série T. 282, numéro 5.

2. On trouvera le dispositif de cette loi du 19 fructidor an V, dans la « Collection complète des lois, décrets, ordonnances, règlements et avis du Conseil d'Etat, de 1788 à 1824 », publiée par J.-B. Duvergier, 1834, tome X, 42-46.

---

1. L'abbé Maynaud de Pancemont, curé de Saint-Sulpice, à Paris, très connu dans le clergé parisien, prêta le serment de haine à la royauté, prescrit par la loi du 19 fructidor, comme il avait prêté le serment de maintenir la liberté et l'égalité et fait sa déclaration de soumission aux lois de la République. Les Directeurs et les Ministres cherchèrent toutefois à se débarrasser de lui. Il fut obligé de s'expatrier le 21 septembre 1797.

2. Article 23.

Ah ! je le crois sans peine : il les a entassés dans des cachots et les y a fait périr par des massacres, par la faim, par le froid ; il les a noyés, mitraillés, donnés en spectacle de carnage. Mais le gouvernement qui réparera ce qui est réparable, pourquoi le haïraient-ils ?... »

La majorité modérée qui siégeait dans les deux conseils, lorsque le Directoire abrogea les lois antérieures contre les prêtres réfractaires, n'était plus là. On sait ce qu'elle devint au lendemain du coup d'Etat. Une grande partie des députés qui la composaient furent ou déportés ou exclus du Corps législatif. La majorité qui lui succéda n'était plus que la minorité de la veille et tous ses soins furent apportés à modifier au plus vite le texte voté le 7 fructidor an V.

La loi du 7 vendémiaire an IV, en vertu de l'article 25 de la loi du 19 fructidor, gardait par contre toute sa vigueur pour les ecclésiastiques qui étaient en droit de demeurer sur le territoire de la République. Seulement, la déclaration prescrite par l'article 6 de la loi du 7 vendémiaire était remplacée par le serment de haine à la royauté.

En vertu de la loi du 7 vendémiaire an IV (29 septembre 1795), nul ne pouvait remplir le ministère d'aucun culte, en n'importe quel lieu, s'il ne faisait préalablement, devant l'administration municipale ou l'adjoint municipal du lieu où il voulait exercer, une déclaration dont le modèle était le suivant :

« Le... devant nous... est comparu N... (le nom et prénoms seulement), habitant à..., lequel a fait la déclaration dont la teneur suit : « Je reconnais que l'universalité des citoyens français est le Souverain et je promets soumission et obéissance aux lois de la République.

« Nous lui avons donné acte de cette déclaration, et il a signé avec nous. »

Pour exercer leur culte, les prêtres étaient donc tenus de prêter un serment dont la formule était essentiellement différente de la simple déclaration qu'on vient de lire, prescrite deux ans auparavant.

Les prêtres qui avaient l'autorisation de demeurer sur le territoire de la République voient par conséquent, au lendemain du 18 fructidor, leur engagement de serment singulièrement modifié.

Aux termes de la loi nouvelle, les prêtres réfractaires rentrés en France, comme d'ailleurs tout émigré rentré et tout citoyen prévenu d'émigration non rayé définitivement, devaient donc sortir du pays. S'ils restaient sur le territoire de la République, en contravention avec la loi, ils devaient être arrêtés et traduits devant les tribunaux.

On devait aussi arrêter les ecclésiastiques qui exerçaient le culte public sans avoir préalablement prêté le serment exigé et satisfait aux dispositions de la loi du 7 vendémiaire an IV.

Les administrations locales étaient chargées de veiller dans leurs arrondissements respectifs à ce que ces diverses prescriptions fussent exactement exécutées. Elles devaient signaler tous les individus qu'elles concernaient. Surtout, elles avaient mission de faire en sorte que, grâce à leur vigilance et à leur activité, nulle résistance, nulle infraction « n'échappent à l'œil toujours ouvert de la police (1) ».

Une exécution ponctuelle de la loi nouvelle était absolument exigée. L'article 26 de cette loi punissait de deux années de fers « tout administrateur, officier de police judiciaire, accusateur public, juge, commissaire des pouvoirs exécutifs, officier ou membre de la gendarmerie nationale » qui ne ferait pas exécuter avec une grande exactitude toutes ces mesures.

Contre tous fonctionnaires infidèles à remplir sur ce point leurs fonctions, le Directoire exécutif était autorisé à décerner les mandats d'arrêt nécessaires.

Après l'échec de Pichegru dans la tentative de restauration monarchique, semblable loi du 19 fructidor an V ne pouvait que consolider encore la République en France pour quelques années. Le gouvernement républicain se trouvait de nouveau bien assis dans le pays.

V

## Les prêtres inscrits sur la liste des émigrés

Tous les citoyens inscrits sur la liste des émigrés, qui n'avaient pas été rayés définitivement, étaient tenus de sortir du territoire de la République. Ils devaient en sortir dans les vingt-quatre heures qui suivaient la publication de la loi, s'ils habitaient Paris ou toute autre commune dont la population était de vingt mille habitants et au-dessus. Ils devaient en sortir dans les quinze jours, s'ils étaient domiciliés dans toute autre partie de la République (2).

Passé ces délais, les individus inscrits sur la liste des émigrés, qui seraient arrêtés sur le territoire de la République, devaient être traduits devant une commission militaire pour y être jugés dans les vingt-quatre heures. La peine de mort était prononcée contre eux (3).

Ces dispositions étaient applicables aux citoyens qui, ayant émigré, étaient rentrés en France, quoiqu'ils n'eussent été inscrits sur aucune liste d'émigrés (4).

A la date du 11 brumaire an VI (1er novembre 1797), l'administration municipale de Cahors s'occupa de faire arrêter les individus inscrits sur la liste des émigrés qui seraient pris sur le territoire de la commune.

Par un arrêté de ce jour, elle chargea les commissaires des quatre sections de la

---

(1) Cf. Lettre du Bureau central de police de Paris, du 22 fructidor an V, 8 septembre 1797.

(2) Article 15, DUVERGIER : « lois et décrets », tome X, p. 44.

(3) Article 16.

(4) Article 18.

commune de faire arrêter sur-le-champ tous les ecclésiastiques sujets à la déportation et tous les individus qui, déjà inscrits sur la liste des émigrés, n'auraient point été définitivement rayés, et se trouveraient sur leurs sections respectives.

Ordre était donné de les faire conduire à Périgueux afin d'y être jugés par la commission militaire qui y était établie (1).

En cas de besoin, les commissaires de Cahors devaient requérir la force armée, et principalement la gendarmerie, que la loi chargeait de l'arrestation de ces citoyens (2).

Ces commissaires devaient donner connaissance, à l'administration municipale, du domicile des prêtres dont parlait l'arrêté du 11 brumaire, s'ils parvenaient à le savoir exactement (3).

Le jour même où les administrateurs de Cahors prirent cet arrêté, ils en adressèrent une copie collationnée à l'administration centrale (4).

Dès le 17 mars 1792, le corps municipal de Cahors avait arrêté la liste des émigrés, conformément aux ordres de l'administration départementale de l'époque. Elle comprenait les noms de plusieurs prêtres et de beaucoup de personnes notables (5).

Sur cette liste dressée en 1792 se trouvaient inscrits au nombre des ecclésiastiques : le vicaire général et administrateur apostolique du diocèse de Cahors de Bécave, Cilh, Soubsroup, Gisbert, Alardou, l'aumissie aîné, Cassagne, Valrivière, Salvignac, Boutang aîné, Deltel, Mercié, Castel, Calmette, Almix, Monziès, Marabelle, etc.

A côté des noms de ces prêtres, on trouve les noms de beaucoup de laïques. On y voit inscrits les Foirac, deux Durfort-Boissières, dame douairière Durfort-Boissières, la veuve Lavalette-Parisot, les Darcch aîné et cadet, les deux fils Lasagne, Mostolac-Lafage fils aîné, les Laval-Lapalme père, fils aîné et fils cadet, les trois frères Lacabrousse, l'ancien député Foydel, Flaujac père et fils, Reddes fils aîné, l'officier Belcastel, les Baudus père et fils, les Desplas, les Laroche-Lambert père, fils aîné et sa femme avec ses enfants, Moreau-Goranflou, la veuve Brisson, Soyris-Saint-Géry et sa femme, Lapeyrière sa femme et ses enfants, l'ancien commandeur de Grandjouls.

En 1797, quand éclata le coup d'État de fructidor, les noms de plusieurs de ces personnages, laïques et ecclésiastiques, n'avaient pas été rayés définitivement sur la liste des émigrés.

Les prêtres inscrits sur la liste des émigrés, non encore rayés définitivement, étaient sévèrement punis quand on les

trouvait sur le territoire d'une commune, alors qu'ils auraient dû quitter la France.

On les conduisait, s'ils étaient arrêtés, dans une des communes de ce département, à Périgueux. Là se trouvait la commission militaire de sept membres qui devait les juger dans les vingt-quatre heures.

Il importait donc souverainement à ces prêtres d'obtenir un passeport pour quitter sans délai le territoire de la République.

L'administration centrale du département du Lot ne manqua pas de recevoir de nombreuses demandes en vue d'obtenir un passeport. A la Bibliothèque de la ville de Cahors, on conserve un « État des prêtres à qui l'administration centrale... a délivré des passeports en vertu de la loi du 19 fructidor an V, depuis le 2e jour complémentaire an V jusqu'au 10 brumaire an VI » (1).

Sur cet « État » figure, à la date du 2e jour complémentaire an V, le nom de Charles-Nicolas de Bécave (2). Il s'agit du vicaire général de Cahors, qui administra le diocèse durant toute la période révolutionnaire.

L'abbé de Bécave avait été inscrit, le 17 mars 1792, par le corps municipal de Cahors, conformément à un arrêté du département, sur la liste des émigrés « ou de ceux dont on ignore le domicile en France (3) ». Son nom fut, de ce fait, transmis au directoire du district de Cahors qui devait le faire parvenir à l'administration départementale. Ses biens furent alors séquestrés. Conformément à la loi sur le séquestre des biens des émigrés, la municipalité cadurcienne promettait, dans cette séance du 17 mars 1792, de veiller à la sûreté et à la conservation des biens des émigrés, dont elle venait de dresser la liste, « notamment des bois ». Le procureur de la commune était chargé de prévenir et d'empêcher la dilapidation de ces biens, spécialement du mobilier (4).

Le 25 mai 1793, le conseil du département avait arrêté que Mgr de Bécave serait reclus ou déporté « suivant son âge » (5). Il fut condamné à la déportation : détenu d'abord au fort du Hâ, il fut renvoyé en réclusion au séminaire de Cahors. Le 13 avril 1795 (24 germinal an III), il était sorti de la maison de réclusion. Il signait, ce jour-là, sur le registre municipal, com-

---

1. Série L 276, numéro 58, article premier de l'arrêté.

2. Ibid., article 3.

3. Série L 276, numéro 58, article 4 de l'arrêté.

4. Série L 276, numéro 59.

5. Cf. « Bulletin de la Société des Études du Lot », 1923, pp. 132-135.

---

1. Bibl. Ville, classé A., numéro 58.

2. Le nom exact est celui-ci : Charles-Nicolas Fontaille de Bécave. Né en 1739, fait grand archidiacre en 1768. Il avait été nommé administrateur du diocèse de Cahors, par le chapitre de la Cathédrale, en 1791, à la mort de Mgr de Nicolaï, évêque de Cahors. Il est désigné au titre de « grand archidiacre » dans l'acte d'installation de Mgr de Nicolaï, du 23 octobre 1777. Cf. « Bulletin de la Société des Études du Lot », tome XXXVI, p. 288. Il mourut en 1813, vicaire général de Mgr Cousin de Grainville.

3. « Bulletin Société Études », tome XXXIII, « Analyse des Registres municipaux de la commune de Cahors tenus pendant la Révolution, par M. A. Combes, pp. 132-135.

4. « Bulletin Société », XXXIII, p. 135.

5. « Archives du Lot », série L. 2. Cf. « Bulletin Société Études », XXXIII, p. 210.

me prêtre mis en liberté, une déclaration du lieu où il avait l'intention d'exercer ses fonctions. Il indiquait une maison située à Cahors, comme devant être la maison qu'il habiterait et où il exercerait son ministère à l'avenir (1).

Le texte de la loi du 19 fructidor était particulièrement dur pour le prélat administrateur. Comme il avait été inscrit sur la liste des émigrés, il était spécialement tenu de sortir du territoire de la France. S'il restait dans le pays, il pouvait être arrêté et être jugé par la commission militaire instituée par la loi nouvelle. Il lui était donc souverainement utile de prendre un passeport et d'émigrer de nouveau (2). S'il n'émigra pas, il courut dans le lieu de retraite où il se cacha les plus grands périls. Et on devine aisément le motif pour lequel il n'aurait pas quitté le diocèse, son désir ardent de continuer à gouverner de près l'Église de Cahors durant ce temps de grande tourmente.

L'administration départementale délivra le même jour, le deuxième jour complémentaire an V, un passeport à un prêtre de Cahors, Deilhot (ou d'Heliot). Elle en délivra plusieurs autres durant vendémiaire et brumaire an VI.

Depuis la loi du 28 vendémiaire an VI (19 octobre 1797), il devait y avoir sur tout passeport l'indication des lieux où les voyageurs devaient se rendre. Le commissaire du Directoire exécutif près de l'administration chargée de la délivrance des passeports, devait viser chacun d'eux. Dix jours après la publication de cette loi du 28 vendémiaire an VI, tous les passeports d'une date antérieure à la promulgation étaient annulés. Des passeports qu'on pourrait signaler, seuls demeuraient donc valables ceux qui avaient été délivrés après le 19 octobre. Ceux qui étaient datés d'avant ce jour devaient perdre toute efficacité vers le 30 octobre.

La République voulait en arriver au plus tôt à débarrasser entièrement le pays de tous ses prétendus ennemis. Elle voulait amener ceux d'entre eux qui, absents de leur domicile ordinaire, se trouvaient encore en France, à se présenter devant les administrations, afin que celles-ci pussent les arrêter plus facilement, si jamais la moindre irrégularité pesait sur leur conduite depuis le 18 fructidor.

Quiconque était muni d'un passeport nul et qui se trouvait hors de sa commune, devait prendre, auprès de l'administration municipale du canton où il se trouvait momentanément, un nouveau passeport. On ne lui délivrait par contre le passeport sollicité que sur la réclamation de deux citoyens domiciliés dans le canton et bien connus. Le passeport devait faire mention de leur déclaration; les registres de l'administration, relatifs aux passeports, devaient eux-mêmes porter leur signature. Le passeport ainsi renouvelé devait être porté à la connaissance de l'administration municipale du canton où se trouvait le domicile du citoyen solliciteur. Une copie en était adressée à cette municipalité.

A la teneur de cette loi du 28 vendémiaire, on peut juger du peu de sécurité où se trouvait l'abbé de Bécave, par exemple, qui, muni d'un passeport d'une date antérieure à la promulgation de ce texte, n'était point sorti du pays, mais y restait caché dans une retraite quelconque.

Il n'aurait pas fallu que les administrateurs et commissaires du Directoire exécutif eussent délivré et signé des passeports sous des noms supposés, ou autrement, pour voyager dans l'intérieur, à des prêtres ou autres individus qui, d'après la loi du 19 fructidor an V, devaient sortir du territoire de la République. Ils auraient été traduits devant le Tribunal criminel du département et s'y seraient vus condamnés à la déportation pour une durée d'au moins un an.

VI

### Les prêtres déportés rentrés en France en vertu de la loi du 7 fructidor an V.

Les ecclésiastiques qui avaient émigré en 1793, au lendemain de la promulgation des décrets du 27 mai et du 26 août 1792, étaient rentrés en France. Tous récemment encore, pour quelques-uns d'entre eux, à partir du printemps de 1797, ou après le vote de la loi du 7 fructidor an V.

Ils étaient revenus dans leur paroisse ou dans leur pays natal, croyant y vivre désormais en paix sous l'égide d'un gouvernement plus humain. Ils connaissaient la majorité nouvelle qui siégeait dans le corps législatif, modérée, sinon catholique, que les élections de germinal an V avaient envoyée à Paris dans les deux Conseils, et ils auguraient bien de l'avenir. Ils n'auraient voulu nullement quitter de nouveau le sol de la patrie. Leur seul désir était de pouvoir vivre désormais en paix sur le territoire de la République.

Après le coup d'État et la publication de la loi du 19 fructidor, ils ne pouvaient plus songer à rester en France. Si amères que fussent leurs déceptions, ils devaient se rendre compte de la situation réelle que la loi nouvelle leur faisait. En ne quittant pas leur pays, ces prêtres pouvaient être arrêtés, passé le délai de quinze jours à partir du 19 fructidor. Après leur arrestation, ils auraient eu à comparaître devant une commission militaire, composée de sept membres nommés par le général qui commandait la division militaire de la région. Cette commission les aurait jugés dans les vingt-quatre heures et le jugement qu'elle aurait porté n'aurait pu être attaqué par recours à aucun tribunal, et aurait été exécuté dans les vingt-quatre heures.

Tous les prêtres rentrés dans le Lot en vertu de la loi du 7 fructidor an V, de-

---

(1) « Bulletin Société », tome XXXVI, pp. 257-258.

(2) Quoique muni d'un passeport, M. de Bécave serait resté dans le pays, où il se serait caché. Cf. « Notice sur le clergé de Cahors pendant la Révolution », publiée par l'abbé Justin Gary. Cahors, 1807, pp. 42-43.

vaient se munir de passeports réguliers avant la date du 10 brumaire an VI et songer à quitter le territoire de la République. C'était pour eux le seul moyen d'éviter la persécution qu'ils auraient eue à subir en France. Ils ne seraient pas arrêtés et ne passeraient devant un tribunal quelconque.

Au lendemain du 18 fructidor, mais surtout après le 10 brumaire an VI, les prêtres déportés rentrés comme tous les prêtres inscrits sur la liste des émigrés, furent activement recherchés par les autorités locales. Les administrations municipales, en voyant des prêtres déportés revenus dans les communes de leurs cantons respectifs, ne manquèrent pas de s'informer par tous les moyens en leur pouvoir pour savoir s'ils avaient sollicité et obtenu un passeport, et s'ils se préparaient à rejoindre la frontière. De tous les prêtres réfractaires, les prêtres émigrés rentrés sur le sol de la République étaient manifestement le plus exposés aux rigueurs des lois.

Toutes les lois s'exécutent, même les lois d'ostracisme contre une catégorie de citoyens. Les administrations inférieures sont tenues de se prêter à leur exécution. Elles se voient obligées d'user même du grand moyen de la dénonciation pour faciliter la ponctuelle application des lois de cette sorte. L'administration municipale de Cazes-Mondenard ne trouvait pas d'ailleurs trop lourde pour elle semblable obligation. Elle s'y conforma le plus facilement du monde (1).

Dans le Lot, on signala volontiers à l'administration centrale les prêtres réfractaires qui étaient revenus d'exil et semblaient ne pas vouloir reprendre le chemin de l'étranger. Le 4 mars 1798 (14 ventôse an V), l'administration municipale de Cazes-Mondenard fit dresser un tableau des prêtres qu'on devait considérer comme émigrés. Sur ce tableau, on trouve les noms suivants : Antoine Baucaret, ex-capucin à Cazes; Barthélemy Dugès, ex-curé de Cassagnes, à Labarthe; Antoine Devès, ex-curé de Saint-Quintin, à Saint-Quintin; Jacques Mathat, ex-curé de Vazerac, rentré, à Vazerac; Régis, vicaire de Vazerac, rentré, à Vazerac; Jean Bories, vicaire de Nevèges, commune de Labarthe, à Labarthe. Ces prêtres habitaient le domicile qu'on leur attribue sur ce tableau, au moment de la promulgation de la loi du 19 fructidor an V (2). Le 19 mars 1798 (29 ventôse an VI), le président de l'administration municipale de Cazes adressa à Cahors ce tableau avec l'arrêté qu'avaient pris les administrateurs municipaux pour le faire établir.

Le commissaire du Directoire exécutif tint contre ces prêtres, devant l'assemblée municipale, un langage des plus violents. Il montra aux administrateurs que, depuis la mémorable journée du 18 fructidor, ces prêtres réfractaires rentrés sur le territoire de la République, à qui la loi du 19 fructidor ordonnait d'en sortir, s'étaient obstinés à méconnaître cette loi.

D'après la correspondance avec l'administration centrale, aucun d'eux ne s'était présenté à Cahors pour prendre un passeport, en conformité avec la loi nouvelle, afin de sortir de France.

Ce commissaire demanda aux administrateurs de Cazes-Mondenard de considérer comme émigrés et de dénoncer comme tels à l'administration départementale « ces êtres malfaisants et ennemis du gouvernement » qui trouvaient encore des hommes assez faibles pour leur donner asile.

L'administration municipale de Cazes obéit aux injonctions de ce fonctionnaire et fit dresser aussitôt le tableau des prêtres émigrés qui se trouvaient sur le territoire du canton au moment du coup d'État.

Dans les considérants de l'arrêté qu'elle prit le 14 ventôse an VI, cette administration déclarait qu'elle ne pouvait plus longtemps souffrir « que des hommes ennemis du gouvernement républicain, rebelles à ses lois, en souillent impunément le territoire par leur présence ».

Elle s'y disait forcée par les lois et l'amour de la patrie de ranger ces individus dans la classe des émigrés, afin que le glaive de la loi pût les atteindre, s'ils étaient arrêtés (1).

Les prêtres déportés rentrés dans leur pays nous racontent la situation qu'était la leur, dans les lettres qu'ils adressaient aux administrations pour exposer leur cas. Il n'est peut-être pas sans intérêt de la connaître, d'après les pièces de l'ensemble de leurs pétitions.

Antoine-André Gaillard, revenu d'Espagne, demandait un délai avant d'émigrer de nouveau, à cause de l'état de délabrement de sa santé (2).

Bertrand Claverie, né à Moissac, prêtre déporté, rentré, excessivement faible à cause de ses fatigues et de son état maladif, sollicitait de rester reclus chez lui à Moissac (3).

Pierre Capmas, arrivé d'Espagne, ne pouvait repartir à cause d'un asthme très violent (4).

Jean-Louis Savary, tombé malade à Rassiels, à son retour d'Espagne, demandait à rester en France (5).

Gausserès, de Cahors, résidant à Artis, près de Cahors, paroisse de Bégoux, chez des parents (famille actuelle des Simonis) était couvert d'infirmités et hors d'état de regagner la frontière (6).

Joseph Ségui, d'Assier, malade, ne peut réaliser son projet de repartir pour l'Espagne, à cause de son état (7).

(1) Série I. 276, numéro 66.
(2) A. D. série I. 276, numéro 65.

(1) Série I. 276, numéro 66.
(2) Série I. 161, numéros 140, 141.
(3) L. 278, numéros 72, 75.
(4) L. 278, numéros 84, 85.
(5) L. 161, numéro 38.
(6) L. 278, numéro 111.
(7) L. 161, numéro 27.

Antoine-Raymond Caussil (1). Jean Solery (2). Jacques Maleville (3). Antoine Denucé-Laboissière (4) demandèrent eux aussi des délais à cause de leurs infirmités, pour reprendre le chemin de l'émigration.

Le prêtre Denucé, rentré d'Espagne, était sur le point de repartir, écrit-il à l'administration départementale au mois de brumaire an VI, lorsqu'il en fut empêché par une maladie de nerfs et le mal de la cataracte (5).

## VII

### Le clergé du Lot émigré en Espagne

Les prêtres déportés en Espagne, rentrés sur le territoire de la République après les élections de Germinal an V ou au lendemain du vote de la loi du 7 fructidor an V, qui se voyaient de nouveau condamnés à la déportation par la loi du 19 fructidor, avaient généralement envahi le sol espagnol après les décrets de 1791 et la loi du 26 août 1792.

Ils y étaient arrivés sans costume ecclésiastique, à pied, à dos de mulet ou en voiture publique.

Parvenus en une des villes du nord de l'Espagne, telles que Saint-Sébastien, Bilbao, Saragosse, Lérida, ils avaient dû changer leurs assignats, mais en subissant une grosse perte et se trouvant encore plus pauvres qu'ils n'avaient pensé.

Leur bagage devait être bien petit, mais ils ne s'en lamentaient nullement. D'ordinaire, confiants dans l'avenir, ils se persuadaient que la religion aurait bientôt sa revanche, et que leur exil serait de courte durée.

Les ecclésiastiques exilés du Lot allèrent principalement en Espagne. Ils y furent noyés parmi les 6.322 ecclésiastiques français que comprit la péninsule au mois d'avril 1793, au nombre desquels étaient 5.888 séculiers et 434 réguliers.

Au nombre des émigrés du diocèse de Cahors se trouvaient le vicaire général Jean-Charles-Sulpice de Gauléjac (6), exilé à l'hôpital général de Saragosse, et François de Villeneuve, ancien vicaire général de Cahors, lui aussi hospitalisé chez les capucins de Granollers (7).

Au mois de septembre 1792, 35 prêtres du diocèse de Cahors et 14 de l'ancien diocèse de Montauban avaient passé à Puigcerda.

Aux mois d'octobre, de novembre et de décembre de la même année, 15 prêtres de Cahors et 7 prêtres de Montauban étaient arrivés à Viella et s'étaient dirigés vers Urgel.

En avril 1793, on aurait rencontré, comme prêtres de ce diocèse : 25 ecclésiastiques dans la province d'Aragon, à Barbastro ; 7 à Lérida, chez les Carmes déchaussés ; 5 encore à Lérida, au couvent de la Sainte-Trinité : 10 à Teruel, hors de la ville de Tarragone. Il y en avait en outre, à cette époque, à Tolède, à Salamanque, à Saragosse et dans beaucoup d'autres villes.

L'énumération des villes et villages où nos prêtres de Cahors trouvèrent un abri serait longue à faire. Encore faudrait-il y comprendre les cités et les hameaux où les prêtres de l'ancien diocèse de Montauban, qui pour la plupart eurent à traiter avec l'administration centrale du Lot à la Révolution, obtinrent d'être hospitalisés.

L'exil de ces prêtres en Espagne fut souvent pour eux l'occasion de bien des privations et la cause de dures souffrances et pénibles maladies. Beaucoup de ces ecclésiastiques, revenant d'Espagne principalement au lendemain du 7 fructidor an V, sont atteints d'infirmités qu'ils n'ont contractées que sur le sol espagnol.

L'un d'entre eux, Antoine-André Gaillard, a sa santé « débilitée par les peines et les privations d'un long exil ». Son mauvais état de santé empire de jour en jour. La mauvaise nourriture qu'il avait reçue en Espagne a entièrement détruit son tempérament et « a tellement augmenté ses infirmités qu'il avait avant son départ » que son corps se trouve dans ce moment dans un état de profond délabrement. Il a besoin de suivre un régime spécial pour alléger ses souffrances continuelles (1).

Un prêtre, ancien émigré de Lérida, en Catalogne, Gousserès, arriva d'Espagne dans un triste état. Il avait contracté en partie ses infirmités sur la terre étrangère. Il n'a pas un moment de repos, tellement il souffre (2).

La santé de Joseph Ségui se délabra totalement en Espagne. Ses infirmités l'empêchaient de faire le moindre voyage. Ses forces étaient « entièrement usées ». Les officiers de santé d'Assier certifièrent, à la date du 28 vendémiaire an VI, qu'il avait « une affection scorbutique des plus marquées, qui lui donne des douleurs par tout le corps et particulièrement aux jambes, avec une lassitude étonnante au moindre exercice qu'il fasse ». A certains moments, ce prêtre était comme fou, « au point de ne savoir son mal, ce qu'il est, ni ce qu'il veut dire ». Son estomac et sa poitrine étaient en très mauvais état. Il allait « à un dépérissement ». Les remèdes qu'il prenait ne lui produisaient aucun bien (3).

---

(1) L. 278, numéros 69, 70.

(2) L. 161, numéro 145.

(3) L. 278, numéro 61.

(4) L. 161, numéro 6.

(5) « Archives du Lot », série L 162, numéro 6.

(6) Ce vicaire général avait été curé de Réalville dès le 30 décembre 1781 (« Manuscrit Danglars », numéro 642).

(7) Abbé Jean Contrasty. « Le Clergé français exilé en Espagne », 1792-1802, Toulouse, Sistac, 1910, pp. 95-97. A propos de l'état dans lequel plusieurs prêtres arrivèrent en Espagne, en 1794, après avoir évité la guillotine, voir dans le même ouvrage, pp. 53-54. On peut consulter encore, dans le même ouvrage, les pages 167, 169, 171, 174, au sujet de leur départ de France, leur arrivée en exil et leur misère.

(1) Série L 281, numéros 140, 141.

(2) Série L 278, numéros 111, 112.

(3) Série L 161, numéros 27, 28, 29.

Un sexagénaire, Antoine-Raymond Caussil, essuya sur le territoire espagnol plusieurs maladies. Il eut toute la peine du monde à revenir d'Espagne, après le 7 fructidor an V. Il était tombé « dans une hydropisie qui lui permettait à peine de quitter le lit ». Les officiers de santé Guillaume Delom et d'Audibertières, de Limogne, attestèrent, le 7 vendémiaire an VI (28 septembre 1797), que ce prêtre avait eu des accès de fièvre tierce pendant dix mois, en pays étranger, qu'il était atteint d'une hydropisie d'autant plus sérieuse que la cause en réside dans une obstruction à la rate, maladie d'une nature très longue et très difficile à guérir, qui exige une suite de remèdes longtemps continués pour parvenir à une amélioration (1).

Avant de partir pour l'émigration, Jean Solery était attaqué d'un mal aux yeux, « maladie d'autant plus menaçante pour lui qu'elle était héréditaire dans sa famille, puisque sa mère avait perdu la vue longtemps avant son décès ». La maladie avait beaucoup empiré en Espagne et empirait tous les jours.

Durant son exil, il avait contracté « une colique néphrétique presque habituelle » et des douleurs rhumatismales qui « le tiennent presque toujours cloué dans son lit ». Il a eu une très grande peine pour pouvoir revenir au sein de sa famille.

Depuis son retour de la terre étrangère, « il sent des coliques très vives ». Deux officiers de santé de Toirac certifièrent, le 7 frimaire an VI (27 novembre 1797) que ce prêtre, résidant à Toirac, dans le canton de Cajarc, avait, en dehors de ses accès de colique néphrétique et de sa maladie des yeux, un rhumatisme goutteux qui tantôt se portait à l'épaule et au bras, et qui tantôt était fixé au genou droit avec enflure et difficulté de marcher même dans son appartement (2).

Une maladie de poitrine, contractée en Espagne, affectait le prêtre déporté Jacques Malaville. Ce prêtre en arrivait à éprouver « des espèces de suffocation qui gênaient considérablement sa respiration et des douleurs très vives dans la poitrine : ce qu'il ne peut attribuer en très grande partie qu'au voyage d'Espagne ». Le 26 frimaire an VI, deux officiers de santé de Figeac attestèrent que Malaville était atteint de maux habituels de poitrine, accompagnés de toux, et souvent de petits crachements de sang, et affligé de plus d'une affection hypocondriaque invétérée 3.

Des prêtres émigrés en Espagne, n'ayant aucune fortune personnelle, se voyaient obligés « d'errer d'une ville à l'autre uniquement pour chercher des moyens d'y soutenir leur existence par un morceau de pain et d'y fournir bien médiocrement à leur entretien ». Tel était le cas du prêtre Pierre Capmas, ancien curé de Reilhaguet. Il était arrivé en Espagne dans les premiers jours du mois de septembre 1792. Quand il eut connaissance de la loi du 7 fructidor an V, il s'empressa « de secouer le joug de la misère, où il était malheureusement condamné à cause de son âge de près de 60 ans, d'une santé qu'il ruinait par les privations en tout genre ». Il rentra en France vers la fin du mois de fructidor, en faisant le chemin en partie à pied (1).

L'ancien curé de Lunegarde, Jean-Antoine Pons, avait trouvé un abri à Barbaguena. Sa position y était très précaire. Il y manquait même de linge et de bas. Mais, quoique mal couché, mal nourri, et dans une grande détresse, il y restait, attendu que le climat lui était favorable (2).

Pour un grand nombre de ces prêtres exilés en Espagne, l'émigration fut des plus dures. Le peuple espagnol s'empressa bien de loger et de nourrir les prêtres français. Il leur fit sans doute un bon accueil, mais ceux-ci étaient venus trop nombreux dans la péninsule pour n'y être pas nécessairement exposés à de réelles privations. D'ordinaire, les chanoines, les curés surent appliquer les devoirs de l'hospitalité à l'égard des déportés. Ils les reçurent volontiers dans leurs demeures. Les supérieurs de communautés transformèrent leurs maisons en hôtelleries. Les évêques recommandèrent à leurs diocésains le clergé émigré parmi eux. Il ne devait pourtant point être possible de donner à tant d'exilés une hospitalité qui fût capable de les mettre à l'abri de toute misère. L'exil dura de trop longues années pour le plus grand nombre de ces prêtres et les émigrés étaient en nombre trop considérable.

Les prêtres émigrés intéressaient à leur sort leurs parents et amis de France. Ils attendaient des bonnes âmes qu'ils avaient connues quelques fonds. Le prêtre exilé Pons n'attendait d'adoucissement à ses maux que de leur activité bienfaisante. Seulement fallait-il encore découvrir quelques moyens qui facilitassent la réception des fonds ! On leur promettait de l'argent et il n'était point aisé de le recevoir.

L'évêque de la Rochelle, M. de Coucy, avec certains prêtres réfugiés à Orense, qu'hébergeait M. de Quévédo, l'évêque du lieu, voulurent porter secours d'une manière efficace à tous les prêtres français indigents de la péninsule. Ils créèrent une caisse de secours en faveur de leurs confrères en détresse et l'établirent dans les diverses provinces de l'Espagne. M. de Coucy en fut le directeur. De 1794 à 1799, ce prélat envoya sept lettres pastorales dans les villes où cette œuvre fonctionnait. Il ne craignit point d'être importun pour arriver à subvenir le plus possible à toutes les infortunes. Des déportés prélevè-

<hr>

1 Série L 278, numéros 84-87.

2 Série L 161, numéros 145, 146.

3 Série L 278, numéro 61.

<hr>

(2) Série L 278, numéros 84-87.

(3) Gary, « Notice sur le clergé de Cahors pendant la Révolution », pp. 60-61.

rent, sur les aumônes qu'ils recevaient eux-mêmes, une quote part pour entretenir cette caisse, se dépouillant même parfois de ce qui leur était nécessaire, se montrant ainsi insensibles à leurs propres besoins. On sut s'attendrir sur la misère des autres et, grâce à une telle charité entre frères déportés, on put porter secours non seulement aux prêtres exilés, mais même à d'autres émigrés français, à des religieuses appartenant à des ordres supprimés, à des familles nobles mais sans fortune. La caisse eut à porter secours même à des prélats émigrés, plongés dans une réelle misère.

La caisse de secours eut des débuts difficiles. Elle ne fit que des progrès très lents. Le 7 décembre 1797 elle put néanmoins distribuer beaucoup. La caisse fut alors à son plus haut degré de recettes. Il y eut diminution dans les offrandes en 1798, et surtout en 1799. (1).

Cette caisse, comme aussi les envois de fonds de France, ne purent arriver toutefois à établir une aisance honorable parmi tous ces prêtres. Certains, parmi lesquels Jean Sarny et Pierre Capmas, dès qu'ils le peuvent, secouent le « joug de la misère » et rentrent dans leur pays (2).

Le travail des prêtres émigrés aurait pu être un remède à leurs maux. Des évêques espagnols insinuèrent au roi ou à son conseil de les inviter au travail. Les trésoriers du roi voyaient dans les travaux qu'on pourrait leur procurer un moyen de gagner toute ou partie de leur existence.

Mais ces prêtres n'avaient point d'aptitudes spéciales pour un métier. Ils auraient pu exercer le ministère pastoral, mais le gouvernement leur avait interdit toutes fonctions curiales (3). Ils ne pouvaient que dire leur messe.

Des prêtres, les plus pauvres, n'hésitèrent pas à s'adonner au labeur des simples artisans. Certains furent tailleurs et blanchisseurs pour leur compte personnel. D'aucuns firent des travaux agricoles. On en vit qui exercèrent les métiers de couteliers, de rémouleurs, de vanniers. On raconte que des prêtres français cirèrent dans les rues les souliers des passants (4).

Ceux qui ne se livrèrent pas à des travaux manuels ne restèrent pas **toutefois** inactifs. La plupart des prêtres émigrés firent des travaux intellectuels pour se rendre aptes à remédier aux maux de l'Eglise de France, une fois qu'ils seraient de retour dans leur pays. Ils s'adonnèrent à l'étude et traitèrent les questions touchant au dogme et à la morale, qu'ils comprenaient le plus sujettes aux attaques des hommes de la Révolution. Seulement, en se livrant à de tels travaux, tous ces prê-

tres auraient pu difficilement parvenir à subvenir à leurs nécessités. Ils purent du moins trouver dans ces occupations un délassement fort utile, nécessaire même. Ils s'ennuyaient beaucoup, en effet, durant ces années d'exil, et d'un exil d'autant plus amer que leurs goûts et leurs mœurs les séparaient complètement de ceux avec qui ils étaient forcés de vivre.

Sur cette terre étrangère, les prêtres réguliers français vivant dans le monde ne pouvaient qu'aspirer à reprendre les pieux exercices de leurs monastères. Les prêtres du clergé séculier devaient s'habituer difficilement à la vie des couvents. Le prêtre des paroisses n'est nullement fait pour le régime des cloîtres, n'ayant reçu aucune vocation pour un tel genre d'existence. Les évêques et chefs d'ordres espagnols faisaient cependant assister à tous les exercices des monastères les prêtres émigrés français.

Dans certaines maisons religieuses comme aussi dans quelques diocèses, les prêtres exilés furent l'objet d'une surveillance trop active (1). Aussi voyons-nous quelques-uns d'entre eux préférer aller mourir de faim sur les routes plutôt que de se voir trop sévèrement épiés par des moines sans largeur de vue et sans jugement, ou par des recteurs par trop étroits d'esprit. Qui sait si le prêtre Capmas, du clergé de Cahors, ne fut pas dans le cas de ces ecclésiastiques. L'évêque de La Rochelle lui-même eut à se plaindre de procédés peu courtois de la part des Espagnols (2).

Ce qui arrivait à ces prêtres ne doit pas nous surprendre. Ils restaient malgré tout des Français et partant des étrangers, dont on pouvait être facilement jaloux. Le clergé émigré était peut-être supérieur au clergé espagnol, régulier ou séculier, au point de vue de l'instruction comme aussi de la distinction des manières et ceci ne pouvait que causer une mésintelligence d'autant plus profonde entre nos prêtres et ceux d'Espagne, que l'envie semble être tout à fait naturelle à l'âme d'un peuple en présence de toute supériorité incontestable qu'on remarque chez un étranger. Surtout les prêtres exilés français étaient nombreux et dans le besoin : ils ne pouvaient que porter préjudice au clergé des couvents ou des paroisses en prenant les quelques honoraires qui lui revenaient de plein droit.

Le clergé émigré eut encore à souffrir, en Espagne, du climat, de la privation de nouvelles de France, de la nourriture. La cuisine espagnole principalement dégoûtait les prêtres français. Ceux-ci étaient trop délicats pour se faire à des mets

---

(1) Contrasty, « op. cit. », pp. 212-239.

(2) On sait que Capmas rentra à la fin de fructidor an V ; Jean Sarny, curé d'Escamps, était rentré dans sa paroisse en septembre 1797.

(3) « Lettres patentes au sujet de l'hospitalité à donner aux ecclésiastiques français émigrés », du 2 novembre 1792, publiées par Charles IV (Cf. Contrasty, « op. cit ». pp. 58-70.

(4) Contrasty, « op. cit. », pp. 234-237.

---

(1) Dans un diocèse, sur l'ordre de l'évêque, on allait jusqu'à accompagner dans les rues les prêtres émigrés, toutes les fois qu'ils sortaient. Des supérieurs de communautés dénoncèrent au Gouvernement espagnol des ecclésiastiques qui simplement franchissaient le seuil de la clôture sans permission. On allait jusqu'à inquisitionner leurs moindres démarches. On ne pouvait comprendre tout particulièrement qu'ils sortissent dans le bourg pour causer avec les gens du village ou avec d'autres prêtres exilés.

(2) Contrasty, « op. cit. », p. 189.

qu'on preparait avec plus ou moins de propreté (1).

Qu'ils fussent à l'étranger ou en France, les prêtres réfractaires eurent à essuyer les plus dures souffrances. Il n'était que justice de rappeler, au moins sommairement, ce qu'eurent à supporter sur le sol étranger les prêtres insermentés. Si, d'une manière générale, les insermentés résidant en France furent exposés aux pires traitements, ceux qui avaient émigré ne furent pas de beaucoup mieux favorisés qu'eux : ils eurent à souffrir dans tout leur être, et leur cause ne saurait nous laisser indifférents. Les uns et les autres, réfractaires d'Espagne ou de France, ne peuvent que nous être sympathiques.

Nombreux furent, parmi les prêtres émigrés en Espagne, ceux qui y succombèrent. Les prêtres âgés ou infirmes ne purent résister longtemps aux souffrances que leur valait l'émigration. La chaleur, le froid ou la fièvre en débilitèrent un grand nombre et les menèrent au tombeau. On a compté jusqu'à quinze morts pour cent prêtres exilés dans les villes principales des provinces espagnoles. Plusieurs moururent dans les hôpitaux au milieu des pauvres. Trois évêques y périrent : ceux de Bayonne, d'Alet et de Saint-Omer (2).

On compte un certain nombre de prêtres du diocèse de Cahors qui trouvèrent la mort sur cette terre d'exil. On pourrait signaler François Daudé, originaire de Lauzerte, Guillaume Marjouan, natif de Montauban et Jean Calmettes, de Goujounac (3).

### VIII

#### Le sort réservé aux prêtres accusés d'avoir rétracté leurs serments

Tout prêtre résidant sur le territoire de la République, soupçonné d'avoir rétracté ses serments était l'objet d'une enquête. Parmi les prêtres du Lot qui, à cette époque de terreur nouvelle pour le clergé réfractaire, furent poursuivis et enquêtés, on peut signaler l'abbé Cambrouse qui avait prêté à Montauban le serment constitutionnel (4), le prêtre Coudere, de Montricoux dans le Bas-Quercy (5), Mathurin Castel, de Montauban (6), Bernard Parra, demeurant à Frayssinet-le-Gourdonnais (7), Augustin Bru, curé de Boulec (8), etc...

On vient de voir combien avaient à souffrir les prêtres inscrits sur la liste des émigrés et ceux qui, de fait, avaient émigré en Espagne. Les ecclésiastiques qui demeurèrent en France, autorisés à séjourner dans les paroisses, ne souffrirent pas moins.

Les enquêtes relatives à la rétractation du serment constitutionnel ou de tout autre serment, dans les cas où on la soupçonnait, sont de nature à marquer la condition douloureuse qui était faite aux anciens prêtres constitutionnels de 1791 qu'on accusait, à tort ou à raison, d'avoir révoqué leur serment prêté au lendemain de la loi du 26 décembre 1790.

On vit même des prêtres, gagnés aux idées révolutionnaires, demeurant réellement attachés à l'Eglise nationale constitutionnelle, essuyer de mauvais traitements de la part des administrations locales. Des constitutionnels, accusés de tiédeur pour applaudir les pires excès de la Révolution, eurent à souffrir du Gouvernement révolutionnaire, sous la seconde Terreur comme sous la Terreur de 1793-94.

Jean-Louis Albouis, de Cahors, était un véritable prêtre rétracté. Aussi eut-il à souffrir beaucoup à cause de sa rétractation.

Il intéresse à son cas, qui est navrant, l'administration centrale du Lot. Il expose aux administrateurs départementaux sa situation en des termes des plus touchants et cependant sans trahir nullement la vérité.

« Il avait cru pouvoir prêter le serment prescrit aux prêtres sur la constitution civile du clergé, dit-il aux administrateurs du Lot, mais, des doutes sur cette démarche ayant inquiété sa conscience, il rétracta ce serment, non pas dans ce temps qu'on appelle de réaction, mais dans celui où un prêtre insermenté perdait la vie s'il était aperçu, dans un temps où des représentants du peuple en mission faisaient exécuter avec la plus grande rigueur des lois rendues contre les ministres du culte qui n'avaient pas prêté les serments. Qu'on n'attribue donc pas à la lâcheté cette rétractation (1). »

Au lendemain du dix-huit fructidor, ce prêtre devait quitter le territoire de la République. Il avait eu le courage de rétracter le serment constitutionnel à une heure terrible pour tout le clergé réfractaire et il aurait encore le courage, en punition de cette rétractation, d'émigrer. Seulement il est atteint de plusieurs infirmités et il ne peut s'expatrier. Il est menacé « de perdre la vue par les mêmes symptômes par lesquels une de ses sœurs l'a entièrement perdue ». Il pourrait difficilement prendre le chemin de l'étranger « sans encourir le danger certain de perdre la vie ».

Albouis ne demanderait que la liberté de rester dans la maison de son père, à Cahors. Mais là encore, il devra être « sous la surveillance spéciale et immédiate » de l'administration cadurcienne. Seulement, obtiendra-t-il d'établir domicile dans sa famille ? Jusqu'à cette date, c'est-à-dire jusqu'à cet hiver de 1797-1798, après

----

1. Contrasty, op. cit., p. 182-193.

2. Contrasty, op. cit., pp. 308-315.

3. Ibid., passim.

4. Série L 263, numéros 1-8 ; 270, numéro 52.

5. Archives du Lot, série L 142, numéros 47, 48.

6. Série L 277, numéros 6, 8 ; série L 278, numéro 95,

7. Série L 161, numéros 74, 75

8. Série L 277, numéro 1, registre 9, série L, folio 27.

----

1. Série L 161, numéro 139. La lettre est sans date, mais elle est de l'an VI (1797-1798).

la journée du Coup d'Etat, il n'a pu obtenir un asile au sein même de sa famille.

Il sollicite de rester, à cause de son état de santé qui l'empêche d'entreprendre le moindre voyage, comme aussi à cause des malheurs dont sa famille est accablée d'une façon fort cruelle. Son père est à un âge fort avancé. Il est menacé « d'être privé de tous ses enfants ». Il doit, de plus, « servir de soutien et de père à des orphelins d'un très bas âge (1).

Les malheurs des siens ont, dans le passé, « attendri les hommes les plus durs ». Il voudrait espérer qu'ils seront de nature à émouvoir les hommes au pouvoir à cette heure. Mais lui sera-t-il permis de rester dans sa famille « infortunée », auprès d'un père « respectable » dont il voudrait bien cependant « étancher les larmes ? » (2).

Les prêtres rétractés, comme les insermentés, devaient quitter le sol de la patrie. Cependant aux yeux de certains, parmi les membres du corps législatif, des mesures spéciales étaient encore nécessaires contre les ecclésiastiques qui avaient rétracté leurs serments antérieurs et ne voulaient consentir à prêter le serment exigé par la loi du 19 fructidor an V. On demanda aux Cinq-Cents de se montrer encore plus sévère à leur égard, à la date du 23 vendémiaire an VI (14 octobre 1797) (3).

Mais, alors que les lois existantes et les arrêtés pris contre les rétractés étaient des plus rigoureux contre cette catégorie de prêtres, on en vint parfois, dans le Lot, à classer parmi les rétractés des prêtres qui en réalité n'avaient rétracté aucun de leurs serments antérieurs.

L'administration centrale du Lot, à la date du 24 brumaire an VII (14 novembre 1798), arrêta que le prêtre Augustin Bru, ancien curé de Bouloc, serait rayé du nombre des prêtres rétractés (4). Le 11 pluviôse an VII (30 janvier 1799), le ministre de la police générale Duval (5) se dit heureux d'approuver l'arrêté de l'administration du Lot du 24 brumaire (6).

Augustin Bru n'était point un prêtre rétracté. Il restait attaché à son serment constitutionnel. Cela n'avait pas empêché l'administration départementale d'inscrire son nom sur la liste des prêtres rétractés. Elle n'avait pu agir d'une manière plus inconsidérée. Quelques jours plus tard, le 4 ventôse, an VII (22 février 1799), elle demandait à l'administration cantonale de Lauzerte un supplément d'informations au sujet du curé de Bouloc. On dirait qu'elle le voulait rétracté, alors qu'il était en réalité un véritable constitutionnel. Cette persécution acharnée contre les prêtres, même contre les constitutionnels, qui auraient manqué d'ardeur à certains moments pour le mouvement révolutionnaire ne doit pas nous surprendre : sous la première terreur comme sous la seconde, les constitutionnels eux-mêmes furent parfois tourmentés.

Les administrateurs du canton de Lauzerte répondirent aux administrateurs du département, le 9 ventôse an VII (27 février 1799), d'une manière entièrement favorable au prêtre Bru. Nul n'avait parlé de rétractation à son sujet. Ses fréquentations étaient excellentes. On avait beau faire enquête sur enquête à son endroit, ce prêtre ne pouvait leur apparaître comme un prêtre rétracté.

« A l'époque de la réception de votre lettre du 4 de ce mois, concernant Augustin Bru, ci-devant curé de Bouloc, écrivent-ils à Cahors, il ne nous était parvenu aucune plainte, aucune dénonce contre la conduite politique de cet ecclésiastique, et nous n'avions aucune raison de suspecter qu'il eût troublé l'ordre social ni qu'il eût excité ou favorisé le fanatisme... D'après votre lettre, nous avons cru devoir prendre de nouvelles informations sur son compte... Aucune preuve n'existe de la rétractation qui lui a été imputée, mais les liaisons et les rapports qu'il entretient journellement avec certains de ses confrères vraiment républicains nous persuadent que cette imputation fut sans fondement. (1) »

Le prêtre Cambrouse, qui fut arrêté à Crayssac, et qu'on soupçonnait lui aussi d'avoir rétracté le serment constitutionnel, fut déclaré par l'administration du Lot sujet à la déportation. Il croyait pouvoir prouver cependant qu'il était victime d'odieuses calomnies. Il s'adressa au ministre de la police générale Sotin, pour obtenir gain de cause contre l'administration centrale. S'il est vrai qu'il ne parvint pas à se faire exempter de la déportation, il est vrai aussi qu'il réussit à faire examiner avec plus de soins encore les pièces de son plaidoyer par l'administration du département, sur l'ordre du ministre Sotin.

« Avant d'approuver l'arrêté par lequel vous avez déclaré que le prêtre Cambrouse était sujet à la déportation écrit le ministre de la police générale à Cahors aux administrateurs du Lot le 8 pluviôse an VI (27 janvier 1798), j'ai cru devoir vous renvoyer les pièces qu'il m'a adressées pour sa justification et par esquelles il prétend prouver qu'il n'a jamais rétracté ses serments, et qu'il est victime de la calomnie.

« Je vous invite à examiner ces pièces avec attention et à me faire passer de suite votre avis avec le procès-verbal de l'enquête administrative qui constate la rétractation de ce prêtre (2)... »

On ne manquait donc pas d'en vouloir fortement aux prêtres rétractés d'avoir déserté l'Eglise constitutionnelle ou nationale

---

(1) Série L 161, numéro 139.

(2) Joseph Grente « Le culte catholique à Paris », page 82.

(3) Joseph Grente. « Le culte catholique à Paris », p. 82.

(4) Série L 142, numéro 43.

(5) Duval fut ministre du 8 brumaire an VII (29 octobre 1798), au 5 messidor an VII (23 juin 1799). Cf Aulard. « Histoire politique », p. 603.

(6) Série L 142, numéro 43.

---

(1) Série L 277, numéro 81.

(2) Série L 257, numéro 35.

pour servir l'Eglise romaine. Peut-être étaient-ils considérés, beaucoup plus encore que les réfractaires insermentés eux-mêmes, comme de grands ennemis de la République.

L'administration municipale du canton de Cazes-Mondenard, dans une lettre à l'administration centrale du 15 frimaire an VI (5 décembre 1797), lui annonce l'arrêté qu'elle a pris contre le prêtre Castanié, « vivement suspect de s'être rétracté », et explique qu'elle ne l'a porté que « par le vrai désir d'anéantir les ennemis du Gouvernement » (1).

L'arrêté municipal de Cazes consistait à édicter que, si dans le délai de vingt-quatre heures, Castanié ne se rendait à Cahors, il serait mis en état d'arrestation par la gendarmerie nationale ou par un détachement de la colonne mobile et serait conduit aussitôt dans une maison de détention, au chef-lieu de département (2).

On ne saurait dire, avec précision, d'une manière exacte, si les seuls prêtres rétractés étaient nombreux dans les diverses communes du département, au cours de cette seconde Terreur qui sévit sur la France durant les deux années qui suivirent le coup d'Etat. Tout ce qu'on peut dire, c'est que les prêtres rétractés, unis aux insermentés, étaient en très grand nombre dans le Lot. Car beaucoup vivaient encore qui n'avaient jamais voulu prêter serment à la Constitution civile du clergé, ou bien qui, après l'avoir prêté, l'avaient rétracté. Un certain nombre d'entre eux, il est vrai, avaient émigré. Quelques-uns même avaient été massacrés. Mais la plupart, rentrés dans leurs paroisses, vivaient au milieu de leurs paroissiens, quand éclata le coup d'Etat de fructidor.

## IX

### Enquête concernant Vialate

Le récit suivant de l'enquête relative au prêtre Vialate donnera une idée des difficultés qui assaillaient un pauvre prêtre, dès l'instant qu'il était dénoncé pour avoir rétracté le serment constitutionnel.

Parmi les administrateurs, on avait un vague sentiment que le prêtre Vialate (ou Vialattes) était un prêtre rétracté. Il n'en fallait pas davantage pour employer aussitôt « les voies légales » contre lui, afin de s'assurer de la vérité du fait de sa rétractation.

Seuls les prêtres constitutionnels pouvaient exercer en paix, après le coup d'Etat du dix-huit fructidor, les fonctions de leur culte. Les prêtres réfractaires, même soumissionnaires à la loi du serment de haine à la royauté, ne furent pas laissés longtemps tranquilles. Ils finirent par subir la persécution qui était infligée aux prêtres insoumissionnaires. Le régime de Terreur qui sévissait alors contre le clergé atteignait généralement tous les prêtres, hormis les prêtres assermentés,

au moins d'une manière générale, contre lesquels aucune dénonce n'était faite.

Le 8 pluviôse an VI (27 janvier 1798) Vialate recevait ordre de se présenter à l'administration centrale du Lot, à Cahors, pour prendre un passeport en vue d'un séjour en pays étranger. Le Gouvernement du Directoire le chassait du territoire de la République, en exécution de la loi du 19 fructidor an V (1). Mais ce prêtre adressait aussitôt, avant le 15 pluviôse an VI (3 février), à l'administration municipale du canton de Montcuq dont il dépendait, une pétition tendant à faire rapporter l'arrêté du 8 pluviôse courant.

L'administration départementale n'avait pris, en effet, semblable arrêté contre Vialate que sur les instigations des administrateurs municipaux de Montcuq. On comprend dès lors que ce prêtre s'adresse au département pour obtenir de rester sur le sol de la République.

Il sollicita de rester chez lui jusqu'à ce qu'il eût prouvé qu'il n'avait nullement enfreint les lois du pays, et qu'il n'était nullement atteint par les lois de 1792 et de 1793.

On admirera l'habileté avec laquelle ce prêtre, présumé de rétractation, s'efforce de vaincre l'hostilité de l'administration municipale du canton de Montcuq. Avec un très grand art, il va essayer de se rendre sympathique cette administration, dans la lettre toute remplie d'ardeur républicaine qui suit :

« La justice étant inséparable du vrai patriotisme, dit-il aux administrateurs de Montcuq, je ne crains pas de réclamer aujourd'hui la vôtre. Le bruit public m'a averti que j'ai été dénoncé auprès de vous comme rétracté et que vous avez en conséquence pris un arrêté contre moi. Permettez-moi de vous représenter qu'on a surpris votre religion.

« Je me suis toujours conformé aux lois, à celles de 1791 et 1792, à celles du 11 prairial, du 7 vendémiaire, du 19 fructidor, et enfin aux dispositions de l'arrêté de l'administration de l'an VI.

« Quant à la rétractation qu'on m'objecte, voici la vérité tout entière. Après avoir prêté mon serment à Goujounac, je fus entraîné à en donner une explication. Cette explication ayant été, contre mon intention, regardée comme une rétractation véritable, je m'empressai de la révoquer, en même temps que je prêtais le serment de liberté et de l'égalité, qu'on ne dira certainement pas que j'ai jamais rétracté. Cette rétractation fut reçue par les administrateurs du district et du département et, par conséquent, la prétendue rétractation dont mes ennemis voudraient se servir aujourd'hui, fut annulée. Aussi fus-je nommé curé à Labastide-Marsa par la dernière assemblée électorale de Cahors et je fis des fonctions sous la protection de la loi jusqu'à ce qu'on nous ferma les églises, et que je me rendis au chef-lieu du district pour m'y faire inscrire, conformément à l'arrêté du représentant Bô.

1 Série L 277, numéro 12.

2 Reid., numéro 13.

1) Série L 278, numéro 46.

« Je n'étais donc pas alors sujet aux lois de 1792 et 1793. Comment le serais-je aujourd'hui que je me suis conformé le plus exactement possible à toutes les lois rendues depuis cette époque ? Comment, citoyens, vous me jugeriez déportable, tandis qu'on ne me jugea pas comme tel sous le règne de Robespierre ? Vous voudriez m'exclure du pacte social des Français dans lequel j'ai été reçu, sans que j'y ai manqué en aucun point !.... Vous voudriez me chasser de la République à laquelle je me suis empressé de jurer attachement et fidélité ! Pour quelques haines particulières, vous voudriez reléguer chez les rois un républicain qui a juré haine à la royauté ! Non, citoyens, vous êtes trop justes et vous conserverez à la patrie un citoyen fidèle, soumis aux lois, et sincèrement attaché au gouvernement quoi qu'en puissent dire ses cruels ennemis.

« D'après ces considérations, vous voudrez bien retirer votre arrêté rendu contre moi, ou tout au moins en suspendre l'exécution, et m'autoriser à aller chercher les pièces à l'appui de ce que je viens d'avancer, et je ne cesserai de faire des vœux pour la conservation de vos personnes et pour la prospérité de la République (1) ».

A une date ultérieure, Vialate saura présenter, pour sa défense, le texte même de son serment de *Liberté et d'Egalité,* et de la révocation de sa rétractation du serment constitutionnel qu'il fit à Goujounac. On vient de voir que, pour montrer qu'il n'était pas un prêtre rétracté, il faisait état de semblable révocation. On trouvera plus loin cette pièce.

Vialate ne quitta pas encore le territoire de la République — si jamais il le quitta. Mais il fut en butte à beaucoup d'ennuis.

Pour triompher de la haine que manifestaient les administrateurs de Montcuq contre lui, il avait cependant fait suivre sa pétition adressée à l'administration cantonale d'une pièce qui revêtait à ses yeux une haute importance. On devait bien l'accuser à tort puisque, sur un point particulièrement grave, une dénonce faite contre lui se trouvait être contraire à la vérité. Il aurait voulu, somme toute, inviter l'administration de Montcuq à faire peu de cas des accusations portées contre lui, en lui démontrant, au moyen d'une pièce bien authentique, que, dans un cas donné, ses accusateurs avaient parlé à l'encontre de la réalité.

Dans cette pièce dont Vialate fait montre auprès des administrateurs de Montcuq, les habitants de Saux Rouch (2), Boyé, Mathieu Bouis, certifiaient à la date du 14 pluviôse an VI (2 février 1798) : « Nous, soussignés, ayant appris qu'un individu a dit qu'on lui avait dit que le citoyen Vialate, prêtre, avait, il y a plus de deux ans, dit à un jeune homme qui servait de parrain à un baptême, de ne pas se conformer à la République, déclarons et attestons à qui de droit que cette accusation est fausse. Nous avons assisté à toutes les cérémonies du baptême qu'il a faites, et nous ne lui avons jamais entendu dire rien de semblable. En foi de quoi nous avons signé (1) ».

Il avait contre lui des ennemis acharnés. Ceux-ci l'accusaient fortement de se montrer hostile à la République.

Au sein même de l'administration cantonale de Montcuq, deux personnages, Carla et Daimard, le désignaient comme particulièrement dangereux pour le gouvernement républicain. Avec de semblables accusations portées contre lui, il ne pouvait qu'être traité très sévèrement.

L'opinion publique semble lui être défavorable. Quelques habitants seulement de Saux et de Tourniac sont favorables à sa cause. La plupart l'accusent d'avoir réellement rétracté le serment constitutionnel qu'il avait jadis prêté.

L'administration de Montcuq le dénonça à l'administration centrale du Lot comme ayant rétracté son serment, dans son arrêté municipal du 15 pluviôse an V (2).

L'administration du département prescrivit une enquête administrative au sujet de cette rétractation. D'elle-même, l'administration de Montcuq ne pouvait rien ordonner à ce sujet. Elle ne pouvait seulement que faire connaître à Cahors le bruit qui courait sur Vialate, et révéler au besoin les preuves qu'elle pouvait posséder de la rétractation de ce prêtre. C'était à l'administration centrale qu'il appartenait de procéder, par voie d'enquête, pour savoir si vraiment Vialate avait rétracté ou non le serment constitutionnel (3).

Le prêtre Vialate exerçait les fonctions ecclésiastiques dans la commune de Saux et Tourniac, dans le canton de Montcuq, au moment où il se trouvait accusé d'avoir rétracté le serment prescrit par la loi du 27 novembre et 26 décembre 1790 (4).

S'il était un rétracté, il était du moins un soumissionnaire. Il avait prêté le serment de haine à la royauté devant l'agent municipal de Saux. Il est vrai qu'on regardait ce dernier serment comme non avenu, parce qu'il émanait d'un prêtre soupçonné de rétractation (5).

L'administration du département ordonna l'enquête en question par arrêté du 19 ventôse an VI (9 mars 1798).

L'administration municipale du canton de Montcuq fut chargée par le département de nommer un ou deux commissaires pris dans son sein à l'effet de procéder à une enquête administrative « tendant à mettre l'administration centrale à portée de juger si le prêtre Vialate, soit par ses discours, soit par ses actions, est censé

---

(1) Série L 278, numéro 41.

(2) Série L 278, numéro 45. Je crois que le nom actuel de « Rouch » est « Roux » ou « Rous ». Je garde cependant dans le texte l'orthographe qui est donnée dans les pièces concernant Vialate.

(1) Série L 278, numéro 45.

(2) Ibid. N. 37.

(3) Série L 278, numéro 46.

(4) Ibid.

(5) Ibid.

avoir rétracté ou non les serments par lui prêtés en exécution des lois (1). »

Semblable enquête était prescrite à un moment où une double attestation tout-à-fait favorable au républicanisme de ce prêtre venait d'être envoyée au siège de l'administration départementale par plusieurs citoyens de la commune de Saux et Tourniac.

Les principaux signataires de la première attestation étaient : Larrive, Rouch, Lolmède, Lacombe, Bouyé, Delpech.

« Les soussignés, habitant la commune de Saux et Tourniac, canton de Montcuq, ont l'honneur de vous représenter, écrivaient-ils aux membres composant l'administration centrale du département du Lot, que depuis près de trois ans que le prêtre Vialate exerce ses fonctions dans la dite commune il n'a cessé d'exhorter ses concitoyens, soit dans ses discours publics, soit dans ses entretiens particuliers, à la soumission la plus entière au gouvernement et d'en donner lui-même l'exemple. Cependant quelques individus, écoutant plutôt des ressentiments particuliers que la vérité et la justice, ont voulu répandre des nuages sur son patriotisme, et se sont efforcés de le rendre odieux et suspect, et pour l'obliger d'abandonner une commune dont il a mérité l'estime et la confiance, parce qu'il a su y maintenir le bon ordre, et qu'il n'y a prêché que paix, union, fraternité, obéissance aux lois.

Depuis qu'il l'habite, il s'est toujours conformé aux lois et n'a désobéi à aucune ; et, comme on ne connaît bien les hommes que par leur conduite, la sienne nous l'a toujours fait regarder comme un excellent citoyen. S'il n'avait été tel, la commune de Saux se serait bien gardée de lui donner un asile, et encore moins sa confiance; mais aujourd'hui elle manquerait à la justice et à la reconnaissance, si elle le voyait persécuté par ses ennemis, sans réclamer en sa faveur.

« Les pétitionnaires soussignés supplient donc l'administration centrale de vouloir bien rendre justice audit Vialate, prêtre, en lui conservant une liberté que ses ennemis voudraient lui ravir, qu'il n'a cependant pas mérité de perdre, et dont nous vous garantissons qu'il ne fera usage que pour l'affermissement de la République (2). »

Dans une seconde attestation, Rouch, Cambon, Lacombe, Laubatières, Bouyé et d'autres habitants de la commune de Saux et de Tourniac, suppliaient l'administration centrale du Lot « au nom de la justice et de l'humanité, de rendre enfin la liberté au citoyen Vialate, prêtre. »

Dans cette pièce, comme dans la précédente, on lit un éloge particulièrement flatteur pour les sentiments républicains de cet ecclésiastique.

« Sa conduite, ils vous le répètent, disaient les signataires de cette seconde pétition en faveur de Vialate, a toujours été irréprochable; il s'est toujours montré zélé républicain depuis trois ans qu'il habite cette commune. Et, par conséquent, il n'a pas mérité l'état malheureux où il est réduit depuis plus de cinq mois.

« Les pétitionnaires soussignés osent donc espérer que vous écouterez enfin favorablement le témoignage que la très grande majorité de la commune de Saux lui a rendu plus d'une fois auprès de vous, et que vous lui rendrez la justice que méritent ses vertus civiques, son patriotisme et sa soumission aux lois (1) ».

Les administrateurs de Montcuq firent ce que demandait le département. Le 27 ventôse an VI (17 mars 1798), ils nommèrent deux commissaires pour procéder à l'enquête en question, concernant la rétractation probable de serments antérieurs attribuée au prêtre Vialate (2).

D'après l'arrêté départemental, les commissaires de l'enquête devaient être pris au sein même de l'administration cantonale. Ceux qu'on désigna furent Quintard, notaire à Saint-Félix, et Pignères. Ils demeurèrent « chargés de se transporter dans la commune de Saux et autres communes du canton de Montcuq qui auraient des renseignements à fournir sur la rétractation dudit prêtre Vialate, de tout dresser procès verbal et de le remettre à l'administration municipale (3). »

Les deux commissaires désignés se mirent à l'œuvre. Ils se rendirent à Saux pour prendre les informations voulues sur le compte du prêtre Vialate.

A Saux, le 3 germinal an VI (23 mars 1798), ils firent appeler plusieurs témoins.

Le premier qui comparut devant eux fut Hugues Delport, cultivateur du village de Rivière, âgé de cinquante-huit ans. D'après lui, un dimanche, il y avait à peu près sept mois, donc au mois de septembre 1797, le prêtre Vialate aurait dit dans l'église de Saux, du haut de la chaire, que « tous ceux qui allaient à la messe des prêtres constitutionnels étaient damnés, que les églises schismatiques avaient des ornements et qu'il était bien disgracieux pour lui de ne pas en avoir, qu'il fallait s'en procurer (4) ».

Un second témoin, Pierre Canhiès, cultivateur du même village de Rivière, dans la section de Soucis (ou Soussis), âgé de trente-cinq ans, déposa qu'il avait entendu dire que Vialate était un prêtre rétracté. Au mois de décembre 1797, ou au commencement de janvier 1798, un dimanche, ce prêtre aurait dit publiquement ce que Delport vient de déposer, que tous ceux qui allaient à la messe des curés constitutionnels étaient damnés. Au mois de fructidor an V, ce même témoin serait allé trouver le prêtre inculpé pour lui demander de faire le baptême d'un enfant qui venait de naître.

(1) Série L 277, numéro 40.
(2) Série L 278, numéro 44.

(1) Série L 278, numéro 40.
(2) Série L 278, numéro 33, et L 278, numéros 37 bis et 37 ter.
(3) Série L 278, numéros 37 bis et 37 ter.
(4) Série L 278, numéro 38, folio 1.

Comme la marraine de l'enfant devait être une femme « patriote », il refusa de faire le baptême si on maintenait la même femme pour marraine (1).

Un maçon, de Saux, Jean Boyé, âgé de soixante-douze ans, vint déclarer comme les deux précédents que, dans un sermon du mois de septembre 1797, Vialate avait dit que les fidèles se rendant à la messe des prêtres assermentés, étaient damnés. Mais, de plus, d'après Boyé, Vialate aurait prêché en chaire, à la même époque, à une messe dominicale, que ces fidèles étaient « empoisonnés » par les prêtres constitutionnels, et que s'ils voulaient l'écouter, il avait un «contre-poison». D'après le même témoin, les membres du corps législatif étaient traités de brigands par ce prêtre. Vialate aurait avancé, en chaire, « qu'il n'était pas difficile qu'on gagnât, car tous ceux qui étaient à l'Assemblée à Paris étaient juges et partie et qu'ils étaient des brigands (2) ». Depuis deux ans que ce prêtre était dans la commune de Saux, il y aurait toujours eu des troubles dus à ses propos.

Un fils à Jean Boyé avait été marié par un prêtre prédécesseur de Vialate, curé constitutionnel de Saux. En arrivant dans la paroisse, Vialate aurait « mis dans la tête de son fils et de son épouse, déposé Boyé, que leur mariage n'était qu'un concubinage, et qu'ils étaient damnés s'ils ne réépousaient de lui ». Il aurait défendu à ces personnes mariées « de communiquer ensemble avant qu'il ne leur eut départi la bénédiction nuptiale ». Après les avoir préparés à cette seconde bénédiction, Vialate les aurait unis en mariage.

Un autre témoin, âgé de 43 ans, Jean Carla, cultivateur, habitant le village de Lasclausades, déclara que, dans une circonstance, ce prêtre lui avait fait la confidence qu'il n'avait jamais prêté le serment constitutionnel, et que, s'il l'avait prêté, il en serait bien fâché. Il lui aurait même dit « que la prétendue assemblée de Paris n'était composée que de brigands et de pillards, et que, depuis la Révolution, tous ceux qui occupaient des places n'étaient que des coquins (3). »

Par ses propos inconsidérés, Vialate aurait mis le trouble non seulement à Saux, mais encore dans les environs. Telle fut la déposition de ce témoin. Elle est des plus graves contre l'inculpé (4).

Pierre Laval, cultivateur à Laborie, commune de Saux, âgé de 52 ans, entendit, un dimanche, à l'église de Saux, le prêtre Vialate parler de la damnation de ceux qui avaient assisté à la messe des prêtres assermentés, et traiter ces ecclésiastiques de « schismatiques et un poison ». Ce témoin lui attribue les troubles qui existent dans Saux et dans les communes voisines (5).

Jean Lacombe, âgé de 24 ans, l'a entendu lui aussi parler de la damnation des paroissiens qui vont à la messe des constitutionnels. Il prétend que ce prêtre n'aurait pas prêté le serment prescrit par la loi du 27 novembre-26 décembre 1790. Il le sait pour le lui avoir entendu dire à lui-même (1).

Marie Martineau, veuve d'Antoine Lavergne, du village déjà signalé de La Rivière, dans la section de Soussis, âgée de 65 ans, après avoir déposé dans le sens de plusieurs autres témoins à propos de la messe des prêtres constitutionnels, raconta devant les commissaires que, lorsque son fils fut sur le point de se marier, Vialate aurait demandé à la future de la confesser sous peine de non célébration du mariage. Ce prêtre voulait éviter que la conjointe allât se confesser à un des prêtres constitutionnels de la région (2).

Jean-Pierre Vialatte, cultivateur du pays âgé de 60 ans, et Alexis Delrieu, métayer de Carla, habitant la section de Couloussac, âgé de 43 ans, rapportent qu'un dimanche avant la Noël 1797, à la messe, Vialate aurait déclaré damnés tous ceux qui assistaient à la messe des constitutionnels. Dans une circonstance, ce prêtre aurait dit au témoin Delrieu qu'il n'avait nulle confiance dans les prêtres assermentés et l'aurait sollicité de se fier à lui. De plus, il lui aurait dit « que tous les enfants de tous ceux qui avaient épousé de ces mêmes prêtres ne seraient pas légitimes. » D'après ce témoin, le bruit avait couru que ce prêtre avait rétracté le serment constitutionnel (3). Le même bruit fut rapporté par le cultivateur Courrech (4).

Vialate aurait dit au cultivateur Jean Albuques, de la Rouquette, âgé de 50 ans, que « s'il allait à la messe de Soussis, qui est dite par un prêtre constitutionnel, autant valait-il qu'il fût à la messe du carillonneur, s'il entreprenait de la dire. Il aurait remarié et rebaptisé plusieurs personnes « sous prétexte qu'elles auraient été mariées et baptisées par des prêtres constitutionnels ». Rouquette l'a ouï dire, comme aussi il a entendu raconter que, « par ses propos et agirs ». Vialate aurait mis beaucoup de trouble dans Saux et les communes voisines (5).

La femme de ce dernier témoin, Marie Garic, âgée de 45 ans, parle comme son mari des troubles qui seraient dus à l'inculpé, de la damnation qui serait réservée à ceux qui iraient à la messe des constitutionnels. D'après cette femme, Vialate aurait dit à cette femme « qu'il n'avait jamais prêté le serment et que toutes les guillotines de la République ne le lui feraient pas prêter (6). »

---

(1) Série L 278, numéro 38, folio 2.
(2) Ibid.
(3) Série L 278, numéro 38, folio 3.
(4) Ibid., folio 4.
(5) Ibid., folio 4.

(1) Ibid., folio 5.
(2) Ibid., folio 6.
(3) Série L 278, numéro 38, folio 7.
(4) Ibid., folio 7.
(5) Ibid., folio 8.
(6) Série L 278, numéro 38, folio 9.

Marie Garic fut la dernière personne interrogée ce jour du 3 germinal an VI.

Le lendemain, 4 germinal (24 mars 1798), d'autres témoins comparurent pour déposer au sujet de la même affaire de rétractation de serments.

La veuve de François Bouat, Rose Labrolie, de la commune de Ferrières, âgée de 50 ans, dénonce le prêtre inculpé comme un agité et particulièrement hostile aux assermentés dont la messe n'a, d'après lui, aucune valeur (1).

Le tisserand Bernard Turlaut déposa d'une manière analogue à la femme Marie Garic. Selon lui, Vialate aurait dit que l'ancien curé de Saux, Martinet, prêtre constitutionnel, ne pouvait pas donner une absolution valide et que ce prêtre « n'était qu'un brigand et un malheureux (2) ».

Jeanne Delsol, épouse de Jean Mourguès, demeurant sur la commune de Ferrières, âgée de trente-huit ans, parla du contre-poison qu'avait cet ecclésiastique pour guérir ses paroissiens « du poison » dont les constitutionnels auraient pu les infester. Elle le signala comme un fauteur de troubles (3).

La femme d'Antoine Bouet, du village de Lasclausades, commune de Saux, témoigna à peu près dans les mêmes termes que la précédente. Elle sut dire que Vialate troublait la commune et les localités voisines, et faisait vivement la guerre aux prêtres assermentés (4).

La plupart des témoins paraissent très catégoriques, dans leurs dépositions, sur les faits suivants : Vialate mettrait le désordre dans la commune de Saux et les localités de la région ; il se montrerait hostile aux constitutionnels et fier de n'avoir pas prêté le serment constitutionnel. Par conséquent les témoins ne le signaleraient pas seulement comme un prêtre rétracté, mais encore comme un prêtre insermenté.

Jeanne Bouet, épouse de Jean Carla, habitant Lasclausades, âgée de quarante-deux ans (5) ; Catherine Lagarde, épouse d'Étienne Lolmède, tenant l'auberge du village de Saux, âgée de trente-sept ans (6) ; Jeanne Rolland, épouse de Mathieu Barrières, âgée de cinquante ans (7) ; Antoine Rouch, tailleur d'habits, âgé de trente-trois ans (8). Autant de témoins qui sont très affirmatifs sur l'hostilité de ce prêtre contre les constitutionnels et son amour de la lutte.

Jeanne Rolland déposa, en outre, qu'elle avait dû recevoir de nouveau la bénédiction nuptiale des mains de Vialate. Elle dénonça qu'une autre personne de la com-

mune avait dû, sur les instances de ce prêtre, faire comme elle (1).

Antoine Rouch raconta que, sur les recommandations du même Vialate, il avait dû se marier de nouveau devant lui. Ce prêtre lui avait démontré la nullité de son premier mariage, contracté devant le curé constitutionnel Martinet (2).

Devant les commissaires, les témoins ne se gênaient pas pour rapporter un propos de Vialate très offensant pour les membres du corps législatif. Il les avait eu traités de brigands et de pillards dans ses conversations, et on ne se faisait nulle peine de faire état de semblable parole pour faire condamner le prêtre inculpé. Catherine Lagarde et la femme de Jean Carla répètent, après d'autres témoins, un tel propos.

L'enquête, commencée à Saux, se continua à Saint-Matré-du-Crucifix. Le même jour du 4 germinal an VI, comparurent Jacquette Daimard, Antoine Auteserre et Marie Mathieu.

Jacquette Daimard était l'épouse de Jean-Pierre Bosredon. Elle avait trente-deux ans. Dix-sept mois auparavant, elle avait porté au prêtre Vialate un petit enfant pour le faire baptiser. Comme le parrain devait être un volontaire qui était de sa parenté, le prêtre lui aurait recommandé de le cacher pour qu'il ne partît pas. Il aurait ensuite fait le baptème (3).

Marie Mathieu, épouse de Jean Balssac, de la section de Soussis, âgée de cinquante ans, rapporta que Vialate aurait préféré, du moins à ce qu'il disait, qu'on le guillotinât plutôt que de prêter le serment (4).

Les commissaires envoyés à Saux firent leur rapport pour faire connaître à l'administration départementale les résultats de l'enquête (5).

Le compte rendu qui fut fait des dépositions des témoins, comme aussi la manière d'agir des commissaires, furent loin de plaire à l'abbé Vialate. Il protesta vivement contre ce qu'avaient écrit à Cahors les membres enquêteurs.

« Vous êtes trop justes, vous êtes trop humains, écrivit-il aux membres composant l'administration centrale du Lot, pour ne pas apprécier les motifs de ma réclamation.

« 1. Les commissaires ont dépassé les bornes de leur commission. Ils n'étaient envoyés que dans la commune de Saux : votre arrêté ne leur donne pas une plus grande latitude. Cependant, ils sont allés chercher des dépositions dans quatre ou cinq communes étrangères, même dans le Lot-et-Garonne, chez des gens désignés et prévenus par mes ennemis. Leurs opérations se faisaient en partie la nuit : ce qui seul les rend suspects de fraude et de partialité.

---

(1) Ibid., folio 10.

(2) Ibid., folios 10 et 11.

(3) Série L. 278, numéro 38, folio 11.

(4) Ibid., folio 12.

(5) Ibid., folio 13.

(6) Ibid., folio 14.

(7) Série L. 278, numéro 38, folio 15.

(8) Ibid., folio 16.

---

(1) Ibid., folio 15.

(2) Ibid., folio 16.

(3) Série L. 278, numéro 38, folio 17.

(4) Ibid., folio 18.

(5) Série L. 278, numéro 39.

« 2. Ils n'étaient envoyés sans doute qu'en qualité de commissaires civils, en ce qui regarde les lois et le Gouvernement. Mais ils se sont érigés en commissaires inquisiteurs, en ce qui concerne le culte et la conscience. Ils ont voulu savoir ce qui s'était passé dans les confessions, dans l'administration des sacrements, dans ce qu'il y a de plus secret et de plus sacré dans notre culte (1) ».

Semblable protestation de Vialate, en ce qui concerne surtout le ministère de la confession, était tout à fait légitime. Le pouvoir civil ne doit pas s'immiscer dans les affaires de conscience qui se traitent en confession. Cependant, sous le Directoire, on voit même à Paris des fonctionnaires essayer de surprendre la pensée intime des prêtres réputés comme non conformistes aux lois religieuses de la Révolution, au moyen des confessions. Dupin, le commissaire du Directoire près l'administration centrale de la Seine, proposait, à la date de prairial an VI, d'arriver à connaître les véritables sentiments des prêtres passant pour insoumis, en envoyant dans les confessionnaux de Paris des agents de police déguisés (2).

En utilisant de la sorte le confessionnal des prêtres qu'on soupçonnait de n'avoir pas prêté les serments prescrits, ou de les avoir rétractés, on poursuivait un double but : faire arrêter et déporter ces prêtres, et interdire le culte dans les paroisses qu'ils desservaient. Le Gouvernement du Directoire ne suivit pas toutefois dans cette voie ceux de ses fonctionnaires trop zélés pour la lutte contre le clergé soumis au Saint-Siège. Il ne toléra pas, soit à Paris, soit dans les départements, qu'on fît usage du confessionnal pour faire condamner des prêtres accusés de non prestation de serment ou de rétractation.

La réclamation que faisait entendre Vialate ne pouvait qu'être admise par les représentants du Gouvernement dans le département. Seulement, était-ce au confessionnal que ce prêtre avait tenu les propos qu'on lui prêtait, absolument contraires aux lois de la République et de nature à jeter le discrédit sur les membres du corps législatif ? Ne les avait-il pas tenus ailleurs, dans des maisons privées, dans la rue ou à l'église ?

Sa conduite à Saux, Vialate paraissait ne pas craindre de la faire connaître à l'administration centrale. Au point de vue religieux comme au point de vue politique, sa tenue avait toujours été, d'après lui, irréprochable.

« Oui, j'ai réhabilité des mariages, écrivait-il dans sa défense adressée à Cahors ; j'ai fait refaire des confessions ; j'ai conseillé à ceux qui m'avaient donné leur confiance de ne pas la donner à toutes sortes de prêtres :

« 1. J'ai réhabilité des mariages que j'ai jugés nuls à cause d'empêchements, ou publics ou occultes, dont les conjoints n'avaient pas obtenu la dispense. Je vous citerai entr'autres celui d'Antoine Rouch et de Jacquette Delbouys. Il y avait entre eux un empêchement de parenté. Il ne me consta ta point qu'ils eussent été dispensés et je réhabilitai leur mariage.

« Je ne parlerai point des empêchements occultes ,parce qu'il ne m'est pas permis de les révéler. Je vous dirai seulement que de tout temps on a réhabilité des mariages et que, quand même j'en aurais refait pour cause d'opinions religieuses, il n'y a, que je sache, aucune loi de la République qui s'oppose, en aucun cas, à la réhabilitation des mariages ;

« 2. J'ai fait refaire les confessions que j'ai jugées nulles ou douteuses, mais au confessionnal je suis juge et ne dois rendre compte qu'à Dieu des motifs de mes jugements. Je me contenterai donc là-dessus de vous demander si l'on peut ajouter foi à ceux qui révèlent ce qui se passe dans la confession, et si les personnes qui s'oublient jusqu'à ce point ne sont pas capables de dire ce qui ne s'y passe pas ;

« 3. J'ai conseillé à ceux qui m'avaient donné leur confiance, sans jamais tenter de forcer celle de personne, de ne pas la donner à toutes sortes de prêtres... Citoyens, les évêques constitutionnels de France, dans une lettre encyclique de l'an IV, signée Grégoire, etc., et approuvée par le citoyen Evêque du département du Lot, déclarent *indignes de la confiance publique et incapables d'exercer les fonctions, les prêtres qui ont abjuré leur état et remis leurs lettres de prêtrise.* J'ai cru que je pouvais, sans crime, répéter la décision de ces évêques ; j'ai dit, en conséquence,, dans l'exercice de mon culte, à ceux dont j'étais chargé, qu'ils feraient mal d'avoir recours à ces prêtres que je savais certainement avoir remis leurs lettres de prêtrise. Je ne doute pas que ce propos qui m'est échappé une seule fois ne soit en grande partie la source de mes tracasseries. Mais est-il donc si blâmable ? Je crois que non. Et voici mon raisonnement : Les évêques constitutionnels de France ont désigné certains prêtres comme indignes de la confiance publique et incapables d'exercer les fonctions ; donc je ne dois pas être blâmé plus que ces évêques. Mais ces évêques n'ont été, que je sache, blâmés de personne pour avoir donné cette décision. Donc je ne dois être blâmé de personne pour l'avoir répétée.

« D'ailleurs l'article 354 de la Constitution me permet le libre exercice du culte que j'ai choisi, en me conformant aux lois. Or, je me suis conformé aux lois, et, puisque le serment civique prescrit par la loi du 19 fructidor que j'avais prêté n'est pas en règle, j'offre de le prêter conformément à la loi (1). »

Le prêtre inculpé avait déjà accusé les commissaires qui avaient présidé l'enquête. Il les avait accusés d'avoir outrepassé

---

(1) Ibid.

(2) A. Aulard. « Histoire politique de la R. », p. 663.

(1) Série L 278. numéro 39.

les pouvoirs qu'ils tenaient de leur mandat. Il les accuse de nouveau.

« Ces commissaires ont fait les fonctions non de commissaires impartiaux d'une administration, mais de mes dénonciateurs, logeant chez eux, conduits et dirigés par eux, mettant en usage tous les moyens possibles, même la terreur, pour arracher aux citoyens ce qu'ils voulaient leur faire dire, accusant de ne pas dire la vérité ceux qui ne déposaient pas contre moi, refusant d'insérer dans le verbal les témoignages qui m'étaient favorables, et ne recevant que ceux de mes ennemis ou des gens gagnés et prévenus par eux.

« Enfin, je viens vous donner la mesure de la justice qu'ils ont observée à mon égard. Non contents de rechercher des dépositions dans quatre ou cinq communes, même dans un département étranger, un de ces commissaires a avancé contre moi dans la commune de Saux la calomnie la plus noire dont un homme soit capable.

« Vous frémiriez, citoyens, en apprenant que l'un d'eux a osé dire, en présence de plusieurs individus que j'avais fait périr mon père.

« J'offre de le prouver, s'il en est besoin, mais, je vous le demande, citoyens : des commissaires envoyés pour vérifier des faits, et qui s'érigent non seulement en accusateurs, mais en calomniateurs, doivent ils être crus dans leur rapport ? Je laisse à votre justice de le décider. Pour moi, quoique je sois prêtre, je suis résolu de ne me laisser jamais opprimer injustement par qui que ce soit, sans réclamer contre l'oppression (1) ».

On avait accusé Vialate, au cours de l'enquête d'avoir conseillé à un jeune homme de ne pas obéir aux lois de la République. Jacquette Daimard, épouse Bosredon, déposa que Vialate avait fait cacher un volontaire pour l'empêcher de partir, alors qu'on lui présentait un enfant pour le baptême et que ce volontaire devait être le parrain (2).

Il cherche à détruire ce dont on l'avait ainsi accusé : « D'abord, je prends le Ciel à témoin de la fausseté de cette inculpation. J'ajoute qu'elle est dénuée de vraisemblance. En effet, selon le premier dire de mon accusateur, car je ne sais point s'il en a changé depuis, il paraît qu'il veut parler d'un réquisitionnaire d'une commune étrangère qui servait de parrain à Saux. Or, est-il vraisemblable que j'aie choisi un étranger, un inconnu, car je ne sais pas même de qui on parle, pour lui conseiller publiquement de ne pas obéir à la République, tandis que je n'ai jamais donné le même conseil à ceux de la commune ? C'est un fait constant et public que le seul réquisitionnaire de la commune de Saux que je visse avec quelque familiarité repartit dès qu'il fut redemandé et n'est revenu qu'après avoir obtenu un congé des plus honorables. Il s'appelle An-

<hr/>

(1) Série L 278, numéro 39.
(2) Série L 278, numéro 38, folio 17.

toine Boyé. Est-il vraisemblable encore que je voulusse détourner les autres de la fidélité à la République, tandis que je me fais à moi-même un devoir de conscience de cette fidélité ? (1) ».

Il était inculpé d'autres faits et il demandait à les connaître « pour pouvoir les réfuter ». D'avance, il les traitait de faits calomnieux, n'ayant aucune part de vérité.

En terminant, il sollicitait les administrateurs départementaux de déclarer, « d'après toutes ces considérations », qu'il n'était pas compris dans les dispositions des lois de 1792 et de 1793 et qu'il ne devait point, par conséquent, perdre une liberté dont il ne s'était jamais servi contre la République. S'ils lui laissaient la liberté, ils auraient droit à ses prières incessantes pour la conservation de leurs personnes. La République elle-même en serait récompensée : il ferait des vœux ardents pour sa prospérité (2).

Les citoyens Rouch, Delpech, Bouyé, Lacombe, Cambon, Lolmède, Pierre Cambon, Carla, Cagnès et d'autres certifièrent véritable l'exposé que contenait la pétition de Vialate « relativement à sa conduite dans l'exercice de son culte à Saux et à celle des commissaires envoyés à son occasion dans ladite commune (3). »

Dans une lettre à l'administration municipale de Montcuq, Vialate avait demandé l'autorisation de faire dans Saux, les démarches voulues pour se procurer les pièces justificatives de ses affirmations (4). Il prétendait avoir prêté le serment de « Liberté et d'Egalité », avoir révoqué sa rétractation du serment constitutionnel, et avoir juré sa haine à la royauté et à l'anarchie. Il a pu se procurer des extraits de tous ces serments et il les adresse à l'administration centrale du Lot.

« Le 4 vendémiaire an VI de la République... le citoyen Jean Vialate, ministre du culte, peut-on lire dans une attestation tirée des registres de la commune de Saux et Tourniac, s'est présenté devant nous, agent municipal... pour prêter le serment exigé par la loi du 19 fructidor dernier des ecclésiastiques autorisés à demeurer dans le territoire de la République et a dit : « Voulant donner une nouvelle preuve de ma soumission aux lois de la République et assurer le Gouvernement que je suis toujours dans la disposition de ne rien faire ni dire qui tende au rétablissement de la royauté en France, ou qui puisse favoriser l'anarchie, je jure haine... (5). »

Auparavant, en 1792, il avait prêté le serment prescrit par la loi du 14 août 1792 et révoqué son serment prêté en vertu de la loi du 27 novembre-26 décembre 1790 :

« Ce jourd'hui, 23 septembre 1792, dans

<hr/>

(1) Série L 278, numéro 39.
(2) Série L 278, numéro 39.
(3) Ibid.
(4) Série L 278, numéro 41.
(5) Série L 278, numéro 42.

l'église paroissiale de Saint-Luc de Cornus, est-il dit dans la seconde pièce qu'il présente aux administrateurs, Jean Vialate, prêtre desservant la dite paroisse depuis le 29 juillet de la présente année, s'est présenté devant nous, officiers municipaux... et a dit : Je jure d'être fidèle à la nation, à la loi, de défendre de tout mon pouvoir la liberté et l'égalité et la souveraineté de la nation, de mourir en la défendant, révoquant en outre la rétractation de mon serment prêté à Goujounac (1). »

Tout ce que Vialate avait pu écrire en faveur de sa cause ne put le sauver probablement de la déportation. Les attestations qu'il fit parvenir aux administrateurs de Cahors ne furent sans doute point capables de changer leurs sentiments, puisqu'il est probable qu'ils le condamnèrent à être déporté.

L'administrateur départemental Martin avait bien déclaré, au cours de novembre 1798, au citoyen Lolmède, agent municipal de Saux et Tourniac, que le département ne prenait pas encore contre Vialate de mesure légale (2). Mais à la date où il faisait semblable déclaration, au 6 nivôse an VI (26 décembre 1798), il manquait une pièce pour qu'une mesure fût prise. A Cahors, on n'avait pas sous la main l'arrêté pris par l'administration centrale pour enjoindre aux administrateurs de Montcuq de nommer deux commissaires enquêteurs (3).

L'arrêté en question ne se trouvait pas parce qu'il n'avait pas été enregistré. On avait écrit de Cahors à Montcuq pour le demander, mais les administrateurs de ce canton déclaraient qu'ils ne l'avaient pas eux non plus.

Fort heureusement, l'agent municipal de Saux, Lolmède, avait pu se procurer l'arrêté départemental en cause et la punition méritée par Vialate ne pouvait manquer de lui être infligée.

L'agent de Saux l'avait fait parvenir à Cahors. Impatient de voir condamner à la déportation le prêtre Vialate qui, au lieu de quitter le sol de la République, y était resté contrairement à la loi du 19 fructidor an V et y avait exercé les fonctions de son culte, il était surpris en nivôse an VII que le département n'eût pris aucune mesure contre lui. Le 6 nivôse an VII, il écrivit à l'administrateur Martin pour savoir la raison du retard apporté encore à la condamnation de Vialate.

Dans cette lettre, l'agent Lolmède rappelait à Martin l'entrevue qu'il avait eue avec lui, à Cahors, dans son cabinet, et où il lui avait parlé du prêtre réfractaire Vialate « ce très mauvais sujet ». Il lui exprimait la crainte que l'adjoint municipal et lui-même avaient que le département n'eût pas encore reçu l'arrêté qu'on avait égaré à Cahors, mais que lui avait retrouvé et qu'il avait su expédier au plus tôt à l'administration centrale.

(1) Série L 279, numéro 43.
(2) Série L 277, numéro 50.
(3) Ibid.

A Cahors, on n'avait pas dû recevoir de Saux l'arrêté en question puisque les partisans de Vialate « lèvent la tête plus que jamais et qu'ils font courir le bruit que, sous peu de temps, ce fanatique reprendra ses fonctions ».

L'agent Lolmède et l'adjoint municipal de Saux se disent assurés, dans cette lettre, que Vialate « continue d'habiter la contrée ». Des habitants des communes voisines l'ont vu durant la nuit errer de maison en maison, chez ses partisans. Ces personnes-là elles-mêmes le leur ont raconté. Il presserait donc de faire arrêter définitivement Vialate et de le faire déporter.

Ils veulent évidemment ne point douter « que ce redoutable fanatique ne subisse le sort qui lui est justement appliqué par la loi ». Seulement, eux-mêmes ne sauraient le faire arrêter « attendu que presque tous les habitants de Saux sont fanatisés par lui ».

L'administration centrale n'aurait-elle point reçu l'arrêté qui lui a été envoyé de Saux qu'elle n'a qu'à en instruire l'agent municipal. On le lui expédiera de nouveau. L'important est que la localité soit au plus vite débarrassée « de ce redoutable ennemi de la République, grand partisan de la royauté (1) ».

Si les administrateurs du département hésitaient à faire déporter Vialate, précisément parce que la population de Saux lui était généralement sympathique au dire même de l'agent local, celui-ci ne balançait pas à vouloir le faire condamner au plus tôt. Il insistait passionnément auprès de l'administration centrale pour le faire déporter.

X

## Les vrais caractères de la persécution fructidorienne

Le gouvernement bourgeois au Directoire, au lendemain du coup d'Etat de fructidor, ne se présentait manifestement pas comme un gouvernement désireux de réparer le tort fait précédemment au clergé. Il avait plus que jamais les apparences d'un véritable gouvernement révolutionnaire.

Les membres du Directoire étaient maîtres de la France. Ils la traitaient comme un pays conquis.

Au moyen de la loi du 19 fructidor an V, ils ont voulu organiser contre les royalistes et le clergé réfractaire, une persécution qui devait être, peut-être, aussi cruelle que la persécution sanglante qu'on connut sous la Convention.

On peut à juste titre appeler « guillotine sèche » la déportation à la Guyane, à laquelle beaucoup de prêtres et de citoyens furent condamnés. Tous souffrirent les pires maux dans le lieu de leur déportation; beaucoup y subirent la mort.

Parmi ceux qui moururent en déportation, appartenant au clergé quercynois, on peut signaler : Jean Lafaurie, né à Saint-

(1) Série L 277, numéro 50.

Aureil, qui fut déporté sur *La Bayonnaise* et mourut le 7 février 1799 à Sinnamary (1); Calixte Cailhat, né à Lauzerte, qui fut arrêté à Lauzerte, conduit à Cahors et de là à Rochefort, et fut embarqué sur la frégate *La Décade*, pour la Guyane, où il mourut en octobre 1798 à Approuague (2).

Un prêtre du diocèse de Cahors, Pierre Alaniou, fut embarqué à Rochefort sur la frégate « La Bayonnaise », le 1er août 1798, pour Cayenne, mais il mourut en mer le 4 septembre avant d'être arrivé dans la capitale de la Guyane française (3).

Dans le désert de Sannamary la peste s'empara de l'abbé Lafaurie et mina peu à peu son corps. Il y mourut à moitié dévoré par les vers.

Le Directoire ne voulait pas d'effusion de sang. Il lui répugnait de dresser de nouveau la guillotine. Il n'avait nulle envie de rétablir les échafauds. Mais il ne répudiait pas d'employer une mort lente parmi les fièvres du désert de Sinnamary, à la Guyane, « à distance », contre ses adversaires, les nobles et les prêtres.

Il lui suffisait d'obtenir leur mort d'une manière sûre.

La mort sous le couperet de la guillotine aurait trop heurté des bourgeois comme ceux que représentaient les membres du Directoire. A la mort cruelle sur l'échafaud, comme en 1793, sous la première Terreur, ils préféraient une mort moins horrible, quoique plus douloureuse, pour les ennemis de la République.

La persécution du Directoire est une persécution hypocrite, comme le sont toutes les persécutions légalement organisées.

Durant les deux années qu'elle durera, on ne verra personne faire l'office de bour-

reau ; toutefois, à tous les degrés de la hiérarchie administrative, quelqu'un se rencontrera pour travailler de son mieux à conduire, au nom de la loi, à une mort lente mais sûre, bien au loin, dans la Guyane française, le plus possible de prêtres et d'aristocrates (1).

Les constitutionnels allèrent jusqu'à approuver les mesures draconiennes prises par le Directoire contre le clergé réfractaire.

La loi du 7 fructidor an V (24 août 1797), en abrogeant les lois qui ordonnaient la déportation ou la réclusion des prêtres réfractaires, ou des prêtres condamnés pour cause d'incivisme, avait fait des mécontents dans les rangs du clergé constitutionnel.

Les prêtres insermentés, une fois rendus, en vertu de cette loi, en possession de tous leurs droits de citoyens français, commençaient à réapparaître sur le territoire de la République. Ils allaient gêner considérablement, par leur présence, dans les paroisses occupées par les assermentés, tous ces prêtres intrus qui les administraient au point de vue religieux.

Les prêtres constitutionnels, qui avaient applaudi aux « décrets de colère » pris par la Convention contre les prêtres réfractaires et avaient approuvé les conventionnels de remettre « à tous les amis de la liberté et des lois la surveillance et l'exécution » des décrets de persécution ne pouvaient voir avec plaisir revenir dans leurs communes tous ces prêtres avec qui la lutte ne pouvait que recommencer sur le terrain le plus brûlant, le terrain religieux.

Ils approuvèrent le droit de déporter les prêtres réfractaires, dont le corps législatif avait investi le gouvernement.

Il ne leur déplaisait pas que le Directoire eût imposé aux prêtres, pour l'exercice du culte, le fameux serment de haine à la royauté.

Ils pensaient bien que ces prêtres, leurs concurrents dans les paroisses, ne prêteraient pas le serment nouveau et que, plutôt que de le prêter, ils regagneraient la frontière ou la porte des maisons de réclusion. Ils leur souhaitaient de grand cœur l'exil, la réclusion ou la déportation à Cayenne.

Sans doute, ils ne désiraient pas une nouvelle persécution violente et sanglante, identique à celle de 1793. Ils avaient trop peur d'être eux-mêmes englobés dans de semblables mesures prises contre leurs confrères ennemis. Mais ils n'étaient pas fâchés de voir s'organiser une persécution perfide contre eux.

---

(1) Jean Lafaurie mourut à la Guyane à l'âge de 57 ans. C'était un ancien assermenté, mais il était rétracté. Il fut curé assermenté de Cournou à partir du 2 mai 1793 (Ms. Danglars, paroisse de Cournou).

(2) Calixte Cailhat mourut à Approuague à l'âge de 35 ans. C'était aussi un ancien assermenté. Il ne fut pas arrêté comme prêtre, mais comme opposant politique, accusé auprès du Directoire d'avoir favorisé les royalistes dans la réorganisation de la gendarmerie départementale. A cette époque, après le 19 fructidor, Cailhat n'était plus curé intrus mais administrateur du département. Il fut donc condamné à la déportation en qualité de simple laïque. Il se convertit néanmoins ; il rétracta son serment à bord de la frégate la « Décade », le 25 avril 1798. Le texte de cette rétractation a été publié dans la « Notice » de M. l'abbé Gary, p. 29. Il avait été vicaire de Saint-Hippolyte, puis curé assermenté de Montressou, près Lauzerte, où il avait été élu le 25 septembre 1791. (Cf. Ms. Danglars, paroisse Montressou.)

(3) Pierre Alaniou était né à Frayssinet-le-Gélat. Il fut chapelain de la cathédrale de Cahors. Arrêté après le 19 fructidor, il fut conduit à Cahors, de là à Rochefort, détenu à la prison de Saint-Maurice pendant quelques jours, et embarqué pour Cayenne. (Cf. Gary, « Opere citato », pp. 26-27.)

On voit figurer son nom sur la liste des membres et députés de l'Ordre du clergé réunis à Cahors le 16 mars 1789 en assemblée générale des Trois-Ordres (Combarieu, Cahiers du Quercy, Cahors, 1883, pp. 2 et 9.)

Le 31 mai 1791, Alaniou déclarait, sur le registre tenu au greffe de la municipalité de Cahors, être dans l'intention de prêter le serment prescrit à tous les fonctionnaires. Il y promettait, en conséquence, de se rendre, pour ce faire, à l'église cathédrale Saint-Etienne, au jour et à l'heure qu'il plairait à la municipalité d'assigner pour la prestation du serment. (Bibliothèque municipale de Cahors, clergé, C. numéro 2.)

---

1. Cette persécution dura près de deux ans. (Cf. « Histoire Générale » de MM. Ernest Lavisse et A. Rambaud, t. VIII, p. 526). Il est vrai de dire que les commissions militaires condamnèrent à mort et firent fusiller beaucoup de prêtres qui avaient émigré après le 26 août 1792. Le sang fut bien répandu. Seulement, il ne le fut pas d'une manière continue comme en 1793. La peine portée fut généralement la déportation. 260 ecclésiastiques furent envoyés à la Guyane ; 1.200 prêtres ou religieux furent internés dans les îles de Ré et d'Oléron. Dans les départements, les prisons furent remplies de prêtres. On revint en exil ou on regagna les anciennes retraites. (Cf. « Histoire Générale », p. 526).

Ils croyaient eux aussi la République menacée par les réfractaires « qui prêchaient le royalisme », d'après leurs propres accusations portées contre eux, et ils ne désiraient rien tant que de travailler à la sauver. Ils songeaient surtout à leur culte schismatique qui allait péricliter, et à leurs églises qui allaient finir par se vider, dès le retour de la plupart des insermentés, tandis que les églises des réfractaires regorgeraient de fidèles.

Dès le lendemain des élections de germinal an V, le clergé constitutionnel avait perdu plus que jamais de crédit.

« Vous ne vous faites pas une idée de l'état des choses par rapport à nous, conformistes, écrit Roy, vicaire épiscopal du Doubs, à son évêque. Nous ne sommes bons à rien aujourd'hui aux yeux de la très grande majorité des citoyens, et l'on ne parle de rien moins que de nous enlever nos églises et de les donner aux dissidents. Ceux-ci fonctionnent publiquement dans mille endroits de la ville et sans nulle soumission de leur part... Sur dix communes, à peine trouve-t-on un prêtre soumis aux lois. Les anciens curés sont rentrés dans leurs paroisses et y prêchent la révolte, sous les yeux et avec l'appui des autorités constituées (1).

Le concile national qui se tenait dans l'église Notre-Dame de Paris, depuis le 15 août, en vue d'une réorganisation de l'église schismatique, ne parvenait pas à relever le clergé constitutionnel des ruines accumulées sur lui par la Convention.

Ce clergé ne se recrutait pour ainsi dire plus. On ne pouvait plus combler les vides qui se produisaient.

Cependant il ne voulait nullement mourir. Il se plut à croire, alors, que la restauration de son Église s'opérerait d'autant plus aisément que les prêtres dissidents du culte national seraient mis légalement dans l'impossibilité d'exercer leurs fonctions.

Il poussa donc les hommes politiques à exiger un serment nouveau qui eût l'avantage de diviser encore entre eux les réfractaires, comme les avaient divisés les derniers serments antérieurs. D'une manière habile, il cherchait à recouvrer les églises qui étaient aux mains des réfractaires.

Il fit appel aux pouvoirs publics pour arriver à faire vraiment du culte constitutionnel le culte de la France.

Le serment tant désiré par les constitutionnels fut bien imposé à tout prêtre qui voulait remplir le ministère ecclésiastique. Les assermentés s'empressèrent bien de le prêter. Mais il y eut des déceptions fort cruelles; le gouvernement du Directoire fit usage de la déportation même contre les assermentés qui prêtaient avec enthousiasme le serment de haine. Certains d'entre eux, qui donnaient de l'ombrage au Directoire furent déportés. La loi du 19 fructidor les atteignait eux-mêmes.

Un administrateur du département du Lot, Calixte Cathhat, ancien prêtre constitutionnel, entièrement gagné par conséquent à la cause du schisme, tout à fait favorable à sa diffusion dans la région, fut arrêté à Lauzerte et condamné à la déportation (1).

L'évêque de Saint-Papoul, M. de Maillé, fut arrêté à Passy le 25 décembre 1798, sur la demande qui en fut faite la veille, le 3 nivôse an VII (24 décembre), au Ministre de la Police générale par le directeur Reubell. L'arrêté de déportation qui fut pris contre lui fut signé le 1er février 1799. Cet évêque assermenté était traité lui-même de chef des fanatiques, d'ennemi de la République, alors qu'il était parfaitement en règle avec les lois révolutionnaires (2).

Quand il ne déporta pas les constitutionnels, le Directoire les gêna dans leur action. Le 14 ventôse an VI (4 mars 1798), l'élection du nouvel évêque de Paris ne put avoir lieu. Des mesures furent prises contre la cérémonie de l'élection (3).

Le Directoire supprima le périodique que recevaient les constitutionnels, les *Annales de la Religion*, qui s'opposait aux transfert du dimanche au jour du décadi et, d'une manière générale, mettait obstacle à l'exécution des lois relatives aux fêtes républicaines.

Les évêques constitutionnels furent amenés, aussi bien que les prêtres réfractaires, à faire de l'opposition au Directoire. Ils protestèrent contre les mesures dont ils étaient l'objet. Le Coz et d'autres prélats opposèrent les lois de l'Église aux lois de l'Etat et Grégoire revendiqua, le 25 frimaire an VI (15 décembre 1797), la liberté des cultes.

La persécution atteignit toutefois très peu le clergé constitutionnel. Des évêques surent faire au gouvernement toutes les concessions. Ils ne protestèrent nullement contre la substitution du décadi au dimanche, et des fêtes décadaires aux fêtes religieuses. Le Directoire devait bien, dès lors, une certaine liberté aux conformistes, et ne pas trop leur faire la guerre.

C'est surtout contre les prêtres réfractaires que le Directoire usa de rigueur. Il fit dresser la liste des prêtres insermentés ou rétractés, qui ne prêtaient pas le serment de haine, par les administrations locales de chaque département. Tous ces prêtres, revenus d'exil ou sortis des maisons de réclusion, ou encore restés cachés sur le territoire, furent déclarés sujets à la déportation.

La persécution qui s'ouvrit au 19 fructidor ne finit guère qu'après les élections de l'an VII, au moment où Reubell, La Révellière-Lépeaux et Treilhard sortirent du Directoire. Elle ne fut cependant réellement terminée qu'au 18 brumaire.

---

(1) « Histoire Générale » publiée sous la direction de MM. Ernest Lavisse et Rambaud; tome VIII, « La Révolution Française », 1789-1799, Paris, Armand Colin, 1898, p. 525.

(1) J'ai déjà eu l'occasion de dire que ce prêtre s'était converti et avait rétracté son serment au moment de son départ pour la Guyane.
(2) Pisani, « L'église de Paris et la Révolution », III, p. 279.
(3) Grente, « Le culte catholique », pp. 81, 84.

François (de Nantes) censura la déportation des constitutionnels, le 6 messidor an VII (15 juin 1799), au conseil des cinq cents. Le 8 messidor (27 juin), dans le même conseil, Boulay (de la Meurthe) tint un langage fortement libéral, demandant que personne ne fût inquiété pour ses opinions religieuses. Le même jour, au conseil des Anciens, des représentants du peuple avaient protesté contre la persécution qui sévissait depuis deux ans (1).

### XI

### Les prêtres réfractaires des communes

La faute commise avec le vote de la constitution civile du clergé par l'Assemblée Nationale, fut, pour l'État, d'empiéter sur le domaine de l'Église. La société civile et la société religieuse sont toutes deux des sociétés distinctes et indépendantes. Aussi le pouvoir civil n'aurait dû régler aucune question d'ordre ecclésiastique sans le consentement de l'Église.

Durant la période révolutionnaire, l'État usurpa souvent, d'une manière manifeste, une autorité qui ne lui appartenait pas.

Le clergé qui resta soumis au pape, à l'Église, était dans son rôle, en demeurant attaché à la hiérarchie traditionnelle de son Église, au gouvernement institué dans l'Église. Il avait autant de droits de servir les évêques qu'un fonctionnaire laïque d'obéir à ses chefs hiérarchiques.

L'État n'aurait jamais dû inquiéter semblable clergé. S'il le fit, ce fut évidemment parce qu'il considérait les prêtres, d'après tous les philosophes qui avaient préparé la Révolution, comme les prédicateurs d'une doctrine erronée. Pour les pouvoirs publics de l'époque, le christianisme était l'erreur.

L'État se fit le persécuteur de ce clergé. Mais celui-ci était apte à lui résister.

Ce qui caractérisait, en effet, le prêtre d'alors comme les prêtres de tous les temps qui demeurent dans la voie traditionnelle marquée par l'Église, c'est qu'il se considérait comme un délégué d'en haut, un intermédiaire sur terre entre Dieu et les hommes, un administrateur qualifié des rites nécessaires au salut et le prédicateur des vérités éternelles.

Le prêtre de nos campagnes quercynoises, celui qui nous occupe principalement dans cette étude, fut avant tout cela. Et il faudrait que l'on apporte des témoignages nombreux prouvant le contraire, pour nous faire admettre qu'il ne fut pas tel.

Le clergé rural, fidèle au Saint-Siège, ne fut précisément réfractaire à certaines lois révolutionnaires que pour rester attaché à ce noble idéal qu'il avait de sa mission apostolique.

Le clergé de l'époque qui ne se laissa point émouvoir par la phraséologie révolutionnaire avait une telle conception surnaturelle de son état sacerdotal qu'il était de taille à résister pleinement à tous les ordres non conformes à ceux de la conscience chrétienne. Avec un tel clergé, conscient des droits et prérogatives qu'il croyait tenir de sa charge pastorale, l'État ne pouvait, sous cette Terreur comme sous la première Terreur de 93 et 94, parvenir à son but, celui de réduire les prêtres à ses vues. Aucune poursuite judiciaire ou administrative ne devait triompher de leur opiniâtreté à servir leur Église.

L'État eut le tort immense de ne pas comprendre que seules des raisons de conscience guidaient le clergé dit réfractaire. Ce qui l'amena à traiter en ennemis de l'ordre social des hommes qui ne demandaient qu'à s'occuper de leurs ouailles.

Une définition du prêtre réfractaire fut donnée à l'époque par une des administrations cantonales de l'ancien Quercy qu'on ne peut que rappeler ici. Elle montre bien que, même en poursuivant le prêtre qu'on qualifiait de la sorte, les administrateurs locaux ne voyaient surtout en lui, quand ils voulaient être sincères, que le pasteur uniquement adonné aux travaux de son ministère. Le réfractaire baptisait, mariait, confessait et prêchait. Et si le monde des administrations prenait une besogne de ce genre en un mauvais sens, ce ne pouvait être qu'en haine du vrai christianisme et du culte romain.

L'administration municipale du canton de Lauzerte, dans une lettre du 18 brumaire an VI (9 octobre 1798) à l'administration départementale, disait d'un prêtre, tombé sous sa main lors de la recherche des déserteurs de la région, et qui était réfractaire, inscrit sur la liste des émigrés, et non encore rayé, qu'il était « le rebaptiseur, le remarieur, le confesseur et le fanatiseur » du pays (1).

On sait ce qu'il faut entendre par ce mot barbare de « fanatiseur » donné à un prêtre réfractaire. Tout prêtre fanatisait du seul fait qu'il prêchait les vérités enseignées par l'Église. Celle-ci était elle-même comme fanatique et ses ministres passaient tout naturellement pour des « fanatiseurs » des populations.

Le prêtre réfractaire rebaptisait, remariait et prêchait : les administrateurs de Lauzerte ne nous signalent point autre chose concernant le prêtre réfractaire qu'ils ont en vue. Mais, de fait, durant cette période, le prêtre réfractaire de nos communes du Lot fit-il autre chose que ce qu'ils nous disent d'un prêtre en particulier ? Au cours de l'enquête que nous venons de voir de près, relative à un prêtre rétracté, ou soupçonné d'avoir rétracté, accusait-on d'autre chose le prêtre inculpé comme réfractaire ? On voit des témoins l'accuser seulement d'avoir baptisé de nouveau les enfants déjà baptisés par un prêtre constitutionnel, ou d'avoir donné une seconde bénédiction nuptiale à des conjoints déjà bénis par un assermenté, d'avoir encore inspiré confiance aux fidèles restés attachés à l'Église des réfractaires, c'est-à-dire à l'Église de Rome, ou d'avoir

_______

(1) Pisani, « Op. cit. », pp. 300, 301.

(1) Série L 257, numéro 14.

tenu en chaire un langage réputé comme contraire à telles ou telles lois révolutionnaires.

Les administrateurs départementaux ou cantonaux sauront bien, dans de nombreuses circonstances données, définir autrement le prêtre réfractaire aux lois religieuses de la Révolution. Mais, en accusant diversement le prêtre réfractaire, ils ne pourront le croire capable de délits ou crimes multiples qu'en mêlant bien à tort la question politique à la question religieuse.

On ne peut ignorer, en effet, que même les administrations locales crurent voir dans le réfractaire l'homme d'un parti autant que l'homme d'une église. La question peut mériter d'être étudiée de près, à savoir si le prêtre réfractaire fut plus politique que religieux, plus royaliste que catholique. Mais, déjà, ne peut-on pas prétendre, d'après ce qui précède, c'est-à-dire d'après ce qu'on nous dit à Lauzerte du prêtre rebaptiseur, remarieur et fanatiseur, que le prêtre réfractaire fut avant tout strictement appliqué à ses devoirs sacerdotaux ?

Cela peut nous paraître déjà tellement vrai que souvent le prêtre insermenté ou rétracté se disait uniquement occupé de ses fonctions et se proclamait en tout ce qui ne concernait pas le culte, entièrement soumis aux lois de la République. Il ne voulait pas être traité de réfractaire aux lois. Comme il entendait obéir aux lois de son pays qui n'étaient point contraires à sa conscience sacerdotale, il ne pouvait se croire l'ennemi des lois.

On peut citer le cas du prêtre Lasudrie qui, en aucune manière, n'entendait passer comme prêtre réfractaire auprès des administrations locales et du gouvernement du Directoire lui-même.

On pourrait signaler tous les prêtres soumissionnaires aux lois comme n'acceptant pas d'être traités en réfractaires.

On sait ce que furent les prêtres soumissionnaires. A l'exemple de M. Emery, à Paris, et du chanoine Lacoste de Beaufort, à Cahors, ces prêtres prêtèrent tous les serments qui ne furent pas condamnés par le Saint-Siège comme schismatiques. Ils agirent en prêtres conformistes aux lois civiles de la Révolution.

Ces prêtres avaient prêté le serment de maintenir de tout leur pouvoir la liberté et l'égalité, imposé le 14 août 1792, ou le serment de soumission aux lois de la République, prescrit le 30 mai 1795 (11 prairial an III), ou encore ils avaient juré haine à la royauté en octobre ou novembre 1797.

Cependant les administrations locales ne manquèrent pas, dans certains cas, de considérer des prêtres d'un esprit aussi conciliateur comme suspects et de les faire condamner à la déportation. Les pouvoirs publics ne traitèrent pas différemment, d'une manière générale, les prêtres plus ou moins libéraux qui prêtèrent les serments tolérés par Rome et ceux qui, plus ou moins intransigeants ne consentirent jamais à les prêter. Ils en vinrent à considérer comme de mauvais français et à mettre hors les lois de la République tous les prêtres, soumissionnaires ou non, qui n'étaient pas des anciens constitutionnels.

On comprend que les soumissionnaires, eux surtout, qui faisaient profession d'obéir à toutes les lois que le Saint-Siège n'eut pas à condamner comme schismatiques, ne fussent pas contents. A passer pour réfractaires aux lois révolutionnaires, ils pouvaient y gagner d'être condamnés à la déportation. D'autant plus qu'on accusait le plus facilement du monde les prêtres réfractaires d'être les auteurs de tous les troubles locaux. On les faisait responsables de l'anarchie triomphante.

Des prêtres, scrupuleusement observateurs des lois du pays en tout ce qui était permis ou toléré, comme l'étaient les prêtres soumissionnaires, essentiellement amis de l'ordre, ne pouvaient qu'être révoltés à la pensée de passer auprès de leurs compatriotes pour des fauteurs de désordre.

Barthélemy Lasudrie (ou La Sudrie) avait prêté le serment de Liberté et d'Egalité à la date du 14 octobre 1792 (1). Ce n'était donc point un intransigeant puisqu'il sut, à la différence d'autres prêtres, prêter ce serment. C'était un soumissionnaire, un disciple du chanoine cadurcien Lacoste de Beaufort. Il eut cependant beaucoup à souffrir.

Le 6 brumaire an VI (27 octobre 1797), le commissaire du pouvoir exécutif près l'administration municipale du canton de Cazals, écrivait à Cahors, au commissaire du Gouvernement du Directoire, près l'administration centrale du Lot, que l'administration auprès de laquelle il est en fonctions avait envoyé quelque temps auparavant le tableau de tous les prêtres de l'arrondissement cantonal réfractaires aux lois et que la municipalité de Cazals avait compris, dans ce tableau des réfractaires du canton, le prêtre Lasudrie, jadis chanoine de Saint-Claude. D'après ce fonctionnaire, cet ecclésiastique avait su qu'il avait été inscrit sur la liste des prêtres réfractaires et venait de réclamer auprès du canton.

Le commissaire de Cazals insiste, dans sa lettre adressée au commissaire départemental, sur ce point qu'évidemment la municipalité cantonale n'a inscrit Lasudrie sur cette liste que sur la demande de l'agent national de la commune de Frayssinet-le-Gélat, où résidait le prêtre en question (2).

Il demandait qu'on lui indiquât la conduite à tenir à l'égard de cet ecclésiastique. Devait-il avoir des égards ou non pour Lasudrie ?

Le ministre de la police générale fut lui-même intéressé à l'affaire. Ce prêtre écrivit à Sotin le 6 brumaire an VI (27 octobre 1797). La lettre est écrite de Frayssinet-le-Gélat.

« Citoyen ministre, la connaissance que

<hr>

(1) Série L 161, numéros 121, 122, 123.
(2) Série L 161, numéros 119, 120.

j'ai de votre amour pour la justice et pour l'observation des lois, dit Lasudrie, me fait espérer une prompte réussite dans l'affaire malheureuse que je vais vous exposer.

« J'étais depuis un mois dans un bien que j'ai acquis de la nation, et dans une commune différente de celle de mon habitation ordinaire, occupé à faire mes vendanges. Arrivent dans ce temps-là des lois contre les prêtres réfractaires, suivies d'un arrêté du département qui enjoignait aux agents des communes de faire trois tableaux des prêtres compris dans leur arrondissement... Absent de ma commune, je ne peux avoir qu'une connaissance imparfaite de ces lois et arrêté. Cependant je consulte l'agent de la commune où j'étais. Il me répond que je puis rester tranquille. Cependant, l'adjoint de ma commune, homme d'une ignorance crasse et qui se plaît à chercher les crimes dans l'innocence même, se présente à l'administration municipale pour remplir ce tableau et me porte comme réfractaire, malgré l'assurance qu'il avait du contraire de la part de tous les membres de l'administration. On lui enjoint de venir me trouver pour savoir si je persistais dans mon serment de 93. Il n'en fait rien ; et je ne sus de ses nouvelles que par la signification de votre lettre adressée à l'administration centrale du département, suivie d'un arrêté qui m'enjoignait de quitter comme réfractaire le sol qui m'a vu naître... (1) ».

Ce soumissionnaire était menacé de l'exil, aussi en appelait-il au ministre de la police générale d'une manière pressante :

« Veuillez bien, je vous prie, disait-il encore, en effet, au ministre Sotin, me mettre à couvert d'une pareille injustice en faisant connaître à cet homme avide de sang et de malheurs d'autrui, le respect qu'il doit aux lois et à l'humanité. C'est sur les individus de cette nature marâtre que les lois devraient frapper. Ce sont eux seuls qui fomentent le désordre et l'anarchie (2). »

Il accusait l'agent de sa commune, qui était en fonctions depuis quatre ou cinq ans d'être la cause de tous les troubles survenus dans la localité au cours des dernières années.

Loin de mettre le désordre dans le pays, en ce qui le concerne, Lasudrie chérit au contraire sa patrie. Il déclare « à l'univers entier » qu'il se fait un devoir, un plaisir même, « de suivre de point en point les devoirs qu'elle impose à tout citoyen (3) ».

A la date du 9 brumaire an VI (30 octobre 1797), Lasudrie se fit délivrer une pièce de non-rétractation de serment par la municipalité du canton de Cazals.

L'attestation portait que sur les registres de la municipalité de Cazals Lasudrie était marqué comme avant dit : « Je, Barthélemy Lasudrie, déclare n'être réfractaire à aucune loi rendue..., ne m'étant pas rétracté..., en outre, ni fonctionnaire public, ni prétendant avoir d'autre occupation que celle de cultivateur du bien que j'ai acquis de la nation, déclarant, en outre, que je me réserve me pourvoir contre ceux qui indirectement ou directement travailleraient à me priver de la liberté que les lois m'accordent (1). »

Il doit être question dans cette pièce de la non-rétractation du serment de Liberté et d'Egalité. Dans ce cas, Lasudrie ne saurait en tirer argument pour se dire légitimement non-rétracté. Car, durant toute la période révolutionnaire, ce qui importait le plus, c'était la non-rétractation du serment constitutionnel.

Le ministre de la police générale avait reçu, en même temps que la pétition de ce prêtre, une copie authentique de son acte de prestation du serment de liberté et d'égalité. Il renvoya à l'administration centrale du Lot la lettre et cette pièce que lui avait adressée Lasudrie, en se contentant de demander un examen plus attentif de son cas.

« Je vous transmets la réclamation que m'a adressée le citoyen Barthélemy Lasudrie, prêtre, contre un arrêté qui lui enjoint de sortir du territoire de la République, ensemble l'acte de prestation de son serment, écrit le ministre aux administrateurs du département.

« Veuillez examiner scrupuleusement si ce prêtre se trouve frappé par la loi du 19 fructidor dernier et prendre, d'après les renseignements que vous vous serez procurés, les mesures qu'indique la loi et que prescrit la justice (2). »

La pétition envoyée à Paris n'avait point produit auprès du ministre tout l'effet que Lasudrie avait dû souhaiter. Elle n'aboutissait qu'à faire examiner l'affaire, encore une fois, par ceux-là mêmes qui, sur une dénonce de l'agent de la commune de Frayssinet-le-Gélat, avaient pris un arrêté contre lui.

Lasudrie récusait le qualificatif de réfractaire. Ce titre lui restera toutefois. Le ministre lui-même ne le lui retirera pas. Les pouvoirs locaux sont omnipotents pour décider si vraiment il l'était. Sans doute, les autorités locales sont toujours bien placées pour connaître avec exactitude les affaires d'une localité. Seulement, dans les moments de crise, ont-elles l'indépendance voulue pour se prononcer en toute justice ? Ces agents des communes, eux surtout, étaient-ils hommes à n'écouter que la voix du devoir et à se montrer totalement impartiaux ?

Ce prêtre, parce que réputé comme réfractaire, devait être responsable de tous les désordres locaux. Il devait quitter le sol de la patrie, sans quoi l'ordre et la paix ne réapparaîtraient jamais plus dans la commune qu'il habitait.

Un autre prêtre, Antoine Teilhac, habitant la commune de Carennac, était bien noté par la municipalité du canton de Vayrac (3). Cependant, il avait été dénon-

<hr>

(1) Série L 161, numéro 124.
(2) Ibid., numéro 124.
(3) Série L 161, numéro 124.

(1) Série L 161, numéros 121, 122, 123.
(2) Série L 161, numéro 118.
(3) Série 161, numéro 92.

cé comme réfractaire à l'administration départementale. Teilhac n'acceptait pas de passer pour réfractaire, d'autant plus qu'un arrêté avait été déjà pris contre lui par le département.

Il exposa aux administrateurs départementaux que c'était avec la plus grande surprise qu'il s'était vu compris dans l'arrêté de l'administration centrale du 18 frimaire an VI (8 décembre 1797), relatif aux prêtres réfractaires et rétractés. Il aurait voulu croire à un meilleur sort, à cause de « sa conduite toujours franche, sa soumission aux lois, son amour pour l'union, la paix et la concorde, sa vie isolée et retirée » (1). Quelque ennemi secret a dû le dénoncer au département. Mais ce n'est là, d'après lui, qu'une atroce calomnie. Il présenta une attestation « des républicains les plus vertueux de sa commune et des communes circonvoisines », qui certifie que, toujours, il a donné des preuves non équivoques de la soumission aux lois et de son respect pour le régime républicain (2). Il allègue en sa faveur une lettre du ministre de l'Intérieur qui déclare qu'il n'a été sujet à aucun serment, et un avis tout à fait bienveillant des administrateurs municipaux de Vayrac ainsi que du commissaire du pouvoir exécutif. D'ailleurs n'a-t-il point fait la déclaration de soumission aux lois prescrites par la loi du 7 vendémiaire an IV ?

L'administration de Vayrac avait écrit le 11 pluviôse an VI (30 janvier 1798) en sa faveur : « Considérant que l'administration centrale peut avoir été induite en erreur sur la conduite et la moralité de l'exposant, que la calomnie fut sans doute d'acharner contre lui, qu'elle n'a elle-même que des renseignements avantageux sur son compte et qu'enfin il importe de faire droit à un chacun, et qu'il est de toute justice de distinguer les individus paisibles ayant appartenu à cette caste, qui n'ont été que les victimes passives des préjugés d'éducation, d'avec ceux dont l'attachement réfléchi pour l'entier ordre des choses, le manifeste journellement par le trouble et les menées les plus destructives de l'ordre filial.... L'administration municipale du canton de Vayrac estime qu'il y a lieu à inviter l'administration centrale à rapporter son arrêté du 18 frimaire an VI (3). »

Un peu plus tard, le 20 messidor an VI (8 juillet 1798), la même administration cantonale déclarait qu'il ne lui était parvenu rien que d'avantageux sur le compte de ce prêtre, et qu'elle estimait qu'il devait être autorisé à rester au sein de sa famille sous la surveillance des autorités locales (4).

L'administration départementale ne devait point facilement consentir à retirer son arrêté du 18 frimaire, puisqu'on voit ce prêtre présenter encore un certificat de deux officiers de santé dans le but de se faire dispenser de la déportation.

Teilhac est reconnu être atteint d'un rhumatisme chronique et d'une affection scorbutique. Les officiers de santé visitèrent ses dents, ses gencives et l'intérieur de sa bouche « en général » pour s'assurer de cette affection scorbutique ; ils observèrent « la couleur pâle et presque livide de la peau surtout à la face, et la maigreur ou exténuation de toute habitude du corps ». Ils crurent découvrir que le rhumatisme chronique avait dégénéré en rhumatisme scorbutique (1). Son état était incurable. Comme il était « habituellement valétudinaire et infirme », il avait besoin d'un régime particulier pour empêcher les progrès du mal (2).

Un soumissionnaire, traité en réfractaire, en était donc venu à ce point que, pour éviter la déportation, il devait se défendre avec la dernière énergie contre les imputations dont il était l'objet.

Les prêtres insermentés ou rétractés, soumissionnaires ou non, étaient nombreux dans le Lot. Même au plus fort de la persécution fructidorienne, ils assurèrent dans les paroisses le service religieux autant que faire se pouvait.

Ils vivaient dans le pays, les plus compromis du moins, d'une manière cachée. C'est à l'insu des administrateurs locaux qu'ils assuraient, à l'occasion, l'essentiel des fonctions sacerdotales.

Grâce à la présence de tous ces prêtres et des prêtres sexagénaires, malades ou infirmes, exempts de la déportation, l'exercice du culte ne semble pas avoir été suspendu dans une grande proportion, à cette époque de nouvelle Terreur, dans nos communes. Par ailleurs, un prélat, M. de Bécave, nommé par le Saint-Siège administrateur du diocèse, dirigeait ces nombreux prêtres fidèles. Quoique obligé de se cacher ce prélat ferme et courageux réussissait à gouverner son clergé selon les vues de la Papauté.

Les fonctionnaires du Directoire considérèrent aisément un tel clergé comme un péril national. Ils trouvèrent à tous ces prêtres des projets perfides. Ils ne manquèrent pas de les dénoncer hardiment.

On s'employa donc, de toute part, à surveiller activement les prêtres insermentés ou rétractés, et même à les arrêter, pour en débarrasser les communes.

Les administrateurs locaux furent secondés dans cette besogne, de 1797 à 1799 comme en 1793 et 1794, par des hommes aptes à tous les forfaits, bien capables donc d'exercer sur les prêtres la surveillance zélée que désirait le gouvernement. Ces hommes étaient d'ordinaire au nombre de deux ou trois dans chaque commune.

Les directeurs de ces surveillants du clergé furent évidemment les membres eux-mêmes du corps législatif qui, ayant voté la loi du 19 fructidor, ne devaient souhaiter que sa ponctuelle exécution.

---

(1) Série L 161, numéro 91.
(2) Série L 161, numéro 92.
(3) Série L 161, numéro 92.
(4) Série L 161, numéro 93.

---

(1) Série L 161, numéro 92.
(2) Ibid.

Beaucoup de prêtres, atteints par les lois en vigueur, crurent devoir quitter leurs communes et se retirer dans les grandes villes. Ne voulant pas émigrer à l'étranger, ils choisissaient Toulouse, Bordeaux ou Paris pour s'y réfugier, et passer inaperçus des administrations au sein des foules urbaines, au milieu desquelles ils pourraient vivre sans être reconnus.

Pour ce qui fut de la capitale, les prêtres réfractaires ne purent s'y retirer facilement. Dès que le gouvernement du Directoire soupçonna que des prêtres réfractaires se retiraient à Paris pour éviter les recherches de la police, il lança aussitôt dans toute la France une circulaire destinée aux administrations centrales et municipales, et aux commissaires du Directoire exécutif près ces administrations, pour indiquer à quelles conditions un individu recevrait l'autorisation de résider à Paris. La lettre du ministre de la Police générale est du 25 ventôse an VII (15 mars 1799) (1).

« L'intention du Directoire exécutif, en m'investissant du droit d'accorder des permissions de résider à Paris, a été, écrit le ministre Duval, de donner à mon ministère les moyens d'exercer une surveillance particulière et perpétuellement active à l'égard des individus qui, de tous les points de la République, affluent journellement dans cette grande commune.

« Plus son étendue, plus son excessive population offrent de facilités aux émigrés, aux prêtres réfractaires, aux déserteurs, à tous les malveillants d'éviter les recherches et de tromper les regards du Gouvernement, plus la police doit redoubler de vigilance pour les atteindre.

« Mais si la prudence exige qu'on prenne des mesures sévères pour écarter de Paris tout être dangereux, l'équité commande aussi qu'on présente au citoyen irréprochable les moyens les plus prompts d'y établir sa demeure quand ses intérêts l'y appellent (1) ».

Le ministre exigeait que, pour obtenir de résider à Paris, on présentât un extrait de l'acte de naissance, un certificat de résidence en France depuis le 9 mai 1792, une attestation de moralité, une pièce indiquant les motifs d'un séjour à Paris, et une autre signalant les moyens d'existence.

Ce n'est pas seulement à Paris que les prêtres réfractaires cherchaient à tromper les autorités administratives sur leur véritable état. A Toulouse, Guillaume Lescure se disait un propriétaire quelconque. Il déguisait autant que faire se pouvait sa qualité de prêtre. Dans une lettre du 16 pluviôse an VII (4 février 1799), les administrateurs du département de la Haute-Garonne déclaraient à l'administration du Lot que même dans un second interrogatoire, ce prêtre persistait à cacher son état de prêtre (2).

Le gouvernement du Directoire voulait à tout prix frapper les prêtres réfractaires. Ils étaient de grands coupables, puisque tous les troubles survenus dans les communes devaient leur être attribués. Aussi n'est-il point étonnant que ces prêtres essayent de se cacher de leur mieux dans les grandes villes, quand ils ne pouvaient parvenir à passer inaperçus des malveillants dans leurs propres paroisses ou dans les paroisses environnantes (1).

Il existait vraiment, on le voit, à cette dure époque, le crime de fanatisme qu'on entendait bien poursuivre partout, sur tous les points du territoire de la République.

Mais il existait aussi, alors, le crime d'aristocratie. On en voulait aux prêtres romains, mais on en voulait aussi, tout le monde le sait, à ceux-là même qui les fréquentaient. Les amis des réfractaires passaient fort bien pour des criminels. On était accusé du crime d'aristocratie aussi bien pour avoir eu des relations avec un réfractaire, que pour avoir lié commerce d'amitié avec les hommes qui jadis, sous la monarchie, avaient joué un rôle dans l'Etat, et qui pour le présent étaient émigrés ou inscrits sur quelque liste d'émigrés.

On surveilla de très près les menées des prêtres et de leurs complices.

Les administrations supérieures invitaient les administrations subalternes à terrasser ce que quelques-unes d'entre elles appelaient « l'hydre sacerdotal ». On devait empêcher les réfractaires de faire des rassemblements de plus de dix personnes. On jetait le discrédit sur les oratoires où ils célébraient, en les appelant des « ateliers de fanatisme », des boutiques de messes ou « des manufactures d'oraisons » (2).

Par le chapitre qui précède, on sait le sort qui fut fait au clergé réfractaire. Sous cette seconde terreur, les administrateurs n'allèrent pas jusqu'à faire guillotiner les prêtres insermentés ou rétractés. La loi nouvelle du 19 fructidor an V n'était pas aussi cruelle que les lois de 93. Ils firent confisquer seulement leurs biens après les avoir fait emprisonner et déporter. Si peu qu'ils gênassent dans les communes, les prêtres réfractaires étaient mis de côté, en prison, ou envoyés à la Guyane. On punissait ainsi leur crime de fanatisme.

Après le vote de la loi du 19 fructidor, quelques membres du corps législatif proposèrent d'autres mesures pour atteindre plus sûrement encore les prêtres réfractaires. Dès le 23 vendémiaire an VI (14 octobre 1717), on demanda aux Cinq-Cents de nouvelles mesures contre les rétractés. La religion de tous ces prêtres renfermait des principes incompatibles avec ceux de la République d'alors. Aussi rétractés ou insermentés devaient-ils tous être l'objet de poursuites.

On devait poursuivre pour les contraventions anciennes les prêtres qui prêtaient le serment de haine, mais qui ne pouvaient fournir la preuve de leur déclaration de

---

(1) Série I. 141, numéros 7. 8. 9.
(2) Série I. 277, numéro 62.

(1) Série I. 277 numéro 62
(2) Grente. « Le culte catholique à Paris », p. 126.

soumission aux lois de la République, prescrite par la loi du 7 Vendémiaire an IV. Ainsi les prêtres soumissionnaires de 1797, qui ne l'avaient point été précédemment, étaient-ils sujets à des enquêtes diverses. Les ministres du Directoire n'exigeaint pas, tout d'abord que les prêtres, n'ayant point fait soumission aux lois au lendemain du vote de la loi du 7 Vendémiaire an IV, fussent empêchés de prêter le serment de haine à la royauté. Mais ils autorisaient les administrations à poursuivre ces prêtres pour les délits cultuels qu'ils auraient eu commis auparavant.

Le 28 Fructidor an V (15 septembre 1797), le ministre de la Justice Merlin (de Douai) (1) écrivit au commissaire du Directoire exécutif près la première municipalité de Paris, qui l'avait consulté, qu'aux termes mêmes de la loi du 19 fructidor an V, les prêtres, voulant prêter le serment de haine pour avoir la faculté légale d'exercer le culte, n'étaient pas tenus de justifier de leur déclaration de soumission aux lois, mais qu'ils pouvaient être poursuivis pour les infractions anciennes aux lois de la République (2).

Durant cette période, à mesure que les événements montraient au Directoire jusqu'à l'évidence que les prêtres réfractaires demeuraient pour la plupart hostiles au serment de haine, on réclamait de toute part, dans le corps législatif, de nouvelles mesures contre les insermentés et les rétractés. Le 8 Frimaire an VI (28 novembre 1797), un membre des Cinq-Cents demanda des poursuites même contre les prêtres qui ne célébraient pas les fonctions de leur culte pour n'avoir pas à prêter le serment de haine à la royauté et à l'anarchie (3). D'autres membres du corps législatif, et en assez grand nombre, réclamaient eux aussi de nouvelles lois contre les ecclésiastiques réfractaires. Les Cinq-Cents ne votèrent pas toutefois les mesures qui étaient demandées (séance du 23 nivôse an VI, 12 janvier 1798).

Les intentions des membres de la majorité, dans ce conseil des Cinq-Cents, n'étaient pas cependant des plus louables et n'accusaient en aucune façon un changement dans leurs sentiments vis-à-vis des prêtres soumis aux ordres de Rome. S'ils ne votèrent pas ces nouveaux textes contre le clergé réfractaire, le 23 Nivôse an VI, ce fut uniquement « pour ne pas récompenser en quelque sorte, et ériger en vertu l'opiniâtre résistance qu'ont opposée les prêtres à l'établissement de la République, et ne pas augmenter ainsi leur dangereuse influence (4) ».

Malgré que des lois nouvelles ne fussent pas votées contre le clergé réfractaire, le Directoire n'était pas désarmé en face des ecclésiastiques non soumis à la loi du 19 fructidor. Il pouvait agir, en effet, selon sa volonté propre, en bien des cas, contre eux. Il pouvait faire poursuivre tout prêtre qui lui était signalé comme troublant un tant soit peu l'ordre public. La loi elle-même du 19 Fructidor lui conférait un pouvoir discrétionnaire à ce point de vue.

Durant cette seconde terreur contre les prêtres réfractaires, il vint bien à l'esprit de certains membres du corps législatif de poposer le vote de l'expulsion de tous les ecclésiastiques qui n'obéiraient pas à la loi du 19 Fructidor an V (1). D'aucuns auraient voulu voir chasser de France tous ceux qui, autorisés à rester sur le territoire de la République, ne consentaient pas à prêter le serment de haine, et même tous prêtres assermentés ou non. Mais le Directoire avait horreur de semblables mesures. Il lui suffisait de pouvoir déporter tous ceux qui le gênaient particulièrement dans son œuvre de déchristianisation.

D'une manière générale, le Gouvernement du Directoire se montra plutôt indulgent à l'égard du clergé constitutionnel. Il ne paraît avoir été d'ordinaire sévère que pour les prêtres réfractaires. Dans la plupart des cas, les administrateurs ne tracassèrent nullement les prêtres assermentés. Ils ne les persécutèrent que si un soupçon de rétractation pesa sur eux, ou s'ils se montraient moins ardents que par le passé pour la cause de la République.

L'Eglise constitutionnelle nous apparaît bien alors comme l'Eglise préférée. Le Directoire alla jusqu'à seconder, en bien des circonstances, les desseins de l'Eglise nationale. Ce qui ne veut point dire que ses égards ne fussent point avant tout réservés, en 1798 et 1799, aux choses et gens du culte décadaire.

L'évêque constitutionnel du Lot, Jean Danglars, ne fut nullement tourmenté. On n'inquiéta guère davantage le clergé qui lui resta fidèle, alors que cependant l'administrateur apostolique de Béoave et les prêtres réfractaires du département étaient terriblement persécutés.

Nul doute évidemment qu'en favorisant le culte constitutionnel le Directoire ne voulût faire comprendre à l'Eglise réfractaire qu'elle était toujours hors les lois du pays et que ses progrès dans les départements comme dans la capitale seraient toujours jugés comme attentatoires aux idées républicaines.

L'Eglise constitutionnelle l'emportait tellement, dans l'estime du Gouvernement républicain, sur l'Eglise romaine, que durant l'année 1798 dix évêques assermentés purent être ordonnés sans difficulté aucune. En 1799, durant les six premiers mois, trois autres évêques constitutionnels furent sacrés. Au cours des deux années, de 1798 et de 1799, des postes importants furent pourvus. Royer, évêque de l'Ain, devint évêque de Paris. Primat, évêque du Nord, fut nommé évêque de Lyon. Saurine, évêque des Landes, fut promu à l'évêché de Bayonne.

---

(1) Merlin (de Douai) fut ministre du 11 germinal an IV au 3 vendémiaire an IV. (Aulard, « Histoire politique, p. 603).
(2) Grente, « Le culte catholique à Paris », p. 82.
(3) Grente, « op. cit. », p. 82.
(4) Grente, « op. cit. », p. 82.

(1) Séance du 28 vendémiaire an VI (19 octobre 1797).

## XII

### L'abbé Charles-Nicolas de Bécave

L'administrateur apostolique du diocese de Cahors, l'abbé Charles-Nicolas de Bécave, vécut caché sur le territoire de ce département du Lot, durant toute la persécution fructidorienne.

Les administrations le savaient à la tête du diocèse depuis 1791, c'est-à-dire depuis la mort de M. de Nicolaï. Elles n'ignoraient pas qu'il exerçait sur le clergé insermenté une influence profonde. Aussi étaient-elles à le rechercher activement.

M. de Bécave avait bien demandé un passeport, mais on était convaincu qu'il n'était point sorti du territoire de la République, pas même du département.

Le 10 brumaire an VI (30 octobre 1797), l'administration municipale de Cahors eut lieu de croire, sur une dénonce faite, que le vicaire général de Bécave se trouvait dans une famille de la ville. Aussitôt elle ordonna son arrestation. Voici l'arrêté qu'elle prit, dans la circonstance, contre lui :

« Le dix brumaire de l'an VI de la République française une et indivisible, en assemblée de l'administration municipale de la commune de Cahors, présents les citoyens Reygasse, président ; Souquet, Amadieu, Moysen, administrateurs municipaux ; Brives, suppléant du commissaire du Directoire exécutif; Carla, secrétaire en chef,

« L'administration municipale :

« Considérant que, si les renseignements qui lui ont été donnés sont vrais, le citoyen Bastide, ancien boulanger, ou le citoyen Albouys, ancien huissier, recèlent dans leur maison le prêtre Bécave, réfractaire et inscrit sur la liste des émigrés ;

« Considérant que les délais accordés aux individus inscrits sur la liste des émigrés pour sortir de la République par la loi du 19 fructidor dernier est plus qu'expiré ;

« Considérant qu'il résulte des dispositions de l'article 359 de l'acte constitutionnel que, pendant le jour, on peut exécuter dans les maisons les ordres des autorités constituées et que les visites domiciliaires ne peuvent avoir lieu qu'en vertu d'une loi, pour la personne et l'objet expressément désignés dans l'acte qui ordonne la visite ;

« Considérant que l'article 373 de l'acte constitutionnel maintient la législation contre les émigrés, que la loi du 25 février 1793 (v. s.) autorise les municipalités à nommer des commissaires qui se feront accompagner de la force publique pour se transporter dans les maisons suspectes de recéler des individus mis hors la loi dans la classe des émigrés ou de prêtres déportés...

L'administration arrête :

Article premier. — Charge les citoyens Bouyssou et Lafage, commissaires de police, de se transporter, demain matin, au jour, dans les maisons des citoyens Albouys, Bastide, Lescale et Graniou, à La Barre, à l'effet de faire arrêter le prêtre Bécave, inscrit sur la liste des émigrés, et le livrer de suite aux tribunaux ;

Article 2. — Le chef de brigade de la garde nationale et le commandant des compagnies des vétérans seront requis de donner main-forte et exécuter les ordres desdits commissaires pour exécution du présent :

Article 3. — Lesdits commissaires veilleront à ce que les propriétés et les personnes soient respectées dans ces visites domiciliaires (1). »

Le lendemain du jour où fut pris cet arrêté, le 11 brumaire (1er novembre 1797), à six heures et demie du matin, dès qu'il fit grand jour, Antoine Bouyssou et Joseph Lafage, les deux commissaires désignés par l'administration municipale, ceux d'ailleurs qui étaient chargés de la police dans les sections de La Barre et du Pont-Neuf, se transportèrent dans les maisons indiquées dans l'arrêté, à l'effet de faire arrêter l'abbé de Bécave. Ils y allèrent escortés d'un détachement de 40 hommes de la garde nationale sédentaire et d'un autre détachement de vétérans nationaux, au nombre encore de quarante.

Ils s'introduisirent successivement dans les maisons des citoyens Albouys, Bastide, Lescale et Graniou, qu'on soupçonnait de recéler M. de Bécave. Avant de remplir leur mission, ils firent part à chacun d'eux de l'ordre municipal en vertu duquel ils agissaient. Ils parcoururent ensuite tout l'intérieur de chacune de leurs maisons. L'abbé de Bécave ne s'y trouva pas ; on avait mal renseigné l'administration municipale. « N'ayant pas trouvé ledit Bécave, dit le procès-verbal de cette visite domiciliaire, nous nous sommes retirés avec la troupe, déclarant que tout s'est passé avec le plus grand ordre, et que les propriétés ont été respectées (2). »

Les administrateurs municipaux de Cahors ne manquèrent pas d'informer l'administration départementale des recherches qu'ils venaient de faire effectuer. Ils voulaient savoir si le département approuverait les dispositions de l'arrêté qu'ils avaient pris contre M. de Bécave. Ils sollicitèrent donc de l'administration centrale une approbation, pour que, dans des circonstances analogues, ils pussent prendre des arrêtés semblables.

En communiquant au siège de l'administration départementale l'arrêté qu'ils avaient pris la veille et qu'ils venaient de faire exécuter le matin même, les administrateurs cadurciens disaient notamment :

« D'après les renseignements qui nous avaient été donnés, nous avions lieu de présumer que le prêtre Bécave, réfractaire, inscrit sur la liste des émigrés, était recélé dans l'une des maisons des citoyens Albouys, Bastide, Lescale et Graniou, premier né ; nous prîmes, hier au soir, l'arrêté dont extrait est ci-joint ! il a été mis en exécution ce matin, et vous verrez par l'extrait du procès-verbal des commissaires de police que nous vous adressons, que les

---

1. Série L 276, numéro 56.
2. Série L 276, numéro 57.

renseignements qui nous avaient été donnés n'ont pas été exacts (1) ».

Depuis 1792, M. de Bécave se trouvait poursuivi avec acharnement par les autorités constituées. Le gouvernement de la convention s'occupa même spécialement de lui.

Le 25 mai 1793, le conseil du département du Lot arrêta que le « prêtre Bécave », ancien vicaire général, serait reclus ou déporté, suivant son âge (2). En mai 1794, il fut mis en réclusion au grand séminaire de Cahors (3).

De Cahors on l'envoya au fort du Hâ pour y être détenu. Si M. de Bécave ne resta pas au fort du Hâ, ce fut à cause de son âge. Né le 24 août 1731, il était alors plus que sexagénaire : il avait soixante-trois ans.

Renvoyé à Cahors, il fut mis une seconde fois en réclusion au séminaire.

Le 1er mai 1795, il était sorti de réclusion, mais aussitôt le corps municipal de Cahors fait part à l'administration centrale d'un arrêté pris contre lui (4). Il était parti de Cahors sans en prévenir la municipalité. C'était un grand crime : il n'avait pu s'absenter hors de la commune que pour « des motifs contraires au repos public (5) ».

On le prenait pour le coryphée d'un parti sur lequel « la surveillance doit avoir les yeux ouverts ». C'est pourquoi, le 1er mai 1795 (6 floréal an III), on l'invitait « de rester chez lui », à Cahors, et on le priait de ne pas recevoir autant de monde que par le passé (6).

Assisté des prêtres Dellard, Pechberty et Lafaurie, le 8 octobre 1795 (16 vendémiaire an IV), M. de Bécave avait béni l'église des chanoines réguliers de Cahors (la chapelle actuelle du séminaire dont l'Etat s'est emparé) pour la rendre au culte, mais il fut dénoncé.

L'administration municipale fit faire une enquête, sur les ordres de l'administration centrale et de l'administration du district. Evidemment l'enquête ne fut pas favorable à l'abbé de Bécave. On trouva que « les démarches de cet individu ne tendaient pas au maintien du gouvernement » que les administrateurs municipaux servaient avec enthousiasme (7).

Le 19 octobre 1795 (27 vendémiaire an IV) le comité de sûreté générale de Paris écrivit aux administrateurs du département pour faire cesser les agissements de M. de Bécave. Le comité de Paris traitait le vicaire général d'ennemi de la République. Tous les réfractaires étaient d'ailleurs traités comme tels par toutes les administrations. Le clergé romain fut présenté aux populations contre l'ennemi-né des institutions du pays ,en 1795 comme aussi en 1797.

Pour administrer le diocèse, M. de Bécave errait, en octobre 1795, de commune en commune. Le comité de Paris demandait de le faire rappeler dans les murs de Cahors et de le faire mettre en état d'arrestation si jamais il tentait « de saper la constitution et de corrompre l'esprit public ». « S'il se mêle des affaires de ce monde, écrivait le comité de Sûreté générale, comme ses pareils dans la Vendée, qui font couler tant de sang, ses menées sont punissables. C'est pourquoi il faut porter un œil actif et sévère (1) »

L'abbé de Bécave dirigeant ses prêtres selon les prescriptions du Saint-Siège. La guerre sans merci qu'on lui fait trouve là son explication.

Le 8 vendémiaire an IV, les députés du Lot à la Convention, Laboissière de Moissac, Delbreil fils aîné, de Lafrançaise, Monmayou de Cahors, Bladviel de Cajarc, Sallèles de Cahors et Cavagnac, de Gourdon, écrivirent au Directoire du département une lettre contre M. de Bécave. Le vicaire apostolique de Cahors y est traité de contre-révolutionnaire, de prêtre qui fanatise, qui abuse de la liberté que la République a rendue au clergé. D'après ces députés, les prêtres « ont jeté la terreur dans la conscience des faibles; ils ont prêché le mépris des lois, ils ont commandé la révolte, l'assassinat ; ils ont enfin donné le conseil et l'exemple de tous les crimes. » Ces hommes du Quercy à Paris demandent contre l'administrateur apostolique l'application de la loi de bannissement du 20 fructidor an III (2).

A la même date du 8 vendémiaire an IV (30 septembre 1795), le comité de Sûreté générale de Paris écrivit encore à son sujet aux administrateurs du département du Lot. Dans cet écrit, on parle d'un « certain évêque Bécave » qui est sur le point d'allumer la guerre civile dans le département. Le comité réclame lui aussi l'application de la loi du 20 fructidor contre de Bécave et ses complices, s'ils continuent de prêcher la révolte. On doit les faire arrêter comme perturbateurs de l'ordre public et les traîner devant les tribunaux. « Le peuple, dit le comité de Sûreté générale, accepte la constitution républicaine ; il y trouvera l'abondance et le bonheur pourvu que les magistrats sachent la faire respecter et la défendre contre toutes les attaques (3) ».

Sous la seconde terreur, ces accès de haine contre l'administrateur de Bécave sont toujours les mêmes. En 1797 comme en 1795 il est en butte aux mêmes passions. Ce qui doit le plus irriter les administrateurs endurcis, en 1797, c'est qu'ils le savent caché non loin d'eux sans qu'ils puissent découvrir le lieu de sa retraite.

Le vicaire général ne dut pas être étonné d'un tel acharnement de ses ennemis contre lui. On ne le persécutait que parce qu'il était le représentant du pape à Cahors.

(1) Série L. 276, numéro 55.
(2) Série L 2. « Bulletin Société des Etudes du Lot », 1900, p. 210.
(3) « Bib. mun.. clergé », A. numéro 7.
(4) A. D. Série L 274, numéro 1.
(5) Série L 274, numéro 2.
(6) Ibid.
(7) Série L 274, numéro 69.

(1) Série L 274, numéro 73.
(2) Série L 274, numéro 70.
(3) Série L 274, numéro 71.

Mais, si jamais il y eut charge lourde pour une représentant de l'autorité pontificale dans un diocèse de France, ce fut bien celle dont M. de Bécave dut prendre le soin à l'époque la plus tragique qu'ait jamais traversée la France.

## XIII

### Les prêtres exempts de la déportation. Les ecclésiastiques âgés, malades ou infirmes du département

Des prêtres furent autorisés à rester sur le territoire de leurs communes, même sans prêter le serment de haine. Ce furent les prêtres sexagénaires, les prêtres malades ou infirmes.

Le 24 octobre 1797 (3 brumaire an VI), l'administration centrale du Lot reçut l'ordre de laisser cette catégorie de prêtres dans les paroisses, sous la responsabilité des administrateurs locaux. Le ministre de la police générale de Paris, qui succéda à Lenoir-Laroche, Sotin, resté en fonctions du 8 thermidor an V au 25 pluviôse an VI, adressa à l'administration départementale une lettre l'invitant à ne pas envoyer à Cahors, dans la maison de réclusion, les prêtres âgés ou infirmes qui ne troublaient pas l'ordre public.

Les administrations cantonales durent inscrire les noms et prénoms de ces ecclésiastiques sur le tableau des prêtres non sujets à la déportation. Mais si on ne devait pas les déporter, ils furent du moins sujets à une surveillance très active de la part des municipalités. Les administrateurs municipaux devaient exercer à leur endroit le rôle d'inquisiteurs sévères. Il fallait bien les punir de leur refus d'acquiescer aux lois de la République et de se soumettre à la loi du serment de haine.

Tout d'abord, l'administration municipale de la commune de Cahors prit un arrêté qui faisait mettre en réclusion au Séminaire même, les prêtres sexagénaires et les prêtres infirmes. Les administrateurs cadurciens préféraient la manière sévère à la manière conciliante, dans l'exécution des lois.

Le 11 brumaire an VI (1er novembre 1797), l'administration municipale de Cahors ordonnait aux commissaires des quatre sections de la commune de faire arrêter, avec les prêtres inscrits sur la liste des émigrés, « tous les ecclésiastiques exempts de la déportation à cause de leur âge et de leurs infirmités pour les conduire à l'aile droite du ci-devant Séminaire, lieu désigné pour leur réclusion ». Les commissaires devaient, en cas de besoin, requérir la force armée pour opérer ces arrestations, principalement la gendarmerie qui était chargée du soin de ces sortes d'opérations. L'administration municipale devait donner l'ordre des visites domiciliaires dès que les commissaires lui feraient connaître quelques-uns des prêtres en question, résidant sur le territoire de la commune (1).

A la date du même jour, les administrateurs de Cahors faisaient parvenir à l'administration centrale une copie collationnée de l'arrêté et sollicitaient l'approbation des dispositions qu'ils venaient de prendre (1).

L'arrêté était établi selon les termes mêmes de l'ordre départemental du 22 vendémiaire an VI (13 octobre 1797) où il était prescrit, à l'article III, de faire mettre en réclusion à Cahors, dans la maison qui serait indiquée, les ecclésiastiques que leur âge ou leurs infirmités mettraient à l'abri de la déportation par eux encourue faute d'avoir prêté le serment de haine ou pour l'avoir rétracté. Ainsi dans le département, à Cahors même, on faisait détenir dans une maison de réclusion du chef-lieu du département les prêtres âgés ou infirmes que le ministre Sotin devait quelques jours après, le 3 brumaire, renvoyer dans leurs communes respectives. Le ministre de la police générale ne permit plus, en effet, quoiqu'il l'eût permis dans le passé, de traiter de la sorte des prêtres dont l'âge avancé ou les infirmités disaient assez l'intérêt qui leur était dû.

Le 24 octobre 1797 (3 brumaire an VI), Sotin écrivit à l'administration centrale du Lot pour donner ordre de faire sortir de la maison de réclusion les prêtres réfractaires, âgés ou infirmes, qui y étaient déjà détenus, et de ne pas y en envoyer d'autres à l'avenir, mais de les laisser dans les communes sous la surveillance des autorités constituées.

Les membres de l'administration départementale Yzarn, Lacroix, Martin écrivirent donc, à la date du 17 brumaire an VI (7 novembre 1797), à l'administration municipale de la commune de Cahors, pour faire mettre en liberté les prêtres qu'on avait fait arrêter.

« D'après les observations que nous avons faites, citoyens, au ministre de la police générale, il vient par sa lettre du 3 de ce mois, de nous écrire que les réclusions des prêtres étaient suspendues provisoirement sous les modifications dont nous allons vous faire part, à l'égard des ecclésiastiques actuellement sexagénaires ou infirmes. Ils doivent, leur âge et leurs infirmités étant légalement constatés, rester sous la surveillance la plus sévère de leurs municipalités, qui seront responsables des troubles que ces individus pourront occasionner, si elles n'apportent pas tous les soins possibles à cette surveillance.

« En conséquence, nous vous chargeons de faire mettre en liberté les prêtres déjà reclus et vous veillerez à ce qu'il n'en soit plus reçu aucun dans la maison de réclusion jusqu'à de nouvelles instructions (2) ».

Le 19 brumaire an VI 9 novembre 1797), l'administration municipale de Cahors envoya à l'administration du département

---

(1) Série L 276, numéro 58. Cf. « Bib. mun. », clergé, A, numéro 35.

(1) Série L 276, numéro 56. Dans leur lettre à l'administration centrale, les administrateurs cadurciens disaient que déjà un prêtre, Clavières, avait pris possession de la maison de réclusion. (Ibid.).
(2) Bib. mun. Clergé, A. numéro 35.

la copie collationnée d'un arrêté qu'elle venait de prendre, qui mettait en liberté les prêtres sexagénaires et les prêtres malades ou infirmes reclus au séminaire. Les administrateurs cadurciens s'étaient ainsi empressés de se conformer aux ordres venus de Paris et que l'administration centrale venait de leur transmettre.

Dans la séance du 18 brumaire (8 novembre), le secrétaire de l'administration municipale, Antoine Carla, donna lecture de la lettre de l'administration centrale qui vient d'être rappelée et les membres administrateurs présents prirent l'arrêté suivant de mise en liberté des ecclésiastiques reclus dans la maison de détention :

« Considérant qu'il résulte des dispositions de cette lettre, dit l'arrêté, que les prêtres sexagénaires ou infirmes ne doivent point être reclus, que par là, la précédente lettre du ministre de la police et les arrêtés de l'administration centrale qui ordonnaient la réclusion des prêtres se trouvent rapportés;

« Considérant cependant que ces prêtres doivent rester sous la surveillance la plus sévère de la municipalité, que le ministre rend responsable des troubles que ces individus pourraient occasionner, qu'il est du devoir de l'administration, en obéissant aux ordres supérieurs, de prendre tous les moyens qui sont en son pouvoir, pour que les prêtres dont il est question ne troublent point l'ordre public.....

« L'administration arrête :

« Art. 1er. — Les prêtres reclus au ci-devant séminaire seront mis sur le champ en liberté;

« Art. 2. — Ils resteront dans la commune sous la surveillance de l'administration municipale... »

L'arrêté municipal charge les commissaires de police de veiller à ce que les prêtres qui sont autorisés à rester en France à cause de leur âge ou de leurs infirmités ne troublent point l'ordre public. Il les rendait responsables des événements fâcheux qui pourraient se produire par suite des agissements de ces prêtres.

A l'article 4, il était dit que, si quelqu'un de ces ecclésiastiques faisait, soit dans sa maison, soit ailleurs, des rassemblements non autorisés par la loi, les commissaires de police devraient dresser procès-verbal des faits, faire arrêter l'individu et le conduire devant les officiers de police judiciaire, afin de le faire condamner aux peines portées par la loi du 7 vendémiaire an IV.

Un double du procès-verbal devait être remis à l'administration départementale par les commissaires de police. Les administrateurs se proposaient, d'une manière très sérieuse, de dénoncer les prêtres qui auraient troublé l'ordre public par leurs discours ou par leur conduite, au Directoire exécutif, pour faire ordonner leur déportation.

L'exécution ponctuelle de l'arrêté était confiée aux commissaires de police de la ville. L'administration municipale leur rappelait que l'article 26 de la loi du 19 fructidor an VI les punissait de deux ans de fers en cas de négligence de leur part dans la mise à exécution des mesures qu'elle prenait contre les prêtres âgés ou infirmes (1).

L'administration communiqua aux administrations municipales des cantons la lettre du ministre de la police générale relative aux prêtres sexagénaires, malades ou infirmes. La circulaire est datée du 18 brumaire (8 novembre 1797) (2).

Dans tout le département, on se mit à même de mettre à exécution les ordres du ministre concernant les prêtres insermentés sujets à la réclusion.

Le 12 frimaire an VI (2 décembre 1797), l'administration municipale du canton de Cajarc prit un arrêté analogue à celui de l'administration municipale de Cahors, du 8 novembre, pour se conformer à la lettre de l'administration départementale.

« L'administration considérant que ces ecclésiastiques dispensés provisoirement de la réclusion doivent rester néanmoins sous la surveillance la plus sévère de la municipalité, dit l'arrêté municipal de Cajarc ; que les administrations municipales demeurent responsables des troubles que ces individus pourraient occasionner, si même ne s'y opposent pas par tous les moyens qui sont en leur pouvoir ;

« Considérant qu'il est indispensable de déterminer le mode de cette surveillance; que les prêtres insermentés qui ont prêté le serment prescrit par la loi du 19 fructidor doivent être traités avec plus de ménagements que ceux qui s'y sont refusés, puisque les premiers ont déjà donné un cautionnement de leur soumission aux lois et que les autres semblent persister dans leur éloignement et leur haine pour le système républicain...

« Arrête ce qui suit :

« Art. 1er. — Tous les ecclésiastiques du canton sujets à la réclusion resteront provisoirement dans leur domicile sous la surveillance de l'administration municipale et de l'agent de leur commune.

« Art. 2. — Ceux d'entre eux qui n'ont pas prêté le serment prescrit par la loi du 19 fructidor ne pourront sortir de leur commune et seront particulièrement surveillés par l'agent municipal qui demeure responsable de l'infraction du présent article, à moins qu'il ne la dénonce à l'administration du moment qu'il en aura connaissance; ceux qui ont prêté le serment prescrit et dont les agents de commune garantiront les principes de sagesse et de modération, ont la faculté de voyager dans le canton, à la charge par eux de prévenir les agents des communes de leur départ et de l'époque de leur arrivée.

« Art. 3. — L'administration étant responsable des troubles que ces individus pourraient occasionner, les agents de com-

<hr>

(1) Série L 276, numéro 95.
(2) Série L 276, numéro 64.

mune veilleront constamment sur leur conduite et répondront à leur tour de tous les troubles qui pourraient survenir, à l'occasion de ces prêtres, et qu'il aurait été à leur pouvoir de prévenir et d'arrêter (1) ».

Le 22 frimaire an VI (12 décembre 1897), l'administration du canton de Cajarc fit passer cet arrêté à l'administration centrale (2). On a remarqué la différence qu'on y établissait, dans les mesures prises contre les insermentés, entre soumissionnaires à la loi du serment de haine et insoumissionnaires à cette loi. Ainsi que j'ai eu l'occasion de le dire, les administrations faisaient surveiller par les agents municipaux les uns et les autres tellement elles avaient de l'aversion pour le clergé qui, en 1791, n'avait pas prêté le serment constitutionnel. Elles avaient soin seulement d'accorder aux soumissionnaires une liberté plus étendue.

Lorsqu'un prêtre insermenté sujet à la réclusion changeait de domicile, l'administration de son département ne manquait pas de le porter à la connaissance du département sur lequel il allait demeurer. D'ailleurs, ces prêtres ne pouvaient changer de résidence sans y être autorisés par leur administration cantonale, s'il s'agissait de choisir domicile dans une autre commune du canton déjà habité, et ils ne pouvaient aller habiter un autre département sans en obtenir la permission de l'administration départementale dont ils dépendaient.

Le prêtre réfractaire Monceret, du canton de Fumel, voulut transférer son domicile au Trépadoux, dans le canton de Montcuq. Il désira passer du département du Lot-et-Garonne dans celui du Lot. L'administration centrale, sise à Agen, l'autorisa, par arrêté du 22 germinal an VI (11 avril 1798), à faire ce changement (3). Mais elle prescrivit que ce prêtre serait, au Trépadoux, « sous la domination de la commune de son domicile » qui était la commune de Montcuq. Elle fit passer à Cahors, à l'administration départementale, l'arrêté pris pour approuver ce changement de domicile, mais en demandant aux administrateurs du Lot de se mettre en situation de provoquer une surveillance active sur cet ecclésiastique de la part de l'administration municipale de Montcuq (4).

La surveillance des administrations locales sur les prêtres sexagénaires, malades ou infirmes, s'exerça d'une manière rigoureuse. Les fonctionnaires de nos cantons paraissent bien avoir fait d'ordinaire tout leur possible pour faire arrêter ceux d'entre eux qui, dans les communes, attiraient l'attention de l'agent municipal ou d'un dénonciateur quelconque par la célébration publique ou clandestine du culte, ou par des discours ou propos qu'on pou-

vait interpréter dans un sens d'hostilité contre les lois ou le gouvernement de la République.

Les administrations principales firent souvent un grief à ces prêtres, comme d'ailleurs les lois les y autorisaient, d'exercer en secret leurs fonctions cultuelles. Elles les accusèrent en maintes circonstances de pervertir l'esprit des populations au milieu desquelles ils vivaient, de critiquer la législation républicaine et de déprécier devant leurs ouailles les institutions du pays. Elles ne pouvaient tolérer que ces prêtres prononçassent des paroles de condamnation et de réprobation contre ceux qui observaient les lois irréligieuses de la République et étaient partisans de la guerre faite à l'Eglise (1).

En certains endroits, comme à Figeac par exemple, les administrations locales reprochaient, dans leurs lettres adressées à Cahors, à ces malheureux ecclésiastiques sexagénaires ou infirmes, d'empêcher « le départ des réquisitionnaires et des conscrits ». L'administration centrale était naturellement le plus souvent invitée à débarrasser les communes de ces adversaires, si infirmes ou si âgés qu'ils fussent.

L'administration municipale de la commune de Figeac sollicita, des administrateurs du département, la mise en réclusion de six prêtres insermentés qui demeuraient sur le territoire de cette commune en raison de leur âge et de leurs infirmités. L'administration départementale donna suite à cette demande ; elle fit conduire à Cahors ces prêtres, pour y être reclus.

Deux d'entre eux étaient sexagénaires : Joseph Fréjaville et Augustin Niel. Les autres étaient atteints d'infirmités : Jacques Maleville, J.-P. Gary, Joseph-Marie Pezet et Jean-Antoine Duclos.

Il faudrait être démesurément long pour signaler la situation où se trouvaient tous les prêtres malades ou infirmes, autorisés à rester dans les cantons ou qui sollicitaient la faveur d'y rester, pour décrire leur état de maladies ou d'infirmités et, en même temps, faire connaître les arrêtés de persécution dont ils furent l'objet de la part des administrations à la moindre plainte portée contre eux par des dénonciateurs quelconques. Je dois me contenter de mentionner quelques cas d'infirmités et quelques arrêtés particulièrement odieux pris contre des prêtres de cette catégorie résidant dans les communes.

On faisait arrêter ces malheureux prêtres pour les conduire à Cahors ou bien, à la moindre accusation lancée contre eux, on ordonnait leur déportation sous prétexte qu'ils troublaient l'ordre et la tranquilité dans les communes et, cependant, le plus souvent, ces prêtres étaient comme inertes, absolument incapables de rien faire, d'entreprendre même le moindre voyage en raison de leur très mauvais état de santé ou de leur âge, d'après les

---

(1) Série L 276, numéro 63.
(2) Série L 276, numéro 64.
(3) Série L 276, numéro 61.
(4) Série L 276, numéro 60.

---

(1) Série L 276, numéro 45.

attestations des officiers de santé de la région eux-mêmes.

Le 28 septembre 1797 (7 vendémiaire an VI), l'administration cantonale de Souillac reçut de Bertrand Parlange une pétition où était exposé son état d'infirmité et qui avait pour objet d'obtenir de la municipalité un avis favorable à son exemption de la déportation, et de l'adminsrtion centrale du Lot un arrêté d'exemption.

Le terme générique de « dartre », surtout « d'humeur dartreuse », par lequel on désignait anciennement beaucoup d'affections cutanées, n'est guère plus usité de nos jours dans le langage scientifique. On a banni pareil mot de la science médicale. On ne le trouverait guère employé, à notre époque, que dans le langage vulgaire, en quelques provinces perdues de France. Autrefois, on écrivait semblable expression, comme en font foi les vieux papiers de nos archives. On va la trouver sous la plume de l'ecclésiastique Parlange, ancien curé de Cieurac, près Souillac, né à Souillac même et y demeurant en 1797. On va la rencontrer encore sous la plume des officiers de santé qui attestent le mal dont il est atteint.

Bertrand Parlange était scorbutique en même temps qu'il était atteint d'une affection dartreuse.

Dans sa pétition, il se dit malade du scorbut ou « vice scrbutique qu'il a contracté sur mer ».

On connaît la nature du scorbut. C'est une affection cachectique, non fébrile, que caractérisent un affaiblissement général du tempérament, des hémorragies diverses, et, sur la peau, des ecchymoses livides, enfin le saignement des gencives. Le scorbut de mer est plus grave que le scorbut de terre. Avec le scorbut de mer, comme il ne peut écarter les influences qui lui ont donné naissance sur mer, le patient est dans un état de maladie nécessairement plus grave que s'il était atteint du du scorbut de terre.

Le pétitionnaire de Souillac avait précisément le scorbut de mer. Il se plaint d'un « état habituel d'infirmité ». Avec ce mal, Parlange devait avoir une grande aversion pour le mouvement, se fatiguer très facilement et s'essouffler au moindre exercice, éprouver d'insupportables douleurs articulaires et se sentir encore moralement fort déprimé.

Dans sa lettre à la municipalité, ce prêtre expose son double cas d'infirmité, l'état dartreux dont il est atteint et le scorbut dont il souffre. Voici cette lettre :

« Bertrand Parlange, prêtre, sujet à la déportation en exécution de la loi de 1792 et de l'arrêté de l'administration du département du Lot du 1er du courant, vous expose qu'il est attaqué depuis très longtemps d'une humeur dartreuse invétérée qui porte sur les deux épaules et sur la partie interne de la poitrine, et qui repercutée porte sur le poumon et lui occasionne une toux sèche.

« Il est atteint, en outre, d'un vice scorbutique qu'il a contracté sur mer, ce qui le met dans un état habituel d'infirmité et l'oblige à faire un usage constant de remèdes.

« L'exposant attend de votre humanité et de votre justice, que vous voudrez nommer les officiers de santé que vous jugerez à propos à l'effet de vérifier la sincérité des faits qu'il vient de mettre sous vos yeux, pour que, sur le rapport détaillé qu'ils feront de son état, vous le fassiez jouir de l'exemption portée par la loi de 1792 concernant les prêtres sujets à la déportation (1) ».

Le 29 septembre (8 vendémiaire an VI) deux officiers de santé délivraient sur l'état de l'ecclésiatique Parlange l'attestation suivante :

« Nous, soussignés, officiers de santé de la commune de Souillac, nommés par l'administration municipale du canton du dit Souillac, à l'effet de constater l'état d'infirmité du citoyen Bertrand Parlange, prêtre,

« Certifions nous être transportés à son domicile et, après un mûr examen, nous avons reconnu qu'il est atteint d'un vice dartreux qui a son siège entre les deux omoplates, participant du vice escrophuleux (sic) dont sa famille est atteinte. La répercussion de l'humeur dartreuse porte principalement sur les organes de la respiration et le genre nerveux, ce qui a exigé un long traitement et un régime habituel dont dépendent son peu de santé et son état valétudinaire.

« Estimons que son état exige l'application d'un cautère et d'avoir recours par temps à la diète blanche... (2) »

Cette diète blanche dont a besoin le prêtre malade de Souillac, d'après le certificat de ces deux officiers de santé, doit être ce régime alimentaire qui se compose presque exclusivement de lait, de végétaux, de chair, etc.

Le même jour que le certificat des officiers de santé était présenté à l'administration municipale du canton de Souillac, celle-ci donnait un avis favorable à la demande du prêtre Parlange.

« Vu de nouveau la pétition ci-contre,

« Vu également le rapport des officiers de santé,

« L'administration,

« Le commissaire du Directoire exécutif entendu, est d'avis que Bertrand Parlange soit compris dans les dispositions de la loi qui exemptent de la déportation les infirmes, et renvoie à l'administration centrale pour être définitivement statué. Délibéré à Souillac (3) ».

Ce Bertrand Parlange était né à Souillac en 1752. Il était curé de Cieurac, près Souillac, quand il fut arrêté et détenu au fort du Hâ en vertu de la loi du 26 août 1792. Il fut embarqué sur le *Jeanty* et interné dans le département de la Charente-

---

(1) A. D. Série L 271, numéro 117.
(2) A. D. Série L 271, numéro 119.
(3) A. D. Série L 271, numéro 117.

Inférieure, à six kilomètres de Marennes, dans le village de Brouage, petit port situé vis-à-vis d'Oléron.

Son vice scorbutique provenait évidemment de cette période de sa vie.

Le 16 brumaire an VI (6 novembre 1797), l'administration municipale de Souillac sut ce prêtre en faute. Aussitôt elle chargea l'agent municipal de la commune, Bramel, de notifier à Bertrand Parlange et à un autre prêtre, lui aussi en faute, Jean-Baptiste Delpech, domicilié dans la commune, un arrêté de l'administration centrale qui leur enjoignait de se conformer à la loi du 19 fructidor. Les deux prêtres avaient dû célébrer clandestinement le culte et l'administration départementale les faisait rappeler à l'ordre, leur signifiant d'avoir à prêter le serment de haine ou à cesser tout culte dans leur maison ou ailleurs. Dans la séance du 20 brumaire (10 novembre), l'agent municipal rendit compte de la visite domiciliaire qu'il avait faite chez les deux ecclésiastiques. Il déclara qu'il s'était acquitté de sa commission, qu'il s'était rendu à leur domicile accompagné de deux gendarmes, mais qu'il n'avait trouvé aucun des deux prêtres, « même après les perquisitions qu'il a faites dans leur domicile (1) ».

A propos de cette visite domiciliaire, un incident se produisit même entre l'administration centrale et l'administration municipale du canton de Souillac. L'administration départementale ne reçut pas de rapport sur cette visite au domicile des deux ecclésiastiques. Elle ne manqua pas d'en informer l'administration de Souillac dès le 21 brumaire (11 novembre 1797). Celle-ci répondit aussitôt à Cahors que l'agent municipal avait bien fait sa relation au sujet de l'exécution des arrêtés pris contre Parlange et Delpech, mais que, en l'absence du président de l'administration cantonale, à cette séance du 20 brumaire, on n'avait pas encore envoyé à l'administration centrale le rapport de l'agent municipal sur l'affaire (2).

Le 25 juillet 1798 (7 thermidor an VI), l'administration municipale du canton de Souillac faisait visiter par deux officiers de santé et des commissaires l'abbé Bertrand Parlange. Puisqu'il était sous la surveillance de la municipalité, il fallait bien que celle-ci s'acquittât de semblable charge d'avoir l'œil sur lui.

Les officiers de santé constatèrent qu'ils avaient trouvé ce prêtre « dans un état valétudinaire, suite d'un vice dartreux ».

« En présence des commissaires nommés par l'administration, disent les officiers de santé, il nous a découvert l'épine du dos, laquelle nous a convaincus de l'existence d'une dartre qui occupe depuis la nuque, entre les homoplates, jusqu'à environ la dernière vertèbre dorsale.

« Cette humeur dartreuse étant ambulante, elle porte sur les viscères de la res-

piration et donne lieu à des hémophtysies rebelles et à des faiblesses dans les extrémités droites, tant supérieures qu'inférieures (1). »

Les commissaires municipaux l'interrogèrent « sur les principes qu'il professait et s'il n'avait jamais cherché à troubler l'ordre et la tranquilité publique, et si jamais il n'avait cherché par ses actes à inspirer haine contre le gouvernement républicain ».

L'ecclésiastique répondit « qu'il aimait les lois de son pays, qu'il s'y était soumis dans le mois de frimaire an V et que depuis le 19 fructidor de la même année il n'avait fait aucune espèce de fonctions, qu'il ne s'était occupé que du rétablissement de sa santé (2) ».

L'administration municipale du canton de Saint-Céré porta sur le tableau des prêtres exempts de la déportation le prêtre Jean-Baptiste Fabre, curé de Frayssinhes, en raison du mal scorbutique dont il souffrait lui aussi. Ce prêtre était âgé de 64 ans. Déporté une première fois, il était rentré en France en vertu d'un arrêté du Comité de la Sûreté générale (3).

A côté de la pétition de l'abbé Parlange, nous pouvons placer celle que l'abbé Roquebrune, ancien curé de Saint-Laurent de Senesel, près Montpezat-en-Quercy, à partir du 12 mai 1768 (4), adressa à l'administration municipale du canton de Limogne vers la fin d'octobre 1797 (commencement de brumaire an VI) (5).

Raymond Roquebrune, fils du docteur en médecine Antoine Roquebrune et de Marie-Jeanne Dubois, était né à Lacapelle-Livron, canton de Caylus, le 21 février 1734 (6). Le cas qu'il expose aux administrateurs du canton de Limogne ne manque pas d'intérêt.

« Raymond Roquebrune, prêtre, âgé de soixante-six ans, domicilié dans la commune de Labastide-Marsa, vous expose que, pour se conformer aux lois décidées contre les prêtres insermentés, il sortit du territoire de la République Française, et n'y rentra qu'en vertu de la loi du 7 fructidor dernier (7) ; que, se trouvant sans ressources et accablé d'infirmités, il ne peut, en exécution de la loi du 19 fructidor dernier, s'expatrier de nouveau en quittant le sol de la République; que, ses infirmités ayant augmenté depuis, loin de disparaître, et ayant presque perdu la vue, il est forcé de traîner le reste de ses jours dans le domicile qu'il s'est procuré. Il vous prie donc

<hr>

(1) Série L 278, numéro 13.
(2) Série L 278, numéro 14.

(1) Série L 276, numéro 51.
(2) Série L 276, numéro 50.
(3) Série L 271, numéro 2.
(4) Manuscrit Danglars. « Saint-Laurent ».
(5) A. D. Série L 271, numéro 21.
(6) Certificat de naissance délivré par le secrétaire en chef de l'administration municipale du canton rural de Caylus. A. D. Série L 271, numéro 21. Ce certificat est daté du 23 juillet 1798.
(7) La loi du 24 août 1797 (7 fructidor an V) avait abrogé les lois qui ordonnaient la déportation et la réclusion des prêtres insermentés, ou condamnés pour cause d'incivisme. Les prêtres atteints par ces lois étaient remis en possession de tous leurs droits de citoyens français.

de vouloir lui permettre de rester dans la dite commune de Labastide-Marsa sous votre surveillance, après avoir fait constater, si vous le jugez à propos, ses infirmités par des officiers de santé que vous nommerez à cet effet. Signé : Roquebrune, suppliant (1). »

La localité de Marsa où demeurait le prêtre Roquebrune est aujourd'hui un simple hameau de la commune de Beauregard.

A la supplique de ce prêtre infirme, l'administration municipale du canton de Limogne donna un avis favorable dans ses délibérations du 5 novembre 1797 (15 brumaire an VI). Ce jour-là elle prit, en effet, la décision suivante :

« Vu la pétition du citoyen Raymond Roquebrune, prêtre sexagénaire, tendant à être autorisé à rester sur sa commune de Labastide-Marsa;

« Vu l'extrait de l'acte de naissance en date du 21 février 1734 (2) ;

« Considérant que l'acte du pétitionnaire est parfaitement constaté par l'extrait ci-joint et que d'après la lettre du ministre de la police générale du 3 brumaire an VI, les sexagénaires ou infirmes sont autorisés à rester sous la sévère surveillance des autorités constituées;

« Considérant encore que ledit pétitionnaire, outre son âge, est accablé d'infirmités et que sa translation ailleurs exposerait ses jours ;

« L'administration estime que le dit Roquebrune doit être autorisé à rester à Labastide-Marsa sous la plus sévère surveillance de l'administration municipale (3) ».

Sur le tableau où les administrations cantonales devaient inscrire les noms des prêtres insermentés ou rétractés exempts de la déportation, on signala souvent non seulement l'âge des prêtres plus que sexagénaires, mais encore les infirmités qui accablaient ces vieillards. Les administrateurs locaux mentionnaient ainsi l'âge et les infirmités dont pouvaient être atteints les vieux prêtres pour faire exempter plus facilement de la déportation les prêtres âgés de plus de soixante ans. Dans bien des cas, force était de faire valoir auprès de l'administration centrale du Lot tous les droits légaux qu'avaient des ecclésiastiques à rester chez eux, si on voulait les faire exempter plus facilement de la déportation ou de la réclusion dans une des maisons de détention de Cahors. Les administrateurs départementaux ne furent pas, en effet, en toute circonstance, des plus humains. Ils se montrèrent parfois même cruels à l'égard des prêtres âgés, malades ou infirmes.

Nous ne pouvons qu'ajouter un très grand prix à ces nombreux renseignements que nous fournissent les tableaux dressés par les cantons sur tous ces prêtres, sexagénaires ou infirmes. D'aussi copieuses in-

dications nous permettent de connaître dans le détail les multiples souffrances physiques dont furent atteints sur leurs vieux jours ces humbles prêtres, d'ordinaire simples desservants des anciennes paroisses du Quercy et qui venaient s'ajouter à toutes les souffrances morales que leur causait la guerre impitoyable qu'on faisait à leurs sentiments intimes les plus sacrés. Espionnés par des hommes sans mandat et enquêtés par des administrateurs redoutables, ces prêtres étaient cependant déjà atteints de maladies fort cruelles, ou étaient arrivés à un âge où le repos le plus complet leur eût été nécessaire (1).

Toutes les infirmités ou maladies qui peuvent affliger le corps humain et faire éprouver souvent les plus dures souffrances atteignaient bon nombre de membres du clergé. Les administrations cantonales en signalent quelques-unes dans leurs rapports parfois très détaillés adressés à l'administration centrale du département. Plusieurs de ces maladies ou infirmités étaient particulièrement graves, très douloureuses et de nature à inspirer de l'aversion et du dégoût.

L'abbé Bernard Trassy, né à Bretenoux, ancien curé de Bonneviole, qui fut détenu au fort du Hâ en vertu de la loi du 26 août 1792, et qui fut embarqué sur le *Républicain*, est atteint « d'un virus rakitis (sic) qui règne dans la génération de ses père et mère » (2). L'administration municipale du canton de Bretenoux donne le nom de ce prêtre après celui de *Bretenoux* et l'appelle du titre de curé.

Les administrateurs disent que le mal dont est affligé ce prêtre « a conduit au tombeau plusieurs de ses frères » (3). Ils disent encore de lui « qu'il est très boiteux, qu'il jouit d'une bien mince constitution, qu'il est très valétudinaire, que l'état d'infirmité dans lequel il se trouve exige beaucoup de ménagements, qu'il a besoin de respirer un air sain, et puis que la réclusion ne pourrait qu'aggraver beaucoup ses maux et abréger infailliblement ses jours (4). »

Trassy avait été mis en liberté à cause de ses grandes infirmités par arrêté du Comité de sûreté générale de la Convention nationale, du 31 mars 1795 (11 germinal an III). Il avait été ensuite autorisé à rester dans la maison de son frère, sous la surveillance de l'administration municipale par arrêté du département du 23 mai 1796 (4 prairial an IV) (5).

La maladie de la goutte éprouvait un moine capucin, âgé de 65 ans, Armand Montagne (ou Montagnes), appartenant à la maison de Cahors, qui avait été détenu au fort du Hâ et à Blaye et embarqué sur le *Jeanty*. Ce religieux habitait Molières au 30 septembre 1797 (9 vendémiaire an VI),

---

(1) A. D. Série L 271, numéro 20.
(2) A. D. Série L 271, numéro 21.
(3) Ibid., numéro 20.

(1) Série L 271, numéro 20.
(2) A. D. Série L 270, numéro 2.
(3) Ibid.
(4) A. D. Série L 270, numéro 2.
(5) Ibid. cf. Gary, « Notice », pp. 284 et 293.

lorsque fut rédigé le rapport administratif relatif au canton de Molières (1).

La même maladie frappait Claude Boitié (ou Boytié), âgé de 64 ans, prêtre, domicilié à Gourdon d'après le rapport du 4 octobre 1797 (13 vendémiaire an VI) (2).

Un « ex-missionnaire », âgé de 40 ans, Pierre Raynal (ou Reynal), qui ne prêta pas le serment à la Constitution civile du clergé, avait « une irritabilité nerveuse qui se termine par une paralysie ». La maladie « détermina les commissaires nommés par l'administration centrale de le juger hors d'état d'être déporté » (3).

Ce prêtre n'avait jamais été fonctionnaire public. Il était prêtre de la mission, habitant Montfaucon d'après le rapport du canton de Montfaucon, daté du 6 octobre (15 vendémiaire an VI) (4).

Dans le canton de Caussade, à Lavaurette, se trouvait un prêtre âgé de 86 ans « très infirme à cause d'un cancer au nez », Raymond Frézals, ancien curé de cette paroisse (5).

Avec cette tumeur cancéreuse et son grand âge, ce prêtre ne pouvait que marcher à grand pas vers la mort. La seule marche progressive et destructive de son mal l'aurait conduit très vite à une terminaison inévitable. L'abbé Frézals restera cependant « sous la sévère surveillance » de l'administration municipale du canton de Caussade.

Les dictateurs du Directoire ne pouvaient évidemment que se couvrir de honte devant l'histoire en faisant veiller particulièrement sur de tels prêtres les autorités locales. De semblables loques humaines ne pouvaient vraiment pas faire courir de grands dangers à la République.

Le curé de Blanzaguet, dans le canton de Souillac, Guillaume Charlanes (6), âgé de 75 ans, avait un ulcère « qui le dévorait » (7).

Un ancien chanoine prébendé du chapitre de Figeac, Jean-Antoine Duclos (ou Duclost (8), était rentré de la déportation et s'était installé à Figeac où il vivait presque infirme, attaqué d'ulcères aux jambes » (1). Hebdomadier à Figeac, il avait été déporté au Brouage, en vertu de la loi du 26 août 1792 (2).

L'administration municipale de la commune de Figeac se plaignit auprès de l'administration centrale du Lot que les prêtres insermentés, domiciliés sur le territoire de cette commune, ne méritaient plus de rester à Figeac, où ils avaient obtenu de demeurer à cause de leurs infirmités. L'abbé Jean-Antoine Duclos était au nombre de ces prêtres réfractaires infirmes. Son nom est signalé à l'administration départementale. L'administration centrale arrêta vers le 13 octobre 1797 (22 vendémiaire an VI), que Duclos et les autres insermentés, Joseph Fréjaville, Augustin Niel, Jacques Maleville, J.-P. Gary, Joseph-Marie Pezet, prêtres sexagénaires ou infirmes, devaient être conduits à Cahors pour y être détenus.

L'état de santé du prêtre Joseph Fréjaville n'était cependant pas très florissant. On aurait bien pu le laisser à Figeac après le 19 fructidor. Déjà, en 1792, il devait se soigner pour une « hernie inguinale » dont il souffrait et était incapable de faire aucun voyage.

Voici ce qu'il écrivait à l'administration du Directoire du département du Lot dès le 24 juillet 1792 dans le but de ne pas aller en réclusion à Cahors, où l'arrêté du 19 juillet 1792, pris par le Directoire départemental, forçait les prêtres insermentés de se rendre (3).

« Messieurs,

« Le soussigné a l'honneur de vous représenter que, très soumis aux ordres du département, il se rendrait au plus tôt au lieu assigné, mais que sa santé délabrée ne lui permettait pas de voyager.

« Il se flatte que vous voudrez bien avoir égard à ses infirmités pour l'en dispenser. Il joint à sa juste demande le certificat du médecin Guary qui atteste la vérité de son exposé.

   « Signé : Fréjaville, prêtre,
     missionnaire (4) ».

Le docteur en médecine de l'université de Montpellier, Guary, médecin de l'hôpital et de la Miséricorde de Figeac, attestait sur le certificat qu'il lui avait délivré à la même date que celle que porte la lettre du lazariste Fréjaville, le 27 juillet, que ce prêtre était « atteint d'une hernie inguinale ». Cette hernie était « tombée dans les bourses » et était d'un très gros volume, lui occasionnant fréquemment « des coliques assez vives ». « D'après cet état, dit le médecin Figeacois, nous pensons que le voyage pourrait lui devenir préjudiciable (5) ».

En octobre 1797 (le 22 vendémiaire an VI), l'administration municipale de Figeac n'avait aucune pitié pour un tel malade, sur lequel semblable certificat médical donnait en 1792 les renseignements les plus

---

(1) A. D. Série L 271, numéro 51. Ce capucin fut, après la Révolution, curé de Molières. Il mourut en 1814 à Castelnau-Montratier. Cf. Gary, « op. cit. », p. 291.

(2) A. D. Série L 273, numéro 87. Claude Boitié avait la somme de 84 livres sur lui quand il fut mis en détention à Cahors, en 1794. On dut lui payer la somme de 53 livres 77, en exécution d'un arrêté du représentant du peuple Bô, pour lui permettre d'arriver au 1er vendémiaire an III (« Bib. Mun ; clergé ». A. N. 7. — Le 28 pluviôse an IV (17 février 1796), Guillaume Fourés, à la tête de la brigade de gendarmerie de Gourdon avait fait chez ce prêtre une perquisition. Les gendarmes l'avaient trouvé dans sa maison « accablé de douleurs de goutte et hors d'état de sortir de son lit ». Il déclara aux gendarmes qu'il avait été élargi de la prison où on l'avait enfermé, à cause de sa maladie, et que tous les habitants de Gourdon étaient au courant de son état. Cf. Série L 278, numéros 33, 34 et 35.

(3) A. D. Série L 271, numéro 61.

(4) Ibid., cf. Gary, ibid., p. 143.

(5) Série L 270, numéros 44 et 47.

(6) Série L 271, numéro 121.

(7) Ibid.

(8) Série L 270, numéro 67.

---

(1) Ibid.

(2) Gary, « op. cit. », pp. 284, 285.

(3) A. D. Série L 272, numéro 21.

(4) A. D. Série L 272, numéro 34.

(5) Ibid., numéros 34 et 36.

circonstanciés. Comme il n'éprouvait pas les plus vives sympathies pour le régime du Directoire, elle le fit renfermer à Cahors.

Le 2 brumaire an VI (23 octobre 1797), des officiers de santé de Moissac certifièrent que le prêtre François Gouges, né en 1718, le 21 août (1), domicilié dans cette commune tenu de se rendre au chef-lieu du département pour y être détenu dans un maison de réclusion, ne pouvait se rendre à Cahors. Il était « dans un état des plus déplorables, atteint de la pierre dans la vessie, accident compliqué d'une dysurie continuelle, suivie par intervalles de douleurs très aiguës dans les reins, dans la vessie, qui dans ce moment, durant plus ou moins de temps, suspendent le cours des urines, ce qui occasionne des efforts violents qui font craindre que le malade ne succombe ». De plus, il était « menacé de perdre la vie, éprouvant des crispations dans les deux mains, qui lui ôtent l'usage de ses membres, au point qu'il ne peut se vêtir lui-même, ni sortir de son lit, d'où il faut qu'on le porte avec de grands secours, et surtout de grands ménagements pour lui éviter les douleurs que le moindre mouvement lui occasionne ; d'où il suit qu'il est absolument privé de sommeil, dont il ne peut jouir que par intervalles de courte durée, tant la nuit que le jour, ce qui lui rend son état encore plus cruel ». Il ressentait encore « un sentiment de froid sur la moitié de son corps du côté droit, ce qui le menaçait de nombreux accidents... » (2)

Ce prêtre fit lui même une pétition pour solliciter de l'administration municipale du canton de Moissac d'être dispensé de se rendre à Cahors, dans une maison de réclusion (3). Les administrateurs de Moissac se déclarèrent incompétents pour se prononcer sur la demande du pétitionnaire ; ils envoyèrent la pétition et le certificat des officiers de santé à l'administration centrale pour qu'elle statuât « dans sa sagesse » ce qu'elle croirait juste et convenable (4).

Joseph Guyot, originaire de Camy, dans le canton de Carlucet, fit lui aussi parvenir aux administrateurs une demande pour obtenir « un délai moral pendant lequel il sera tenu et autorisé à justifier de la manière la plus authentique de la réalité de ses infirmités (5). » Il était dans la catégorie des prêtres exemptés de la déportation, en raison de ses infirmités. En 1792, il avait été atteint d'une attaque d'apoplexie « séreuse », à la suite de laquelle il avait été paralysé du bras gauche. Son état d'infirmité l'avait fait exempter de la déportation à Blaye. Les officiers de santé qui l'ont examiné en 1797 déclarent que « depuis qu'il est rentré dans le sein de sa famille, il a eu plusieurs menaces d'attaque qui ont été prévenues par les

secours de lait promptement administrés », et qu'il n'est pas dans le cas de la déportation, qu'il a besoin d'user « d'un régime approprié à son état et de faire un exercice continuel et modéré ». (1)

Par l'arrêté du 29 brumaire an VI (19 novembre 1797), relatif à cet ecclésiastique, l'administration municipale du canton de Carlucet autorisa Joseph Guyot à rester dans ses foyers. Cet arrêté offre de l'intérêt en raison de ces deux déclarations qu'il contient, l'une relative aux officiers de santé Jean-Louis Durrieu, du Bastit, et Durand, et l'autre relative au pétitionnaire lui-même, disant « que la probité et le civisme reconnus des officiers de santé sus-nommés garantissent la vérité des faits qu'ils attestent » et que « pendant tout le temps que le pétitionnaire a resté sur le territoire du canton, il n'est parvenu à l'administration aucune plainte contre lui, qu'il est au contraire notoire qu'il s'y est montré l'ami du bon ordre et de la tranquillité, et que son séjour prolongé dans la commune de Carlucet ne paraît pas devoir les y compromettre (2).

D'après les considérants de cet arrêté, il importait donc aux administrations locales que certains officiers de santé plutôt que d'autres fissent les certificats voulus par l'administration centrale pour constater l'état d'infirmité des ecclésiastiques: ceux qui étaient républicains devaient faire les meilleurs certificats... De plus, la légitimité de la cause d'un prêtre infirme, demandant à rester dans son canton au lieu d'être envoyé à Cahors en réclusion, ne dépendait pas exclusivement de son état d'infirmité qui pouvait exiger pour lui un séjour chez lui en raison d'un régime à suivre par exemple, mais bien des idées ou des sentiments contre-révolutionnaires qu'il pouvait ou non afficher autour de lui. Les administrations locales, en présence de semblables requêtes, considéraient principalement l'opinion qu'avaient de lui tels ou tels citoyens marquants, au lieu de ne faire attention qu'aux infirmités dont il pouvait être atteint.

Le prêtre Pierre Compastié était « dans l'impossibilité de voyager sans danger imminent pour sa vie (3) ». Depuis plusieurs années, il était atteint d'une « pulmonie héréditaire qui depuis longtemps ne lui a permis que pour peu de temps de faire un exercice modéré, et qui le retient à présent constamment au lit (4). »

Il adressa aux membres de l'administration centrale à Cahors une pétition pour demander de rester encore dans sa maison, à Martel, sous la surveillance de l'agent municipal de la commune, en raison de l'impossibilité où il était de se rendre à Cahors en réclusion (5).

Toutes ces demandes sont occasionnées par l'arrêté du 22 vendémiaire an VI, par lequel l'administration centrale du Lot obligeait les ecclésiastiques, exempts de la

<hr>

(1) Série L 278. numéro 2. (Certificat de naissance de ce prêtre)
(2) Série L 278. numéros 1, 2, 3.
(3) Série L 278. numéros 2, 3.
(4) Série L 278. numéro 2.
(5) Série L 278. numéro 15.

(1) Série L 278, numéro 16.
(2) Série L 278, numéro 15.
(3) Série L 278, numéros 10 et 11.
(4) Série L 278, numéros 10 et 11.
(5) Série L 278, numéros 8 et 9.

déportation en raison de leur âge ou de leurs infirmités, sous les peines légales, de se rendre à Cahors dans la maison de réclusion qui leur serait indiquée.

Jean-Pierre Galtié, un autre prêtre infirme, âgé de 72 ans, expose à l'administration que depuis plusieurs années il ne fait aucune fonction publique, qu'il est incapable de faire le plus petit voyage depuis que ses infirmités le tiennent constamment dans sa maison. Il connaît les dispositions de l'arrêté départemental du 22 vendémiaire an VI, mais il ne peut s'y conformer en raison de son état de santé (1). Les officiers de santé qui l'examinent constatent « qu'il est atteint d'un rhumatisme tant aux extrémités supérieures qu'inférieures, lequel rhumatisme met le malade, dans le moment du paroxysme, hors d'état de pouvoir faire aucun exercice (2). »

Le prêtre Julien-Innocent Gaillard, aveugle, âgé de 73 ans, demeurant à Saint-Céré, ne faisait aucune fonction depuis plusieurs années et ne sortait pas de sa chambre Il demanda à l'administration du canton de Saint-Céré de l'autoriser à rester dans sa commune, s'appuyant « sur un droit que protège l'humanité (3) ». Le 7 brumaire an VI (28 octobre 1797), les officiers de santé Lafleur et Souillac constataient que ce prêtre était « détenu dans sa maison pour cause d'un aveuglement radical, qui lui est survenu graduellement depuis de longues années, et qu'il était atteint d'une hernie inguinale volumineuse du côté droit, qui lui cause souvent des douleurs atroces, et qui ne peuvent que devenir funestes (4) ». Semblables infirmités le firent autoriser à rester dans ses foyers (5).

Le 1er brumaire an VI (22 octobre 1797), le commissaire du Directoire exécutif près l'administration municipale du canton de Gourdon, Bouygues, écrivit au commissaire du Directoire près l'administration centrale pour lui rendre compte de la situation où se trouve le canton au sujet de l'application des arrêtés des 1er et 22 vendémiaire an VI relatifs aux prêtres réfractaires.

Il estime que les infirmités dont est accablé le prêtre Claude Boitié ne lui permettent pas de se déplacer. Il est d'avis que cet ecclésiastique soit consigné chez lui sous la surveillance des autorités constituées (6). Ce prêtre était le seul qu'il pût signaler. Pous les autres ecclésiastiques, il n'en paraissait aucun, l'après lui, pour le moment (7).

Les prêtres Hebray et Calvet, sujets à la réclusion, devaient déjà être rendus à Cahors, au lieu désigné par le département. S'il y avait des récalcitrants contre les arrêtés récents du département, le commissaire gourdonnais se proposait de faire toutes diligences contre eux et d'informer l'administration centrale du résultat de ses enquêtes. Il allait prendre tous renseignements utiles pour aboutir. Il allait faire les visites domiciliaires requises, mais en observant les formalités prescrites par la loi (1).

Le prêtre Géraud Martin Bellerive, ancien bénédictin, résidant à Cagnac, fin de Brumaire an VI, est visité journellement par l'officier de santé Antoine Regambert (2). Il est âgé de 77 ans. Son neveu l'a fait mettre en marche pour se rendre à Cahors, dans une maison de réclusion. Seulement, il a été obligé de s'arrêter en route. Il n'a pu aller plus loin que Cayrac, dans le canton de Réalville, à cause des infirmités dont il est atteint.

Le 9 brumaire an VI (30 octobre 1797), Martin Bellerive, le neveu de ce prêtre écrit en ces termes aux administrateurs du canton de Réalville :

« J'ai cru devoir conseiller (à mon oncle) de présenter une pétition à l'administration centrale, pour lui obtenir un délai suffisant qui puisse lui permettre de faire des remèdes pour apaiser des douleurs insupportables qui l'empêchent de se transporter d'un lieu dans un autre. Le trajet d'une lieue l'a mis dans le cas d'appeler les secours de l'art qui ne peuvent lui faire aucun bon effet que dans un état de tranquillité; veuillez appuyer sa demande de toute votre justice, son obtention ne peut nuire à la chose publique (3) ».

Le 11 brumaire (1er novembre 1797), l'administration centrale accorda à ce prêtre un délai de deux décades pour se rendre dans la maison de réclusion de Cahors. Elle chargeait l'administration municipale du canton de Réalville de faire constater son état par un officier de santé de Réalville, d'une décade à l'autre (4). D'après un certificat de l'officier de santé qui visitait l'abbé Géraud Martin Bellerive, cet ecclésiastique était « attaqué d'un picotement général auquel il était sujet depuis environ une année, avec de vives douleurs dans différentes parties, notamment à la poitrine, d'une grande sécheresse à la langue, d'une irritation considérable dans tout le genre nerveux, avec fièvre (5).

La réclusion et parfois la déportation étaient souvent le sort réservé à ces prêtres si dignes d'intérêt en raison de leur âge, de leurs maladies ou de leurs infirmités. On vient de voir comment, pour éviter semblables peines, les prêtres de cette catégorie devaient procéder. Ils devaient fournir des attestations diverses, avoir un avis favorable des administrateurs locaux et surtout se tenir dans une grande réserve, dans toute leur conduite et leurs discours, en ce qui touchait au gouvernement de la République. Encore devaient-ils être reconnaissants au ministre Sotin d'avoir proclamé que les prêtres âgés ou infirmes resteraient simplement sous la surveillance des fonctionnaires publics ou

<hr>

(1) Série L 278, numéros 6, 7.
(2) Série L 278, numéro 5.
(3) Série L 278, numéro 30.
(4) Série L 278, numéro 31.
(5) Série L 278, numéros 30 et 32.
(6) Série L 278, numéro 36.
(7) Ibid.

(1) Série L 278, numéro 36.
(2) Série L 278, numéros 21, 22, 24.
(3) Série L 278, numéro 23.
(4) Série L 278, numéro 21.
(5) Série L 278, numéro 24.

agents du Directoire, dans leurs communes respectives, s'ils consentaient à se tenir tranquilles chez eux. Ils pouvaient, grâce à cette décision, éviter les rigueurs de la réclusion ou de la déportation et continuer de demeurer sur le territoire de leurs paroisses, en faisant reconnaître, au moyen de certificats dûment visés par les autorités constituées, l'état réel de leur âge ou de leurs infirmités et leur attitude faite de probité et de loyauté vis-à-vis des pouvoirs publics.

<h3 style="text-align:center">XIV</h3>

### L'exercice du culte dans le Lot après la loi du 19 fructidor an V

Sur le territoire des communes où ils se trouvaient, les prêtres âgés, malades ou infirmes, ne devaient cependant pas être exclusivement préoccupés d'un régime à suivre, des souffrances physiques qu'ils avaient à essuyer, ils avaient à gagner les sympathies des administrateurs locaux et à se défier absolument, en ce qui regardait l'exercice des fonctions cultuelles, de tout dénonciateur.

Si malades ou infirmes qu'ils fussent, ces prêtres ne pouvaient rester en liberté qu'à la condition d'obtenir des notes politiques satisfaisantes de la part des membres des administrations municipales, dans les certificats qu'ils avaient à délivrer à leur sujet à l'administration centrale. Or les meilleurs certificats ainsi donnés étaient ceux où on pouvait attester que le prêtre dont il était question, s'il n'avait pas prêté le serment de haine à la royauté, n'exerçait aucune fonction du culte et surtout ne s'adonnait pas à la prédication d'une religion qu'on considérait comme génératrice de fanatisme dans le peuple. Durant cette période de notre histoire, il n'y eut pas pour le clergé de plus grand crime, en effet, que celui de prêcher les vérités religieuses d'ordre mixte, relatives notamment aux relations de l'Eglise et de l'Etat, à l'origine divine du pouvoir, au mariage, à la propriété ecclésiastique, à la nécessité d'un culte public et social. En traitant de pareils sujets dans ses sermons, tout prêtre était facilement accusé de fanatiser les fidèles et de troubler l'ordre public. On le faisait facilement arrêter et reclure pour un tel motif et on le condamnait parfois à être déporté.

Tous les prêtres insermentés sexagénaires ou infirmes étaient sous la surveillance des autorités locales et, le plus souvent, celles-ci ne se gênaient nullement pour leur faire sentir qu'ils étaient placés sous leur responsabilité, qui était d'autant plus grande qu'étaient rigoureuses les dispositions légales ou administratives en vigueur contre eux.

Les administrateurs municipaux étaient d'autant plus à craindre qu'ils étaient capables bien des fois d'exagérer les délits de culte ou de parole commis par le clergé, par peur de passer pour négligents aux yeux des chefs hiérarchiques, sur la dénonciation de tels ou tels citoyens du can-

ton faite contre eux auprès de l'administration centrale. Ces dénonciateurs étaient toujours très bien considérés des autorités supérieures, si ignorants, si ineptes et si immoraux qu'ils fussent. Eux seuls passaient parfois pour les vrais patriotes de toute une contrée. On agréait leur sentiment pour la solution à donner à une question pendante. Evidemment, s'ils n'avaient pas toujours raison des administrateurs qu'ils dénonçaient en haut lieu, ils étaient le plus souvent les arbitres du sort à faire aux bons citoyens et aux prêtres insermentés ou rétractés, tellement le gouvernement du Directoire les protégea, à cause du ferme appui qu'ils lui prêtaient.

Jouissant d'une grande faveur auprès des autorités supérieures, ils pouvaient glacer d'effroi tout administré dépendant d'eux.

Les prêtres malades ou âgés qui restaient dans les communes devaient ménager de semblables personnages, que l'administration écoutait toujours, s'ils voulaient éviter une arrestation et la réclusion.

Une telle tâche leur était cependant bien difficile à remplir, car, ne prêtant pas le serment de haine, ils n'avaient point le droit de remplir la moindre fonction sacerdotale. Ces prêtres n'étaient qu'autorisés à rester sur le territoire de la République. Pour exercer le ministère ecclésiastique ils devaient au préalable faire la déclaration requise par la loi du 7 vendémiaire an IV, et dont la formule, donnée à l'article 6 de cette loi, venait d'être modifiée par l'article 25 de la loi du 19 fructidor an V. Tout officiant devait, en effet, faire la déclaration voulue devant l'administration municipale locale sous peine de poursuites.

L'article 5 de la loi du 7 vendémiaire an IV (29 septembr 1795) n'était pas abrogé et on sait quelle était sa teneur :

« Nul ne pourra remplir le ministère d'aucun culte, en quelque lieu que ce puisse être, s'il ne fait préalablement, devant l'administration municipale ou l'adjoint municipal du lieu où il voudra exercer, une déclaration... Les déclarations déjà faites ne dispenseront pas de celles ordonnées par le présent article. Il en sera tenu registre. Deux copies conformes, en gros caractères très lisibles, certifiées par la signature de l'adjoint municipal ou du greffier de la municipalité, et par celle du déclarant, en seront et resteront constamment affichées dans l'intérieur de l'édifice destiné aux cérémonies et dans les parties les plus apparentes et les plus à portée d'en faciliter la lecture. »

Il suffit à l'administration municipale de Figeac de dénoncer à l'administration centrale du Lot certains prêtres de la commune, coupables uniquement d'exercer « clandestinement » le culte, c'est-à-dire sans avoir fait de déclaration, pour obtenir leur arrestation et leur réclusion à Cahors. Par ailleurs, ces prêtres ne pouvaient pas formuler semblable déclaration, puisqu'ils se refusaient à prêter le serment de haine. La formule de la déclaration exigée par l'article 5 de la loi du 7 vendémiaire an IV était devenue, depuis le 19 fructidor, la formule même du serment de haine.

Ceux qui prêtaient le serment de haine choisissaient le lieu où ils entendaient remplir les cérémonies du culte. Hors de l'édifice choisi pour leur exercice, les cérémonies cultuelles pouvaient être faites par eux dans l'enceinte des maisons particulières pourvu qu'outre « les individus qui ont le même domicile », il n'y eût pas, « à l'occasion des mêmes cérémonies, un rassemblement excédant dix personnes » (1)

Dans le département du Lot, peu nombreux étaient les prêtres insermentés de 1791 qui avaient prêté le serment de haine. Par conséquent, il y avait peu de prêtres qui pussent exercer le culte en se conformant aux prescriptions légales. Seuls les constitutionnels, ou à peu près, ayant prêté le serment nouveau, eurent le droit de remplir le ministère ecclésiastique. Mais encore devaient-ils indiquer l'enceinte choisie pour l'exercice du culte et la déclarer à l'adjoint municipal, dans les communes au-dessous de cinq mille âmes, et, dans les autres, aux administrations municipales cantonales. Tout prêtre assermenté devait remplir cette formalité avant d'user de l'enceinte qu'il avait choisie (2).

Avec le maintien de l'ancienne loi du 7 vendémiaire an IV, les administrations locales avaient à surveiller le clergé réfractaire même sur des faits de simple célébration de messe, qui se seraient produits soit dans une cave ou un galetas, soit dans une grange.

Ainsi donc, aux souffrances de leur corps se joignait pour ces prêtres âgés, malades ou infirmes, l'horrible souffrance morale de ne pouvoir même pas monter à l'autel sans être l'objet de dénonciations toujours possibles de la part d'administrateurs le plus souvent hostiles ou simplement intéressés à faire du zèle pour obtenir les faveurs que le Directoire ne manquait pas d'octroyer à tous ceux qui servaient ses vues en toute fidélité.

Je n'exagère nullement en prétendant que ces prêtres sexagénaires ou infirmes ne pouvaient pas même monter à l'autel, du fait seul qu'ils ne prêtaient pas le serment de haine. L'article 5 de la loi du 7 vendémiaire an IV fut, en effet, interprété dans un arrêté du 25 octobre 1797 (4 brumaire an VI), d'une manière des plus étroites, par le Directoire exécutif. Cet arrêté contient en propres termes : « Les dispositions de l'article 5 ainsi conçues : Nul ne pourra exercer le ministère d'aucun culte, en quelque lieu que ce puisse être, s'il ne fait préalablement une déclaration... sont exclusives de toute exception, de toute modification, et ne peuvent laisser aucun doute ».

La question s'était posée de savoir si l'article 5 de la loi du 7 vendémiaire an IV était applicable aux ministres du culte qui exercent leurs fonctions religieuses dans l'enceinte de maisons particulières.

Le Directoire exécutif se montra très catégorique sur ce point. De même que nul ne pouvait exercer le culte avant la loi du 19 fructidor an V, en quelque lieu que ce pût être, sans avoir satisfait à la déclaration de soumission aux lois, de même, depuis la publication de cette loi de fructidor, personne ne pouvait exercer un culte sans avoir fait le serment de haine à la royauté et à l'anarchie (1).

Le ministre de la police générale finit par demander aux commissaires du Directoire exécutif auprès des municipalités d'indiquer les ministres des cultes qui avaient obéi ou non à la loi du serment de haine. Il exigea que le texte en fût affiché avec soin dans les édifices du culte (2).

Cette prescription atteignit les ecclésiastiques insermentés âgés, malades ou infirmes, aussi bien que les prêtres réfractaires valides et non sexagénaires. Nul doute, par conséquent, que ces prêtres sexagénaires ou infirmes aient été inscrits sur semblable liste, et que leurs noms aient été affichés dans les églises.

C'était là un moyen d'exposer plus facilement aux dénonciations des citoyens exaltés des communes, tout réfractaire en faute avec la loi.

Lorsque les insermentés, seraient-ils octogénaires ou accablés d'infirmités, voudront exercer une cérémonie quelconque de leur ministère, ils ne pourront le faire que d'une manière clandestine, les lois en vigueur leur interdisant même tout culte privé dans des maisons particulières.

## XV

### Le serment de haine à la royauté

Dans le passé, la question des serments révolutionaires de Liberté et d'Egalité, de soumission aux lois de la République avait fortement agité le clergé. La question du serment de haine à la royauté ne le troubla pas moins, et cela d'autant plus qu'en ne prêtant pas le nouveau serment, prescrit par la loi du 19 fructidor an V, on courait à la ruine du culte en France. On poursuivait tout prêtre exerçant le culte et cependant insoumis à la loi récemment votée par le corps législatif.

Les députés sympathiques au clergé qui, quelques mois auparavant, en juillet 1797, avaient demandé à la majorité de supprimer tout serment pour les ecclésiastiques, avaient été vraiment bien inspirés. On ne peut que regretter que leur proposition n'ait pas été agréée. Elle aurait évité au clergé la persécution fructidorienne. Une certaine paix religieuse aurait pu s'introduire sur le territoire de la République avec le vote d'un texte législatif vraiment libéral.

Les prêtres et les évêques n'avaient pas, pour la plupart, montré un grand empressement à prêter les anciens serments, pour de puissants motifs.

« Depuis quelques années, dit à fort juste titre, le rapporteur de la proposition en question qui fut faite aux conseil des Cinq-

---

(1) Loi du 7 vendémiaire an 18 (article 16).
(2) Loi du 8 vendémiaire (article 17).

(1) « Duvergier », t. X, pp. 99-100.
(2) Lettre du 7 octobre 1797 (16 vendémiaire an VI).

Cents, Camille Jordan, on leur a présenté de si insidieuses formules, on a tourmenté leur conscience en tant de manières, qu'elle se refuse violemment aujourd'hui à toute interrogation nouvelle ; ils craignent de trouver un piège dans les paroles les plus innocentes; ils craignent d'encourager le législateur à de plus dangereuses tentatives sur leur liberté. Il faut le dire, après ce qu'ils ont souffert, une telle prévention, si elle est exagérée, est au moins excusable ».

La proposition rencontra de terribles adversaires dans Boulay (de la Meurthe) et Merlin (de Thionville). Elle fut soutenue très éloquemment par Dubruel et Royer-Collard. Malheureusement pour la continuation du culte en France, elle ne fut pas votée par les Cinq-Cents. Cependant, elle avait eu bon nombre d'adhésions dans le conseil. Sur 414 suffrages, 204 avaient été pour la suppression de tout serment pour le clergé. (1).

Après le coup d'Etat, le législateur républicain fit juste le contraire de ce que demandaient quelque temps auparavant ces députés modérés, cependant si nombreux, du Conseil des Cinq-Cents. Il prescrivit un serment nouveau, le serment de haine à la royauté.

Tout d'abord purent le prêter tous les prêtres autorisés à résider sur le territoire de la République. Seulement, dans la suite, ne purent le prêter que les prêtres qui avaient prêté le serment constitutionnel.

On limitait ainsi le nombre des ecclésiastiques qui avaient le droit de prêter le serment nouveau. Mais, en même temps, on avait soin d'étendre considérablement le nombre des prêtres qui avaient l'obligation de le prêter.

On voulait bien fournir à la persécution antireligieuse décrétée par l'article 24 de la loi du 19 fructidor, des victimes suffisamment nombreuses. Tout ecclésiastique qui ne renoncerait pas à son ministère, s'il était insermenté, pourrait être proscrit et déporté, par un arrêté individuel du Directoire. Celui-là même qui, dans sa commune se ferait simplement « le lecteur ou prédicateur » d'un dogme religieux ou d'un précepte de morale, devait prêter le serment de haine; sous peine de se voir, s'il ne le prêtait pas, condamner à la déportation. Le ministre Sotin l'écrivait à notre administration départementale le 18 janvier 1798.

« Tous ceux qui, pour exercer librement les fonctions du culte, étaient tenus de prêter le serment de haine à la royauté, devaient le prêter sans y ajouter rien « de plus ou de moins ». Toute addition ou toute restriction faite à la déclaration de serment rendait celle-ci « nulle et comme non avenue ».

Les tribunaux compétents devaient juger les prêtres rebelles ou ceux qui prêtaient le serment avec des restrictions en conformité avec les articles 6, 7 et 8, de la loi du 7 vendémiaire an IV. On vient de voir que l'administration centrale du Lot ne devait

pas faillir à sa tâche de dénoncer à ces tribunaux tous ceux qui, tenus de prêter le serment, s'y seraient refusés. Le ministre de la police de la République l'invita cependant à remplir avec fermeté son devoir sur ce point.

Avant le vote de la loi du 12 janvier 1798 (23 nivôse an VI), qui autorisait seulement les anciens prêtres constitutionnels à prêter le serment de haine, on s'était vivement passionné, parmi les prêtres réfractaires, pour ou contre la licéité de semblable serment. La question du serment nouvellement prescrit était devenu angoissante pour un grand nombre d'ecclésiastiques, dès la fin de septembre 1797, au lendemain même du vote de la loi du 19 fructidor an V.

Tout prêtre insermenté ou réfractaire qui ne prêtait pas le nouveau serment, ne pouvait remplir aucune fonction de son ministère pastoral. Un prêtre réfractaire, qui demeurait autorisé à établir domicile sur le territoire de la République, avait l'obligation stricte de prêter le serment de haine s'il voulait exercer, non seulement publiquement, mais même en particulier, la moindre fonction cultuelle. A ne pas prêter le serment exigé par l'article 25 de la nouvelle loi, tout prêtre insermenté s'exposait à se voir accuser de troubler la tranquillité publique, n'aurait-il fait que dire la messe dans une cave. Et on sait que le Directoire, en vertu de l'article 24 de la loi du 19 fructidor, avait le pouvoir de déporter n'importe quel prêtre que les administrations municipales dénonçaient aux administrations centrales, de troubler l'ordre à l'intérieur du pays.

Il importait donc souverainement pour tout prêtre réfractaire, de prêter le serment prescrit. En le prêtant, si cela devenait possible, il pourrait exercer les fonctions pastorales avec une certaine liberté.

Seulement, le pouvait-il en conscience ? En avait-il le droit ? Telle est la question qui se posait alors dans les rangs du clergé insermenté.

Pour la plupart de ces prêtres réfractaires, il était profondément pénible de faire soumission de la sorte au gouvernement de la République, qui avait déjà déporté tant de prêtres et qui s'apprêtait encore à en déporter beaucoup d'autres. Ils ne se résigneraient jamais à faire soumission à ses lois ! Ils ne consentiraient pas à lui jurer fidélité.

Plusieurs d'entr'eux pensaient volontiers que tous ces serments exigés des prêtres par les lois civiles, depuis le commencement de la Révolution, étaient hérétiques ou schismatiques, et si non injustes, du moins fort téméraires (1).

------

(1) Abbé SICARD. « Le clergé de France pendant la Révolution. » Tome III. pp. 330 à 335.

(1) On sait qu'il y eut cinq serments exigés du clergé par les lois révolutionnaires. Le premier serment fut celui qu'imposa la loi du 27 novembre-26 décembre 1790 et qu'on appelle serment constitutionnel : « Je jure de veiller avec soin sur les fidèles du diocèse ou de la paroisse qui m'est confiée, d'être fidèle à la nation, à la loi et au roi, et de maintenir de tout mon pouvoir la Constitution décrétée par l'Assemblée Nationale et acceptée par le roi. »

L'évêque de Tarbes jugeait le serment de haine comme antichrétien. D'autres évêques pensaient de même. Beaucoup d'évêques le défendirent à tous leurs prêtres. A leurs yeux, on transgressait la loi de Dieu en prêtant semblable serment. La charité surtout ne pouvait que réprouver un tel sentiment de haine.

Louis XVIII avait autorisé le serment de haine à la royauté pour les laïques, afin de ne pas éloigner ses partisans de toute action féconde sur la société d'alors en vue d'une restauration monarchique. Mais M. de La Marche, évêque de Saint-Pol-de-Léon, le défendait non seulement à ses prêtres, mais même aux laïques royalistes. Un tel serment sera toujours, aux yeux de ce prélat, même s'il est prêté par un laïque, un blasphème « puisqu'il aura un objet mauvais; il sera un parjure, le cœur n'étant pas d'accord avec la bouche ».

Cependant tous les évêques ne pensaient pas de la sorte. L'archevêque d'Auch était d'un avis contraire. Des prêtres tels que M. Emery, supérieur général de la communauté des prêtres de Saint-Sulpice d   uis 1792, et le chanoine Lacoste de Beaufort, à Cahors, croyaient ne pas devoir condumner le serment de haine.

Ils ne condamnaient pas non plus la promesse de fidélité à la Constitution de l'an III.

La soumission aux lois du pays était, à leurs yeux, un devoir, dès que la puissance politique ne tolère aucune résistance et qu'il faut éviter de compromettre 'e salut d'un peuple et le bien général de 'a société.

D'ailleurs la soumission à la Constitution n'impliquait pas l'approbation.

Au lendemain du vote de la loi du 11 prairial an III, ces ecclésiastiques n'avaient fait aucune difficulté pour prêter le serment de soumission aux lois. Seulement, pour le nouveau serment comme pour les serments exigés le 11 prairial et le 7 vendémiaire, leur pensée intime était bien de ne pas paraître approuver les lois qu'ils promettaient d'exécuter. Ils s'engageaient, somme toute, simplement à les subir.

En 1797, le serment prescrit impliquait la promesse de haïr la royauté, ce que ne contenait pas tout autre serment antérieur. Les réfractaires qui prêtèrent ce serment de haine expliquèrent en quel sens ils entendaient cette haine de la monarchie.

L'archevêque d'Auch s'appliqua à exposer la signification que devait avoir la haine de la royauté qu'on jurait.

« Le gouvernement, disait M. de la Tour du Pin, n'entend exiger la haine ni pour la personne des rois, ni pour la royauté en général; il se borne à exiger qu'on repousse le régime monarchique, c'est-à-dire qu'on préfère dans les actions le régime républicain au régime monarchique (1) ».

Ce prélat autorisa le serment.

Le curé de Saint-Sulpice, M. Mayncaud de Pancemont, écrivait dès le 10 septembre 1797 (24 fructidor an V) sa « *Réponse à la consultation sur le serment de haine à la royauté et à l'anarchie, de fidélité et de soumission à la République et d'attachement à la constitution de l'an III* » entièrement favorable à la prestation de ce serment.

M. de Pancemont prêta lui-même le serment le 24 fructidor an V.

Dans sa *Réponse*, le curé de Saint-Sulpice voulait prouver d'une manière authentique que les autorités de la République ne devaient voir dans le clergé catholique qu'un corps composé « de citoyens paisibles et soumis au gouvernement », et que le serment de haine pouvait être prêté en toute sûreté de conscience.

Il commençait, d'abord, dans son mémoire à établir deux principes.

Le premier est que l'institution du catholicisme n'a rien d'humain et que sa cause n'est nullement liée à une forme quelconque de gouvernement.

Le second principe est que, la religion s'alliant parfaitement avec le gouvernement de la République, et la loi proclamant la liberté des cultes, il est du devoir des prêtres de favoriser l'exercice du culte catholique autant qu'il est en eux par tous les sacrifices d'intérêts et d'opinions.

Pour ce prêtre de Saint-Sulpice « le sens logique et naturel de ce serment est que c'est une profession authentique de notre attachement à la République ».

« Et quelle peine raisonnable et légitime, écrivait-il, me ferai-je de déclarer par serment que moi vivant sous un gouvernement républicain, moi sachant et convaincu que par principe de religion je dois être soumis sincèrement au gouvernement sous lequel j'existe et qui m'accorde, en vertu de cette soumission, sûreté et protection ; quelle peine, dis-je, me ferai-je de donner et aux législateurs et au gouvernement une preuve de ma soumission, par la prestation de ce serment... »

Le général Mayneaud de Laveaux, président du Conseil des Anciens, le propre frère du curé de Saint-Sulpice, présenta ce mémoire à Merlin, ministre de la justice.

Le 4 décembre 1797, le député Chollet déclarait relativement au sens du serment exigé, au conseil des Cinq-Cents, dans un rapport sur la révision des lois concernant le clergé : « Ce n'est pas la personne des rois que l'on demandait de haïr, puisque la République signait chaque jour des traités d'amitié et de bonne intelligence avec

---

Ce serment fut condamné par les brefs du Pape du 10 mars et du 13 avril 1791. Le deuxième serment prescrit fut celui qu'on a appelé « Serment de Liberté et d'Egalité », imposé le 14 août 1792 : « Je jure d'être fidèle à la nation et de maintenir la liberté et l'égalité, et de mourir en les maintenant. » Le troisième serment fut imposé par la loi du 11 prairial an III : « Je jure soumission aux lois de la République. » Le quatrième serment fut exigé par la loi du 7 vendémiaire an IV : « Je reconnais que l'universalité des citoyens français est le souverain, et je promets soumission et obéissance aux lois de la République. » Le cinquième serment exigé est celui-là même qui nous occupe, qui fut imposé par la loi du 19 fructidor an V, article 25.

---

(1) « Pisani », t. III, pp. 260, 261.

les rois des Etats voisins. Ce n'était point cette haine des Brutus et des Caton contre tout ce qui portait le nom de roi, que l'on exigeait...; ce n'était point non plus la croyance d'un dogme politique sur la meilleure forme de gouvernement, qu'on prétendait les (ministres du culte) astreindre à jurer; enfin ce n'était point la royauté prise d'une manière abstraite, qu'ils devaient faire serment de haïr : ils devaient cette haine à la royauté que l'on tenterait de rétablir en France, parce que le pacte social la rejetait et que l'on ne pouvait être membre d'une société républicaine, sans repousser toute idée qui tendrait à la renverser. »

Le sens que Chollet donnait au serment de haine était à peu près celui-là même que le curé de Saint-Sulpice lui attribuait.

L'abbé Emery envoya ces déclarations à Mgr Spina, archevêque de Corinthe, le futur négociateur du Concordat.

En communiquant à ce prélat cette consultation de Chollet, le supérieur de Saint-Sulpice prétendait que cette pièce avait fait beaucoup d'impression sur Mgr de Juigné, archevêque de Paris.

Beaucoup de prêtres du clergé parisien prêtèrent le serment de haine. Les vicaires généraux de Paris ne leur retirèrent aucun pouvoir. Ils ne voyaient, dans la prestation de ce serment, que la promesse de n'entrer dans aucune conspiration tendant à une restauration monarchique.

On polémiqua ferme sur cette question du serment de haine, entre réfractaires. D'aucuns cependant préférèrent consulter Rome. Pie VI n'était plus à Rome quand les consultations y parvinrent. Ce fut lui toutefois qui suggéra la réponse. Mgr Della Genga, nonce à Munich, vit le Souverain Pontife à Florence et assura que le sentiment du Pape était bien que le serment de haine n'était pas licite. On sait que telle fut la solution donnée par la Cour de Rome aux questions qui lui avaient été posées.

Le 25 septembre 1798, le serment de haine fut déclaré illicite, mais les prêtres qui l'avaient prêté furent reconnus n'avoir encouru aucune censure.

Pour être juste, il est besoin de dire que les vicaires généraux de Paris avaient exigé du clergé qui prêtait le serment de haine « la disposition de se soumettre au jugement du Saint-Siège, lorsqu'il seroit intervenu ».

Pratiquement, les prêtres qui avaient prêté ce serment n'eurent qu'à le rétracter. La Cour de Rome les obligea seulement à cela.

Seulement, lorsque la réponse arriva de Rome, depuis longtemps déjà, seuls les anciens constitutionnels avaient droit de prêter le serment de haine. A partir du 12 janvier 1798, on n'admettait plus à la prestation du serment les prêtres insermentés.

Il serait intéressant de savoir dans quelle mesure les réfractaires qui se montraient favorables à la prestation du ser-

ment de haine, comme ils l'avaient été pour la prestation des serments exigés par les lois du 14 août 1792, du 11 prairial an III et du 7 vendémiaire an IV, auraient applaudi aux lois purement politiques et civiles de la Révolution. Auraient-ils poussé leur libéralisme jusqu'à acclamer ses lois de liberté et d'égalité ? Je ne veux que poser la question.

Les prêtres qui, en 1797, faisaient ainsi soumission à la loi du 19 fructidor an V, s'étaient aussi soumis au serment ou déclaration d'obéissance aux lois de la République, au lendemain du vote de la loi du 11 prairial an III (30 mai 1795). Ils n'avaient jamais combattu la République. Il semble certain que prélats et évêques soumissionnistes, ceux de 1795 comme ceux de 1797, mettaient leur attachement à l'Eglise au-dessus de leurs sympathies, si vives qu'elles auraient pu être, pour la monarchie. Dans la lutte ouverte engagée alors entre l'Eglise et l'Etat, comme aucune issue favorable aux intérêts catholiques ne leur paraissait devoir venir encore du côté de l'Etat, ils se désintéressaient de la forme de gouvernement qui présidait aux destinées du pays. Ils cherchaient à tirer parti de la situation qui leur était faite, en vue des intérêts immédiats du catholicisme en France, sans songer aucunement au sauveur que le parti royaliste voulait donner à la nation, dans la personne de Louis XVIII. En 1795, ils n'avaient fait leur soumission aux lois républicaines que pour jouir d'une pacification politico-religieuse que réclamaient si impérieusement les besoins des âmes. En 1797, ils ne prêtaient le serment de haine et ne mettaient un tel empressement à le conseiller que pour forcer la République à traiter avec justice d'aussi bons citoyens qu'eux et leurs imitateurs insermentés.

Le jour où ces libéraux du clergé réfractaire verront le Premier Consul Bonaparte conclure avec Pie VII le célèbre Concordat de 1801, ils ne pourront contenir leur joie d'être les témoins de la signature du traité de paix, devenu enfin possible, entre l'Eglise et la nouvelle France.

Leur zèle ne fut pas toutefois bien récompensé. Le curé de Saint-Sulpice, Maynaud de Pancemont, pour ne parler que de lui, dut quitter Paris et se retirer en Suisse, à Degerville, dans le bailliage de Gottlieber, d'où il ne partira que le 17 nivôse an VIII (7 janvier 1800) pour rentrer en France. A part le serment constitutionnel prescrit par la loi du 27 novembre-26 décembre 1790, ce prêtre avait cependant prêté tous les serments révolutionnaires.

Aux concessions des réfractaires dont je viens de parler, la seule réponse que le gouvernement du Directoire tenait à faire était de faire surveiller par ses administrateurs même les insermentés qui prêtaient serment, et de refuser, dès janvier 1798, le droit de prêter le nouveau serment à tous les réfractaires. En ce temps de guerre entre l'Eglise et l'Etat,

les concessions faites par les soumissionnaires n'eurent aucun succès. La cause
en est qu'aux époques de conflit d'ordre
religieux, seuls dominent au sein de l'Etat
les éléments les plus avancés de la société, qui ne se contentent pas du système
des transactions possibles en un temps de
paix, mais recherchent au contraire avec
passion les solutions extrêmes.

Le Directoire se montra à l'égard du
clergé plus rude peut-être, en certains cas,
que ne l'avait été en l'an II le Comité de
Salut public. Il ne voulut voir dans tous
les réfractaires que des agents de Louis
XVIII. Il n'osa cependant pas aller aussi
loin que certains l'auraient souhaité, dans
la voie des tracasseries à exercer contre
les prêtres qui, ayant prêté serment,
avaient la jouissance d'oratoires publics
de culte. Il n'approuva pas le projet que
lui soumit Dupin, le commissaire du Directoire près l'administration centrale de
la Seine. Ce commissaire vraiment sectai-
re avait proposé, dans un rapport daté
de prairial an VI, d'envoyer des agents
de police déguisés aux confessionnaux des
oratoires ou églises de Paris pour se rendre compte si les prêtres qui y confessaient
tenaient, vis-à-vis du gouvernement et des
lois de la République, un langage répréhensible (1).

Malgré toutes les mesures prises contre le
culte catholique romain, les cérémonies religieuses continuaient à se faire. Cela suffisait pour que le Gouvernement en fût ou-
tragé. Les pouvoirs publics ne furent pas
très bienveillants pour le culte des « ju-
reurs » (2).

La politique antireligieuse de la République suivie jusqu'en 1797 avait été mise en
péril dans le corps législatif par les nouveaux députés élus au printemps de cette
année-là. La majorité nouvelle avait commencé par révoquer les lois concernant la
déportation et la réclusion des prêtres réfractaires. Le Directoire avait fait le coup
d'Etat du 18 fructidor pour empêcher une
pacification religieuse quelconque plutôt
qu'une restauration monarchique. Il ne
pouvait donc faire montre d'un esprit quelconque de justice à l'égard des anciens insermentés de 1791.

La papauté vit très bien que la haine de
l'Eglise avait animé les hommes de fructidor. Elle ne toléra pas un acquiescement
du clergé qui lui était soumis à la Constitution de l'an III.

A Cahors, l'abbé de Bécave qui vivait caché dans le diocèse, ne donna pas à ses
prêtres le même conseil de prestation de
serment que donnèrent à leur clergé les vi-
caires-généraux de Mgr de Juigné. Il se
garda bien, évidemment, de le prêter lui-
même.

Le sentiment intime de l'administrateur
du diocèse de Cahors était ainsi entièrement conforme au sentiment de Pie VII.

Aussi, ne dut-il pas y avoir dans ce dio-

cèse un grand nombre de prêtres insermentés à prêter le serment de haine. Les réfractaires ne durent vraiment être nombreux à
prêter ce serment que dans les diocèses où
les évêques donnèrent eux-mêmes, ou par
l'intermédiaire de leurs vicaires généraux,
le conseil à leurs prêtres de « jurer » dans
les termes de la nouvelle formule. On sait
qu'à Marseille, à Auch et à Luçon, comme à
Paris, le serment fut conseillé ou du moins
ne fut pas interdit. Mgr de Belloy, évêque
de Marseille, et Mgr de Mercy, évêque de
Luçon, ainsi que l'archevêque d'Auch prêtèrent eux-mêmes le serment de haine.

XVI

### La situation faite aux fonctionnaires après le dix-huit fructidor

Tout fonctionnaire dut exécuter fidèle-
ment les ordres reçus de ses chefs et veiller
avec soin à l'application des lois en vigueur, principalement de la loi du 19 fructidor et de celle du 7 vendémiaire an IV.

A Sabadel de Latronquière se trouvait un
agent municipal sympathique aux prêtres
réfractaires. On va voir ce qui lui en coûta
de ne pas faire tout son devoir contre eux.

Le 20 septembre 1798 (4e jour complémentaire an IV), le commissaire du Directoire
exécutif près l'administration municipale
du canton de Latronquière adressa à l'administration centrale du département du
Lot cette lettre contre l'agent municipal de
Sabadel :

« Depuis longtemps, j'étais informé, citoyens administrateurs, que le nommé Delord, ci-devant curé de Sabadel, exerçait publiquement les fonctions du culte catholique
dans cette commune, tantôt dans l'église,
tantôt dans la maison du nommé Lamanilève (?), où se rendait un grand concours de
citoyens des communes voisines principalement les jours des ci-devant dimanches et
fêtes; j'en informai le commissaire près
l'administration centrale dans une lettre du
21 floréal dernier.

« Plusieurs fois, je me suis plaint à l'a-
gent municipal de Sabadel de sa tolérance à
l'égard dudit Delord en lui observant la
responsabilité qu'il encourait et les peines
infligées aux fonctionnaires publics convaincus de recéler sciemment des prêtres
insoumis; cet agent municipal m'a assuré
toujours que j'étais mal informé et que ledit
prêtre n'habitait pas la commune.

« Le 15 thermidor dernier, un porteur de
contrainte, vraiment républicain et logé sur
ladite commune, vint m'annoncer que ledit
Delord était toujours à Sabadel, logé chez
le nommé Lamanilève, que, le lendemain,
seize, il devait, à huit heures du matin, dire
la messe dans l'église et qu'elle avait été
annoncée dans la commune...

« Je suis pleinement convaincu que depuis
sa sortie de la maison de réclusion, il a habité constamment la commune de Sabadel
et y a, à son aise, fanatisé le peuple (1) »

---

(1) Aulard, « op. cit. », p. 63
(2) Aulard, « op. cit. », p. 662.

(1) Série L 276, numéro 31.

On alla à Sabadel pour arrêter l'abbé Delord et, comme l'agent municipal paraissait ne pas obéir aux commandements donnés par le citoyen Lacroix, on le menaça de le tailler en pièces (1).

Les fonctionnaires de cette trempe, qui ne craignirent pas d'afficher leurs sympathies pour le clergé poursuivi, paraissent avoir été rares à cette époque.

Fonctionnaires et administrateurs sont chargés de surveiller activement le clergé. Mais eux-mêmes sont sous la surveillance non pas seulement des chefs hiérarchiques ou des administrations départementales, mais encore des simples citoyens, dont ils doivent redouter les dénonciations possibles faites au siège des administrations centrales. Ces dénonces contre un fonctionnaire ou des administrateurs locaux avaient toujours une suite et il n'était pas facile à ceux-ci de se laver des attaques dont ils étaient l'objet.

Des habitants de Montauban se plaignirent au commencement de janvier 1798 auprès de l'administration centrale du Lot contre les prêtres insoumis de la ville. Ils firent entendre aux administrateurs départementaux que les administrateurs montalbanais n'exécutaient pas assez ponctuellement la loi du 19 fructidor an V, qu'ils laissaient les prêtres fomenter des troubles dans la commune.

L'administration centrale n'hésita pas à accepter ces plaintes et à demander, par lettre du 4 pluviôse an VI (23 janvier 1798), à l'administration municipale de la commune de Montauban de ne pas laisser la loi du 19 fructidor en souffrance. Elle la chargea d'envoyer dans le plus bref délai à Cahors les instructions nécessaires pour que l'on prît contre ces prêtres perturbateurs une solution définitive.

A Montauban, le clergé « insoumis » se tenait caché. Aucun agitateur ecclésiastique n'était connu. La tranquillité régnait dans la ville. Les administrateurs montalbanais ne comprenaient rien à cette intervention de l'administration centrale auprès d'eux.

Ils écrivent, à Cahors, qu'ils désireraient bien connaître les noms de ceux qui vont raconter de pareilles sornettes à l'administration centrale. Ils voudraient qu'on leur nommât ces personnages pour qu'ils puissent les convaincre « ou qu'ils se trompent ou qu'ils sont guidés par de mauvaises instructions en faisant ces rapports. »

« C'est toujours, disent-ils, une lâcheté que d'aller dans l'ombre du mystère porter des accusations vagues, sans preuves, et... dans la vue de jeter de la défaveur sur des fonctionnaires qui n'ont rien à se reprocher. »

Ils veulent cependant montrer les bonnes intentions dont ils sont animés et ne laisser planer sur eux aucun soupçon « qui puisse faire penser qu'ils ont rien négligé de tout ce qui peut tendre aux mesures de salut public ».

Ces administrateurs se disent zélés pour l'application des lois. « Personne mieux que nous n'a applaudi aux évènements du 18 fructidor et comment peut-on penser, en connaissant nos principes, que nous négligeons les sages dispositions de la loi du 19 du même mois ? (1).

Ils essaient de se rendre compte de ce qui a pu donner prétexte aux plaintes formulées contre eux. « Toujours tendus à rechercher ce qui peut avoir donné lieu aux plaintes qu'on vous a faites sur notre administration dans cette partie, nous ferons une dernière réflexion. Veut-on parler du blâme que nous avons donné à certaines visites domiciliaires pour chercher des prêtres, qu'on s'est permis de faire la nuit? Le commandant de la force armée a cru que la commune, étant en état de siège, il en avait le droit, nous lui avons observé que nous ne partagions pas son opinion, ne pensant pas qu'il peut faire ce que la Constitution défend expressément. Nous nous sommes bornés là, ayant jugé à propos de passer ce fait sous silence, n'ayant eu que de bonnes intentions et non le dessein de contrevenir à la loi. »

Les administrateurs montalbanais se disent faussement accusés et s'affirment les humbles serviteurs du Gouvernement ainsi que les fidèles exécuteurs des lois : « Soyez persuadés, citoyens, qu'on a beau nous calomnier, on ne parviendra jamais à nous faire négliger nos devoirs. La loi sera toujours notre boussole, et ennemis jurés de la faction qui, par des chemins différents, tend au même but, le renversement du Gouvernement, nos travaux tendront toujours à l'affermissement de la constitution républicaine de l'an III... (2). »

On devait bien en haut lieu faire grand cas des dénonciations reçues contre les fonctionnaires de la République, pour que les administrateurs d'une ville importante du Lot comme l'était Montauban prissent la peine de réfuter les accusations portées contre eux. Ceux qui épiaient de la sorte les administrateurs du pays devaient triompher parfois auprès des administrations supérieures, puisqu'on voit ces administrateurs s'empresser de la sorte d'envoyer un plaidoyer en faveur de leur cause auprès de leurs chefs hiérarchiques.

D'une manière générale, les fonctionnaires de l'époque ne manquèrent pas de zèle dans l'accomplissement de leurs fonctions. En lisant leur correspondance avec l'administration centrale, on peut constater qu'ils aiment à se proclamer les fermes soutiens du régime et à faire montre d'une grande ardeur pour l'exécution de toutes les lois.

Mais si zélés que fussent les membres des administrations publiques pour appliquer les lois, ils ne le furent jamais autant que ces citoyens dénonciateurs; ceux-ci se croyaient appelés à veiller à l'exécution des

---

lois et à dire à l'administration centrale jusqu'où allait l'enthousiasme plus ou moins grand de tel ou tel administrateur dans l'application des lois les plus irréligieuses. Ces citoyens se complaisaient à cette besogne de basse police. Semblable rôle ne les embarrassait nullement. Ils estimaient rendre un éminent service au pays en renseignant ainsi les administrateurs départementaux. Entièrement dévoués à la Révolution, ils grouillaient en grand nombre autour des autorités cantonales ou communales, se constituant sans mandat aucun en espions des fonctionnaires, afin de mieux assurer la persécution légale dirigée contre les prêtres.

L'espionnage apparut aux yeux d'un grand nombre comme une œuvre méritoire par elle-même. Un certain Ceniac, un ami de la Constitution de la ville de Figeac, alla, dès le 28 juillet 1792, dans un rapport écrit et signé de sa main, jusqu'à dénoncer aux administrateurs du département du Lot, le peu de zèle des membres du Directoire du district de Figeac dans l'application des dispositions légales qui condamnaient les prêtres insermentés à la déportation ou à la réclusion, et à professer que « chez un peuple libre la dénonciation est une vertu (1) ».

A cette époque vraiment sinistre de notre histoire nationale, le clergé réfractaire se trouva ainsi étroitement surveillé par des fonctionnaires qui, eux-mêmes, étaient rappelés à l'ordre par leurs chefs, à la moindre négligence commise, sur la dénonciation faite par des citoyens quelconques. Tout administrateur est tenu de suivre de près les prêtres insermentés. Il doit avoir l'œil sur leurs agissements. Dès qu'une infraction à la loi du 19 fructidor an V ou à celle du 7 vendémiaire an IV est sur le point de se commettre, il est obligé de la signaler sans délai à l'administration centrale. Ce ne doit plus être impunément que, grâce aux autorités constituées, les réfractaires puissent songer à « entretenir et propager leur odieux système de contre-révolution (2) ».

En vertu des lois en vigueur, des peines très graves étaient infligées aux administrateurs, en cas de négligence de leur part dans l'exercice de leurs fonctions. Ils avaient tout à craindre d'un gouvernement qui pouvait les révoquer à chaque instant. Aussi étaient-ils facilement dans l'épouvante.

Si ces fonctionnaires locaux de nos administrations cantonales ou communales voulaient conserver leur emploi, le zèle était pour eux manifestement de commande.

Les administrateurs de notre département, de nos cantons et de nos communes du Lot ne pouvaient ignorer que, dans quarante-neuf départements, le Directoire avait annulé les opérations électorales et avait, par le fait, destitué tous les administra-

teurs élus. Si les directeurs n'avaient pas fait casser par le corps législatif, dont ils étaient les maîtres absolus, les opérations électorales dans le département; s'ils n'avaient pas ôté leur change aux membres de notre administration départementale, de nos administrations cantonales, communales, aux juges et aux maires de la région, comme dans le Doubs, où ils privèrent de leur emploi les administrateurs de trois cents communes, nos fonctionnaires locaux, quoique élus par le peuple, avaient fortement à redouter d'être remplacés par d'autres de la part du nouveau gouvernement (1).

Dans ces conditions, il leur était naturel d'avoir vis-à-vis du gouvernement du Directoire une attitude d'entière soumission. Ils ne devaient songer qu'à être les hommes liges de ceux qui gouvernaient alors la France.

Le Directoire avait le droit, en vertu de l'article 196 de la Constitution de l'an III, de suspendre ou de destituer les administrateurs départementaux ou cantonaux. Si les cinq membres d'une administration départementale étaient destitués, en vertu de l'article 198, le Directoire avait le pouvoir de les remplacer, jusqu'à l'élection suivante, en portant son choix sur les anciens administrateurs du même département.

A la veille du 18 fructidor an V, le Directoire avait révoqué les administrations départementales dans plusieurs départements et les administrations municipales de Versailles et de Tours.

Le 18 fructidor, l'administration départementale de la Seine et les municipalités de Paris furent révoquées et renouvelées.

Au lendemain du coup d'Etat, en vertu de la loi du 19 fructidor, furent annulées, non seulement les élections des députés dans 49 départements, mais aussi toutes les nominations d'administrateurs et de juges dans ces départements. Le Directoire promulgua de nombreux arrêtés de destitutions d'administrateurs départementaux ou municipaux dans beaucoup de départements. Il nommait directement les administrateurs, sans tenir compte des élections faites en germinal an V.

A Cahors, au mois de décembre 1797, on avait au nombre des administrateurs du département chargés d'appliquer les ordres qui leur arrivaient de Paris : Yzarn, qui exerçait les fonctions de président de l'administration centrale; Souilhé, commissaire du Directoire exécutif; Cayla, secrétaire en chef, et Perdrix, Satur, Martin, simples membres de l'administration départementale.

Le 27 frimaire an VII (17 décembre 1798), l'administration centrale du département du Lot avait, comme président, Satur; comme administrateurs, Martin, Brunet, Duphénieux; comme commissaire du Directoi-

---

(1) Série L. 272, numéro 18.
(2) Série L. 270, numéro 45.

(1) Taine, les origines de la France contemporaine, VIII, « la Révolution », p. 378.

re exécutif, Laboissière, et comme secrétaire en chef, Cayla (1).

Tous ces administrateurs ne trahirent nullement la cause de la République. Ils se montrèrent même particulièrement sévères dans l'exécution des lois. Le clergé réfractaire ne trouva en eux que des observateurs scrupuleux des mesures votées au lendemain du coup d'Etat. Il n'eut avec eux que des juges impitoyables. Bien plus, de Cahors, tous ces personnages surent envoyer dans les cantons les ordres les plus redoutables pour obtenir de leurs inférieurs la stricte observation des volontés du Directoire exécutif.

Dans les diverses communes du département, les autorités locales ne furent point libres de se montrer simplement justes à l'égard de prêtres réfractaires qui ne pouvaient faire un grand mal à la République bourgeoise du Directoire en disant une messe, ou en administrant secrètement un sacrement quelconque. Tous les fonctionnaires publics des cantons et agents nationaux des localités étaient forcés par les membres de l'administration départementale d'être les scrupuleux observateurs des lois, même les plus rigoureuses. Il y en eut sûrement parmi eux qui accomplirent avec répugnance la besogne de persécuteurs qui leur était imposée. Après la tourmente, beaucoup d'entre eux furent heureux de faire montre de leurs vrais sentiments et de réparer dans la mesure du possible le tort immense qu'ils avaient fait au clergé durant les années de la période révolutionnaire. Le terroriste Lagarde, de Cahors, qui fut homme à faire peser sur la ville un régime d'épouvante, parut en 1807, dans l'église Notre-Dame, à titre de parrain au baptême de la grande cloche que possède encore la paroisse cadurcienne de ce nom.

Sollicités par les administrations supérieures d'appliquer avec rigueur les lois contre le clergé réfractaire, les fonctionnaires publics du Directoire l'étaient aussi, dans les communes, de la part de deux ou trois dénonciateurs locaux. Les ordres venaient d'en haut, mais ils étaient le plus souvent dictés par quelques citoyens de la commune ou du canton, particulièrement farouches contre les prêtres. Eussent-ils voulu se montrer sympathiques aux réfractaires qu'ils ne l'auraient pas pu. Les administrateurs devaient appliquer les mesures édictées contre eux ou renoncer à leurs fonctions. La moindre négligence apportée de leur part à l'observation des lois aurait été sévèrement punie.

Evidemment, tous les agents du Directoire ne se crurent pas malheureux de se voir obligés d'appliquer les lois édictées contre les prêtres. Nous voulons seulement dire qu'il y en eut.

Un certain nombre ne s'estimèrent pas tenus de se montrer absolument complaisants en tout envers le gouvernement du Directoire. D'aucuns surent ne pas être bons à tout approuver et à tout faire, en ce qui concernait la guerre contre le clergé non-conformiste.

## XVII
### Les prêtres cachés

Beaucoup de prêtres insermentés du Lot, réfractaires à la loi du serment de haine à la royauté comme ils l'avaient été aux lois prescrivant les serments antérieurs, ne voulurent pas émigrer davantage en automne 1797 qu'en 1792, ou, s'ils étaient revenus d'émigration, reprendre le chemin de l'étranger. Ils se cachèrent dans le pays : les uns, pour éviter, comme prêtres non autorisés à rester sur le territoire de la République, d'être arrêtés et condamnés par la commission militaire établie à Périgueux; les autres, pour tenter, même en dehors de toute prestation de serment, un exercice quelconque de leurs fonctions pastorales, au milieu de leurs ouailles, dans les contrées qu'ils évangélisaient jadis et qui, sans eux, pouvaient se trouver dépourvues de tout ministère sacerdotal.

Le gouvernement du Directoire ne manqua pas de faire rechercher très activement par ses nombreux agents et fonctionnaires publics ces prêtres réfractaires cachés dans le pays, de les faire arrêter par la force armée et, à l'occasion, les faire juger et condamner (1).

Sur les ordres du Directoire, des officiers municipaux ou des commandants des gardes nationales furent occupés à arrêter ces malheureux prêtres que pouvait renfermer le pays, plutôt qu'à poursuivre les voleurs et les assassins, ceux qui pillaient les maisons et dévalisaient les gens sur les grands chemins. Des fonctionnaires du Directoire laissèrent souvent ceux-ci manœuvrer à leur guise. Tout leur temps semblait être pris à agir contre les prêtres et les royalistes.

Cependant, à l'époque qui nous occupe, l'anarchie était grande sur le territoire. Elle n'était sûrement pas moindre que l'anarchie existante sous la Constituante et la Législative, au temps où régnaient en

---

(1) Il n'y avait pas que les fonctions de député qui fussent sujettes à l'élection. En vertu de la Constitution de l'an III, les fonctions de juges, d'administrateurs de département, d'administrateurs municipaux, étaient aussi électives. Les lois et les règlements qui étaient observés pour les élections des députés, devaient l'être aussi pour les élections de ces fonctionnaires. Les agents de chaque commune et leurs adjoints étaient désignés par les assemblées communales, dans les communes d'au-dessous de 5.000 habitants ; dans les cantons, les assemblées primaires qui nommaient les électeurs désignaient le juge de paix et ses assesseurs, le président de l'administration municipale du canton, ou les officiers municipaux dans les communes au-dessus de 5.000 habitants ; les administrateurs du département, les présidents, accusateur public et greffier du tribunal criminel, les juges des tribunaux civils, etc., étaient nommés par la même assemblée électorale qui nommait les députés. (Cf. Constitution de la République française du 5 fructidor an III (22 août 1795), et proclamée loi fondamentale de la République en vertu de l'acceptation du peuple, le 1er vendémiaire an IV (23 septembre 1795), comprenant 377 articles, dans « Duvergier », t. VII, p. 277 à 293. « Moniteur du 10 fructidor an III).

(1) Série L. 278 N. 45.

maîtres les sans-culottes et où s'enrichissaient les vendeurs des biens nationaux. Mais les grands coupables du moment étaient les prêtres réfractaires, qui vivaient cachés sur le sol de la République. N'avaient-ils pas l'audace inouïe de baptiser, d'absoudre et de prêcher sans avoir au préalable, par pure délicatesse de conscience, juré haine à la royauté et fait adhésion aux lois mêmes les plus irréligieuses de la Révolution ? Ou bien, condamnés à sortir du territoire, ne commettaient-ils pas le crime d'habiter encore le sol de leur patrie ?

Dans le Lot, le commissaire du Directoire exécutif près l'administration du canton de Lacapelle-Marival était manifestement au nombre des agents du Directoire qui prenaient les réfractaires pour les plus grands criminels du temps.

Le commissaire Delsouc essayait de soulever le monde des administrateurs et des agents nationaux des communes contre les prêtres rebelles qui s'étaient cachés soit pour ne pas émigrer, soit pour exercer en paix leur culte. Il nous paraît plus préoccupé de combattre « le fanatisme religieux » qui, selon lui, étend de plus en plus son empire dans les communes du canton, que de poursuivre le crime. Il leur reproche d'habiter encore le sol de la France. Il ne les traite rien moins que d'êtres féroces (1).

Les hommes du Directoire en voulaient évidemment à l'Eglise romaine, en poursuivant les réfractaires de la sorte. Ils n'en voulaient pas pareillement à l'Eglise constitutionnelle qu'ils ne croyaient pas bien assise dans le pays, et qu'il ne serait pas difficile d'abattre au moment voulu, vu le peu de sympathie que les fidèles avaient pour cette nouvelle Eglise.

La preuve en est l'hostilité contre l'Eglise des insermentés que manifestent ceux qui, sur tout le territoire, appliquent leur politique. Des fonctionnaires publics de tout ordre, même et surtout des administrateurs départementaux, font parade d'une forte aversion contre la doctrine catholique orthodoxe et contre l'édifice même de l'Eglise.

Les administrateurs du Lot étaient des ennemis bien caractérisés des dogmes catholiques et s'affichaient comme les adversaires des institutions religieuses romaines. Ils mettaient leurs principes en une opposition bienfaisante avec les doctrines des insermentés. Ils parlaient volontiers, dans un arrêté du 19 pluviôse an VIII, « des flambeaux d'une douce et humaine philosophie » qui étaient allumés parmi les républicains (2). Comme aussi, ils savaient qualifier de « torches du fanatisme le plus farouche, malheureux précurseur de tous les maux qui ont trop longtemps affligé les trop malheureuses contrées de l'ouest » les lumières que répand autour de lui un catholicisme bien compris (3).

Ils étaient les ennemis des institutions catholiques romaines qu'ils trouvaient trop monarchiques, puisque le pouvoir y venait d'en haut, et non d'en bas comme dans leur République démocratique. Les administrateurs du Lot savaient dépeindre les réfractaires comme des adversaires de l'ordre politique établi et les accuser de chercher à inspirer « aux trop crédules habitants des campagnes l'horreur qu'ils ont pour le régime républicain (1) ».

De tels administrateurs ne pouvaient qu'être dans la voie voulue. En accusant les réfractaires de « développer les principes subversifs de l'ordre social », sous le prétexte de conserver la religion des ancêtres (2), ils parlaient sans aucun doute selon les vues du gouvernement. A les traiter « d'ennemis jurés de la République et de ses lois » (3), ils ne pouvaient que recevoir toute approbation du Directoire. Aussi, parce qu'ils pensaient comme les hommes mis récemment au pouvoir, devaient-ils entraver les mouvements de ces contre-révolutionnaires et ne leur donner aucun moment de relâche. Ils ne manquaient pas à cette tâche. Dans un arrêté du 22 vendémiaire an VI, les administrateurs du Lot considéraient qu'il était plus que temps « d'arrêter les manœuvres criminelles de ces ennemis..., d'arracher à leur fureur insensée les bons habitants des campagnes, qui n'aperçoivent pas les précipices qu'on creuse sous leurs pas, de faire disparaître du sol de la République des monstres qui voudraient la noyer dans une mare de sang républicain ». En magistrats fidèles à leur mandat, des agents et administrateurs locaux, dans les cantons et les communes, essayaient, eux aussi, d'empêcher les réfractaires de « propager toujours leur odieux système de contre-révolution ». Le commissaire Delsouc, lui surtout, avait l'œil « du magistrat fidèle » sur leurs agissements (4).

Heureusement pour les prêtres réfractaires, le peuple était resté sympathique au clergé. Malgré l'acharnement des pouvoirs publics contre les réfractaires, ceux-ci purent encore se cacher facilement dans le pays. Malgré même la dureté des lois contre ceux qui cachaient chez eux les prêtres réfractaires et leur prêtaient un local pour l'exercice illicite de leur culte, il ne manqua pas de fidèles, sous la seconde Terreur comme sous la première, pour remplir cet office de receleurs. Et cela s'explique très facilement.

Si la bourgeoisie de la fin du XVIII<sup>e</sup> siècle était imbue des idées voltairiennes, il n'en allait pas de même du peuple, surtout du peuple des campagnes. L'homme des champs ou de l'atelier n'avait pas les idées du bourgeois de l'époque. Les sentiments de l'homme du peuple étaient tout différents des sentiments de l'homme de la bourgeoisie.

Le prône du curé restait encore l'ensei-

---

(1) Archives du Lot, série L 276. N. 45.
(2) Série L. 276 N. 44 bis.
(3) Ibid.

(1) Ibid. — (2) Série L 276 N. 44 bis. — (3) Série L. 276 N. 45, fol. 323. — (4) Série L 276 N. 44 bis.

gnement suivi et goûté du paysan ou de l'artisan qui, de père en fils, habitait le même village ou la même petite ville de province. Le paysan, lui surtout, était tout dévoué à son curé qui ne faisait d'ailleurs que vivre de la même vie que lui. Il aimait à fréquenter son église comme il aimait à tirer sa charrue. Il avait autant le souci de son salut que le souci de son pain quotidien. Il payait le casuel à son curé au moins avec autant d'exactitude qu'il payait son impôt.

Cet homme des campagnes, probe, économe, doué d'un grand bon sens, s'il fut sympathique dès le début aux idées généreuses qui caractérisèrent le mouvement de réformes préconisé en 89, entendait garder son curé et son église avec le culte de ses ancêtres. Aussi réprouva-t-il généralement la persécution que les pouvoirs publics firent essuyer au clergé. Il sut soutenir ses prêtres dans la détresse, parce qu'il était resté profondément religieux.

Le cultivateur de notre Quercy cacha ses prêtres parce qu'il avait conscience de la bienveillance et de la sympathie que ceux-ci lui voulaient. Il pouvait être exaspéré contre tel ou tel seigneur, tel ou tel privilégié qui le faisait souffrir, mais il ne l'était pas contre ses prêtres.

Des hommes des champs comme ceux qui, à Lacapelle-Marival, et dans toutes les communes du canton, ainsi qu'à Vers et autres lieux, s'exposèrent beaucoup en cachant des prêtres et en leur prêtant un endroit quelconque pour les cérémonies de leur culte, étaient très pieux. Ils ne connaissaient pas l'irréligion qui se faisait sentir dans une partie de la noblesse et de la bourgeoisie. La haute société du temps s'était un peu déchristianisée sous l'influence des systèmes philosophiques d'un Voltaire, d'un Diderot ou d'un Rousseau. Mais les hommes de nos campagnes n'avaient point été contaminés par la contagion de l'irréligion. L'hostilité ou l'indifférence religieuses n'avaient point eu de prise parmi eux. Au contraire, ils étaient demeurés religieux, et même très religieux.

De tels hommes ne purent que souffrir beaucoup dans leurs sentiments les plus intimes et dans leurs habitudes les plus chères quand ils se virent privés de tout culte public dans leurs églises et qu'ils furent les témoins de la persécution dont étaient victimes leurs prêtres. Ils souffrirent dans leur foi quand, sans le prêtre, ils se virent privés des cérémonies splendides auxquelles ils avaient été habitués jadis dès leurs plus jeunes ans. Ils furent abattus au spectacle de ce qui se passait. On se résigna à une telle situation, mais non sans reconnaître d'une manière presque unanime que ce qui se passait était déplorable.

Le peuple ne put qu'être heureux de cacher des prêtres auxquels il était resté si profondément attaché et, par ce moyen, d'avoir tout près de lui à sa portée, le saint ministère des autels. Cependant, semblable empressement des gens du peuple, surtout dans les campagnes, à montrer aux réfractaires un dévouement sans bornes et à prendre part à des cérémonies illicites du culte, exaspéra les agents du pouvoir. Ceux-ci crurent devoir renouveler contre les sectateurs des réfractaires ce qui s'était passé en 1793 et en 1794. On tourmenta les simples fidèles comme on poursuivait les prêtres réfractaires eux-mêmes. A leurs yeux, ces fidèles n'étaient pas moins coupables que les prêtres insermentés ou rétractés. Car ils cachaient des individus sujets à la déportation et mis hors les lois de la République et pratiquaient secrètement un culte honni. Les fonctionnaires forcèrent donc les fidèles à abandonner le culte traditionnel, qui était le culte de leur goût, et les obligèrent à pratiquer un culte nouveau, le culte décadaire. De plus, ils renouvelèrent contre eux les anciens procédés de la première Terreur, pour les punir de cacher des réfractaires.

A Lacapelle-Marival, les sectateurs de deux prêtres réfractaires, Gimel et Lagarde, s'étaient empressés, au lendemain du 18 fructidor an V, de transporter les ornements, calices et objets du culte appartenant à l'église paroissiale dans une maison particulière. Cette maison appartenait aux héritiers de Cassandre Lacarrière de Labro, et avait été louée par la femme Gasc (ou Gasch), épouse de l'émigré seigneur de Mialet. On y fit toutes les réparations que demandait son mauvais état et les deux prêtres réfractaires bénirent l'immeuble une fois qu'il eut été restauré (1). Dans ce nouvel oratoire, si rapidement improvisé, on fit usage d'ornements et objets du culte qui non seulement avaient autrefois servi dans l'église même de la paroisse, mais encore avaient servi au château de la commune, au temps où, avant le coup d'Etat du 18 fructidor, les réfractaires y exerçaient publiquement le culte sous la protection des lois, celles du 11 prairial an III (30 mai 1795) et du 7 vendémiaire an IV (29 septembre 1795) (2).

Dans la maison des Lacarrière de Labro qu'on venait de louer pour l'exercice clandestin du culte, on ne put être en sûreté. Mais on avait cru, quoique bien à tort, que dans cet endroit caché on pourrait exercer en toute tranquillité les cérémonies du culte.

Le commissaire de Lacapelle-Marival, Delsouc, sut que, la nuit surtout, de nombreux fidèles s'assemblaient dans cette maison particulière. Il chercha à les empêcher de pratiquer ainsi un culte proscrit par la loi du 19 fructidor an V, quand il était célébré par des prêtres non conformistes aux lois. Il demanda à l'administration cantonale de Lacapelle-Marival de sévir contre les prêtres qui y célébraient et aussi contre les fidèles qui s'y rassemblaient.

Ce qui s'y passait n'était-il point d'ailleurs intolérable ? Depuis des mois, on y voyait une lampe allumée continuellement,

<hr>

(1) Série I. 276. numéro 45. folio 323.
(2) Ibid.

tant la nuit que le jour. A toute heure du jour on y voyait « prosternés un grand nombre de sectateurs ». Ce qui supposait, d'après les paroles mêmes du commissaire, qu'une « victime » y avait été « offerte, consacrée et placée ». Aux jours des dimanches et fêtes, bien qu'ils eussent été supprimés, « les sectaires y rassemblés », y récitaient en français, peut-être même dans la langue vulgaire du patois local, les prières de la messe. Leur nombre était si grand qu'ils « s'étendaient bien avant dans la rue ». Comme jadis au château, tous ces fidèles chantaient; ce qui dénotait bien qu'ils faisaient exactement tout ce que prescrit la liturgie dans les assemblées de chrétiens que préside le prêtre (1).

Bien plus, un carillonneur sonnait la cloche le matin et le soir « en marquant par plusieurs coups de cloche, par intervalle, le signe d'un culte dominant ».

Il la sonnait pour les enterrements. Le 28 nivôse an VI (17 janvier 1798), il avait sonné la cloche à une sépulture et avait ainsi amené l'agent municipal de Lacapelle-Marival à lui ordonner de cesser la sonnerie et ne plus sonner à l'avenir. Malgré semblable défense, le carillonneur avait de nouveau sonné la cloche dès le lendemain.

L'agent de la municipalité avait voulu aller inspecter l'oratoire. La chose n'avait pas été facile.

Tous ces fidèles, comme aussi ceux qui suivaient les pratiques religieuses dans diverses paroisses du canton de Lacapelle, où officiaient des réfractaires, à Saint-Maurice, à Mialet, à Anglars, au Bourg, par exemple, devaient évidemment être poursuivis tout comme les prêtres eux-mêmes qui célébraient le culte sans avoir prêté le serment de haine à la royauté, et sans avoir fait, au préalable, la déclaration de lieu de culte devant les autorités locales compétentes au mépris des lois en vigueur (2).

Le commissaire Delsouc demanda à l'administration cantonale la fermeture de l'oratoire de Lacapelle et des divers oratoires occupés par les prêtres réfractaires et leurs adeptes dans quelques communes du canton. Il invita les administrateurs cantonaux à citer devant les tribunaux ceux qui, prêtres ou laïques, continueraient à se rassembler de la sorte (3).

Les femmes du peuple, surtout les humbles paysannes qui assistaient la nuit à une messe dite par un prêtre réfractaire, étaient traitées de fanatiques. Les notables dans les communes pouvaient, plus difficilement encore que les gens du peuple, dans les campagnes, fréquenter les prêtres non-conformistes. On les traitait en suspects s'ils étaient accusés d'avoir la moindre fréquentation avec eux. En réalité, ils étaient

pris alors d'autant plus comme suspects, qu'ils gardaient une profonde vénération pour l'ancien régime, pour les anciennes institutions religieuses, et déploraient, critiquaient même à l'occasion, devant témoins, la persécution religieuse du moment.

Les plus zélés parmi les fonctionnaires ne pardonnaient pas à ces notables des campagnes de regretter aussi amèrement qu'ils le faisaient parfois, un passé politique et religieux qui n'était que de la veille, où ils avaient un prêtre à leur disposition, une église ouverte pour y faire leurs dévotions, et des cérémonies souvent somptueuses du culte à leur portée. Aussi, s'ils parlaient trop de messes, de sacrements, de tel ou tel prêtre de leurs amis, on les accusait de recéler un réfractaire et on avait soin de leur faire une visite domiciliaire. Ils n'avaient pas à parler trop fréquemment de prêtres réfractaires s'ils ne voulaient pas s'exposer facilement à voir leur maison cernée par une escouade de gendarmes nationaux.

Les fidèles qui suivaient les exercices religieux célébrés par les réfractaires ou qui étaient soupçonnés de les cacher, étaient donc l'objet de vexations de la part des fonctionnaires de la République. Mais l'étaient aussi les parents ou alliés des prêtres non-conformistes (1). Ceux-là même qu'on soupçonnait de vivre en familiarité avec eux, dans le lieu de leur retraite, étaient fortement suspectés. On allait encore jusqu'à en vouloir à ceux qui passaient pour leur rendre les services les plus utiles. Tous ceux qui, en un mot, fréquentaient l'insermenté caché étaient gravement compromis.

Les citoyens les plus durement persécutés ne pouvaient cependant être les simples fidèles. Ceux-ci n'étaient coupables, aux yeux de la loi, que parce qu'ils restaient attachés à leurs anciens prêtres et au culte qu'ils célébraient à leur intention. Les plus grands coupables étaient ceux-là même qu'on accusait de maintenir dans le fanatisme, selon l'expression en usage à l'époque parmi les administrateurs, les habitants des villes ou des campagnes. Les réfractaires furent donc poursuivis plutôt que leurs sectateurs, comme étant les auteurs de tout le mal dont souffrait la République au point de vue cultuel.

Des fonctionnaires publics persécutèrent de leur mieux les prêtres non-conformistes dans les plus petites localités comme dans les grandes villes (2). Chaque agent national, dans les localités du département, fut tenu de faire arrêter tout réfractaire qui se trouverait sur le territoire de la commune. A Lacapelle-Marival, Delsouc chargea les agents des communes du canton de livrer aux tribunaux tous les prêtres réfractaires qu'ils pourraient découvrir (3).

---

(1) Série I, 276, numéro 45, folio 323.
(2) Série I, 276, numéro 45. Les lois qui régissaient les questions de culte étaient, la loi du 3 ventôse an III, celle du 7 vendémiaire an IV, et celles du 22 germinal an IV et du 29 fructidor an V.
(3) Série I, 276, numéro 45, folio 324.

---

(1) Les parents de prêtres étaient très nombreux à l'époque dans les communes du Lot. Beaucoup de cultivateurs étaient apparentés avec un ou plusieurs réfractaires.
(2) Série I, 248, passim.
(3) Série I, 276, numéro 45, folio 324.

Des agents du pouvoir les poursuivront jusque dans les derniers des hameaux et les maisons particulières les plus cachées. Car ils savent que, s'ils n'exercent plus publiquement leur culte depuis la journée du 18 fructidor an V, ils continuent de l'exercer dans les maisons privées. Le même commissaire Delsouc pousse les administrateurs du canton de Lacapelle-Marival à se rendre compte d'une semblable situation qui existe, et à sévir contre ceux qui poussent la témérité jusqu'à oser semblable exercice de leurs fonctions pastorales dans les maisons des particuliers en un village reculé (1).

Ils se renseignent à leur sujet. Ils demandent en général à se prononcer en connaissance de cause. Mais aussi, quand ils sont informés de certains faits les concernant, ils sont fiers d'instruire les administrations « des violations manifestes faites à la loi » par les réfractaires (2).

Il s'agit, en effet, et avant tout, de faire déporter ceux qui osent encore « habiter la terre de la liberté » (3). On s'acharne donc contre les pauvres réfractaires, heureux si on peut les faire condamner par quelque tribunal criminel ou la commission militaire dont ils dépendent.

Mais ce ne sont pas seulement les fonctionnaires publics et les agents nationaux qui doivent faire au clergé réfractaire et à ses sectateurs une guerre inlassable. Tout citoyen, partisan de la République, se doit à lui-même d'aider le gouvernement du Directoire dans cette chasse donnée aux prêtres réfractaires et à leurs fidèles.

Durant toute la persécution fructidorienne, comme sous la persécution de 1793, tout citoyen entièrement gagné aux idées révolutionnaires devait avoir pour objectif de travailler dans la mesure du possible à dénoncer les ministres du catholicisme romain qui étaient toujours, même cachés dans un village perdu de nos causses du Lot, les humbles mais redoutables ennemis d'une Eglise encore hier toute-puissante. A se constituer ainsi l'auxiliaire du Directoire dans le combat entrepris contre le clergé réfractaire, tout bon républicain travaillait à chasser l'erreur du pays et à propager la Vérité philosophique, politique et sociale dont il devait avoir intimement conscience de conserver le dépôt.

On peut se représenter facilement combien cruel pouvait être pour le prêtre réfractaire le citoyen qui lui faisait la guerre, quand il habitait le même village que lui. Car, habitant la même localité que l'insermenté, il pouvait avoir quelque rancune à assouvir contre lui, ou bien quelque inimitié à satisfaire. Sur place, dans un même hameau, comme dans une même commune, où tout le monde se connaît, la surveillance exercée sur le curé local par tel ou tel dénonciateur ne pouvait qu'être particulièrement dure.

En 1792, dans sa séance du 23 octobre, le conseil général de la commune de Cahors invitait les citoyens de la ville à faire « les dénonciations civiques » que proscrivait la loi contre les accapareurs et agioteurs sur les grains (1). Nul doute qu'en 1797, des administrations n'invitassent des citoyens à dénoncer de même une autre catégorie d'individus jugés aussi malfaisants que les accapareurs et les agioteurs de 1792, les prêtres réfractaires. Quand des citoyens ne s'offraient pas à remplir le rôle de dénonciateurs, on devait trouver moyen de les y pousser.

Cependant, d'une manière générale, on ne manqua pas de dénonciateurs. Il y en eut toujours quelques-uns dans chaque commune. Administrateurs, juges, officiers municipaux des cantons, tous ceux qui étaient revêtus d'une autorité quelconque eurent d'ordinaire autour d'eux deux ou trois citoyens assez osés pour leur dénoncer tel ou tel réfractaire, tel ou tel délinquant contre les lois en vigueur. Dans le monde des dénonciateurs, il y eut même parfois une telle rage à s'employer à faire respecter la loi qu'on en vint à dénoncer comme réfractaires des prêtres qui ne l'étaient pas.

Le clergé se sentait bien observé de toute part. Il lui était difficile de passer inaperçu s'il sortait de sa retraite. Pour éviter d'être pris, il ne paraissait nulle part, dans tel ou tel canton où la surveillance dont il était l'objet était particulièrement active contre lui.

A Gourdon, les prêtres réfractaires se tenaient absolument cachés.

Le commissaire du Directoire exécutif près l'administration municipale du canton de Gourdon, Bouygues, écrivait, le 1er brumaire an VI (22 octobre 1797), à Cahors, au commissaire près l'administration départementale, qu'il allait presser l'exécution des arrêtés du 1er et du 22 vendémiaire an VI, pris par l'administration centrale en vue d'appliquer la loi du 19 fructidor an V, en ce qui concernait les prêtres. Il avouait cependant qu'il lui serait difficile d'agir contre eux, vu qu'aucun réfractaire ne paraissait sur le territoire du canton au moment où il écrivait (2).

Mais les dénonciateurs et les fonctionnaires publics eussent eu de la besogne en certains cantons du département du Lot, s'ils avaient voulu signaler à Cahors tous les prêtres cachés sur le territoire. Dans le canton de Lacapelle-Marival, il y avait partout des prêtres cachés. Il eut été très difficile de les faire connaître à l'administration départementale, tellement ils y étaient nombreux. Il en était de même dans d'autres cantons de l'ancien Quercy.

Le canton de Lacapelle-Marival renfermait au moins, d'après le commissaire du Directoire exécutif près l'administration municipale du canton de Lacapelle-Marival : à Mialet, Gimel; à Lacapelle même,

---

(1) Série L. 276, numéro 45, folio 323.
(2) Ibid.
(3) Ibid.

1) Bulletin de la Soc. Etudes, 1908, pp. 195, 196.
2) Série L 278, numéro 36.

Lagarde; à Anglars, Darses; au Bourg, Depruines et Athanase Blanc (1).

Mais, encore une fois, la persécution qui sévissait avait si peu de racines dans le peuple que, malgré le zèle des agents nationaux, des officiers municipaux et des dénonciateurs locaux, il arrivait souvent que dans les communes où il y avait des prêtres cachés, ceux-ci pouvaient y exercer secrètement toutes les fonctions de leur ministère sans être découverts.

Dans le canton de Lacapelle-Marival, le peuple tenait tant à ses prêtres que les réfractaires qui y étaient cachés pouvaient exercer en paix leurs fonctions. Les fidèles assistaient aux cérémonies qu'ils célébraient, et cependant ces prêtres ne purent être saisis (2).

A Cahors ou dans les environs se tenait caché Jean-Louis Albouys.

Au lendemain du coup d'Etat du 18 fructidor, il avait pris un passeport et s'était mis en route pour l'Espagne. Les infirmités dont il était accablé l'avaient forcé à s'arrêter en chemin. Il n'avait pas espéré trouver chez les administrateurs départementaux de l'époque une grande bienveillance; aussi, ne comptant nullement sur leur esprit de justice et leur sentiment d'humanité pour l'autoriser à rester sur le territoire de la République en raison de son mauvais état, il ne prit point la peine de leur exposer son cas et se contenta simplement de se cacher de son mieux. Il attendit dans une retraite quelconque qu'un changement s'opérât dans l'administration centrale du département et que de nouveaux membres eussent envers lui des égards de plus grande justice que n'étaient point capables d'avoir ceux qui administraient le département après le 18 fructidor an V (3). Mais durant tout le temps que, forcé par les lois en vigueur de l'époque, il se tint quelque peu éloigné du commerce des hommes, il ne fut dénoncé par personne aux administrations comme habitant indûment le territoire de la République et cependant plusieurs fidèles durent entendre sa messe. Seulement ceux-ci n'allaient pas informer de la présence de ce prêtre quiconque n'épousait pas leurs sentiments religieux.

Aucun homme du peuple ne dénonça non plus les prêtres qui vivaient cachés à Montauban ou dans les villages de la banlieue. Ces prêtres exerçaient eux aussi les fonctions du culte, mais en secret. Les fidèles y assistaient sans se préoccuper de l'illicéité de leur ministère. Ils étaient à Montauban au nombre de sept. Le département les y savait, mais leur arrestation offrait de grosses difficultés. L'administration municipale de la ville en remit toutefois le signalement, au 1er nivôse an VI (21 décembre 1797), au commandant de la place de Montauban pour les faire arrêter (4).

Jean Vieussens, du Vigan, s'était caché lui aussi à l'époque de la loi du 19 fructidor. Il ne fut pas cependant dénoncé à l'administration centrale. Les fidèles qui connurent sa retraite et le modeste oratoire où il dut célébrer le culte, se gardèrent bien de les révéler aux autorités constituées ou à quelque dénonciateur du lieu. Dans une lettre du 19 floréal an VI (8 mai 1798), adressée à l'administration départementale, il exposa qu'il avait vécu « enseveli dans la plus profonde retraite » pour se soustraire aux peines portées par la loi du 19 fructidor (1).

Afin de découvrir les prêtres cachés sur le territoire, le gouvernement du Directoire envoya des brigades de gendarmerie dans les cantons et les principales communes. Celles-ci devaient dresser procès-verbal de chacune de leurs visites relativement à la présence des réfractaires dans les communes et à leurs agissements. Elles avaient en outre pour mission de faire connaître l'état des esprits.

On va voir, dans le chapitre suivant, ce que rapportèrent de leur tournée ces brigades de gendarmerie, en fait de renseignements relatifs au clergé réfractaire. Les données que renferment les procès-verbaux qu'ils dressèrent pourront utilement servir à faire connaître la situation politique et religieuse du département à cette époque.

## XVIII

### La police intérieure des communes

La liberté, même la liberté des cultes, était inscrite au frontispice de nos lois. Aux termes de la Constitution de l'an III, tout citoyen était libre d'exercer le culte qu'il choisissait. Les opinions religieuses avaient été déclarées libres.

Avant la Constitution du 5 fructidor an III (22 août 1795), la Constitution du 24 juin 1793, à savoir la fameuse Déclaration des droits de l'homme, à l'article 7, avait déjà proclamé la liberté religieuse.

Des décrets avaient rappelé semblable liberté, au lendemain de la Déclaration des droits de l'homme : le décret du 16 frimaire an II (6 décembre 1793), celui du 2e des sans-culottides an II (18 septembre 1794), celui encore du 3 ventôse an III (21 février 1795), et bien d'autres encore.

Cependant c'est au nom de cette liberté, donnée solennellement à la France par le gouvernement révolutionnaire en de nombreuses circonstances, que le clergé fut persécuté sur tout le territoire de la République, de 1797 à 1799, comme il l'avait été en 1793 et en 1794.

Des décrets et des lois rappelaient une liberté inscrite dans deux constitutions, celle de l'an III et celle de juin 1793, mais des décrets et des lois avaient soin de la rendre impraticable pour le clergé romain.

On ne sut jamais, à cette époque troublée, accorder au pays, purement et simplement, la liberté. Le clergé non-conformiste ne demandait cependant que cela.

---

(1) Série L 276, numéro 45, folio 323.
(2) Ibid. folios 323, 324.
(3) « A. D. », série L 277, numéro 33.
(4) Série L 276, numéros 108 à 111.

(1) Série L 161, numéro 47.

Le décret du 7 vendémiaire an IV (29 septembre 1797), encore pleinement en vigueur, modifié seulement pour la formule du serment exigé, et la loi du 19 fructidor an V, avaient singulièrement restreint la liberté des cultes. Les législateurs républicains avaient édicté des mesures de police et de sûreté publique qui ne purent être que fort dures pour le clergé réfractaire, dont la pensée était contraire à la manière redoutable dont les hommes du corps législatif comprenaient le libre exercice des cultes. Mais, si restreinte que fût la liberté cultuelle accordée alors, elle était néanmoins alléguée lors des enquêtes faites contre les prêtres réfractaires et au moment de leur arrestation.

Le mot de « liberté des cultes » avait vraiment le pouvoir magique de fasciner tous les esprits républicains au point de leur cacher le vide d'une semblable formule, dans les applications qu'on en faisait.

Les réfractaires durent passer cette seconde Terreur, dans les communes où ils purent se cacher, en se sentant traiter de suspects, pour avoir refusé jadis de prêter le serment constitutionnel, et pour avoir refusé naguère de prêter le serment de haine à la royauté. Ils étaient hors les lois du pays et il ne fut donné à aucun d'eux de ne pas en avoir conscience.

La liberté ne pouvait exister pour eux. Les sophismes eurent plus de prise que la sagesse sur les esprits, à cette époque, comme d'ailleurs durant toute la période révolutionnaire.

Déjà fin novembre 1791, François de Neufchâteau tenait le langage sophistique suivant relativement aux prêtres insermentés. Aux termes de la Constitution, nul ne pouvait être inquiété pour ses opinions religieuses, mais ce principe ne pouvait être invoqué « par ceux qui ont couvert la France de ruines, qui ont inventé l'Inquisition, dispersé les cendres de Descartes, disputé un peu de terre bénite à la dépouille de Molière ». Dès cette époque, on avait proclamé absurde de tolérer ceux qu'on accusait de ne tolérer ni les lois, ni la société.

On frappa donc les insermentés au nom de la liberté, comme on les avait frappés naguère au nom du même principe.

Mais pour les frapper, il fallait s'en emparer. La chose n'était point facile, car ils étaient disséminés sur tout le territoire de la France et y vivaient très cachés.

Des brigades de gendarmerie parcoururent les départements pour essayer de se renseigner sur leur présence et leurs agissements dans les villages.

En ce qui concerne le Lot, on peut faire connaître le résultat de ces enquêtes faites sur place par les brigades de gendarmerie. Les renseignements que nous fournissent les procès-verbaux qu'on va dépouiller auront d'ailleurs l'avantage de nous éclairer sur l'état réel des communes et des cantons à l'époque qui nous occupe (1). •

En se rendant dans les cantons, de quinzaine en quinzaine, pour y enquêter sur place au sujet du clergé réfractaire, ou de tous autres prétendus perturbateurs de l'ordre public, les gendarmes nationaux devaient être en état de répondre à certaines questions.

Les questions auxquelles ils devaient répondre étaient les suivantes : Y avait-il eu des troubles dans le canton, durant la quinzaine qui avait précédé ? Les prêtres réfractaires étaient-ils tolérés ? Ceux qui avaient été mis en surveillance, comme les malades, les infirmes et les vieillards, s'étaient-ils montrés dignes de cet acte d'humanité ? Quels étaient ceux qui troublaient le plus la tranquillité publique ? (1).

Les brigades de gendarmerie ne devaient pas manquer, en outre, de renseigner l'administration départementale sur les noms des perturbateurs de toute espèce qui pouvaient troubler l'ordre, sur la présence d'émigrés quelconques dans le canton, sur les noms des personnes qui cachaient prêtres ou émigrés. Elles devaient signaler les déserteurs qui n'avaient point rejoint leurs drapeaux, et qui demeuraient cachés dans quelque commune du canton. Elles devaient indiquer les noms des vagabonds qui troublaient la tranquillité publique et dire dans quels lieux ils se trouvaient.

La gendarmerie nationale avait ainsi reçu ordre d'informer sur les vagabonds, les déserteurs, aussi bien que sur les prêtres. Ce qui indique bien que le clergé réfractaire n'était pas mieux traité que ne l'étaient les vagabonds et les déserteurs.

Les brigades de gendarmerie devaient se transporter les 1er et 15 de chaque mois dans les cantons, se présenter au lieu des séances de l'administration municipale. Si elles n'y rencontraient personne, elles devaient se rendre chez le président de l'administration cantonale ou chez le commissaire du Directoire exécutif près de cette administration. L'administration municipale était interrogée et ses réponses devaient constituer l'essentiel du procès-verbal que la gendarmerie avait à dresser sur la visite faite dans le canton.

Le 15 germinal an VI (4 avril 1798), furent établis des états multiples sur la situation politique et religieuse des cantons du département du Lot durant la quinzaine qui avait précédé.

La brigade de gendarmerie qui se rendit à Moissac, pour se renseigner sur l'état de la commune, écrivit que les prêtres réfractaires n'y étaient pas tolérés par les autorités constituées. Elle déclara, et après les observations faites par le commissaire du Directoire exécutif, que les prêtres non-conformistes, cachés dans la commune, étaient soutenus par une partie des habitants.

« La classe des particuliers qui les protègent, disaient les gendarmes dans leur rapport, d'après le commissaire, fait sans cesse des efforts pour les mettre à l'abri de nos recherches ». Quant à ceux qui

---

(1) « Archives du Lot », série L. 248, passim.

(1) « Archives du Lot », série L. 248, numéro 1

étaient placés sous la surveillance des administrateurs municipaux, la brigade mentionnait cette réponse faite par l'administration locale : « Nous n'avons rien de positif sur la conduite de ces derniers. S'il faut en croire les bruits qui se répandent, ils abusent en secret de leur liberté (1) ».

En ce qui concernait le canton même de Moissac, la brigade reconnaissait que les prêtres réfractaires, frappés par la loi du 19 fructidor an V, n'étaient pas tolérés dans les communes et qu'il n'y avait aucun prêtre qui eût été mis sous la surveillance de la municipalité cantonale (2).

Dans le canton de Lafrançaise, les prêtres cachés n'étaient pas tolérés. Ceux qui, au contraire, étaient mis en surveillance, étaient dignes de demeurer sur le territoire de la République (3).

Les prêtres frappés par les lois, dans le canton de Carlucet, n'étaient pas tolérés non plus dans le pays. Mais les prêtres qui avaient été mis sous la surveillance active de l'administration cantonale étaient dignes de n'être pas déportés (4).

Le clergé réfractaire était toléré dans quelques communes du canton d'Aynac, mais ils se cachaient. Parmi les prêtres autorisés à rester chez eux, Montbertrand était hors de toute critique. Du moins, jusqu'alors n'avait-on rien à dire contre lui. Mais il était le seul des prêtres de cette catégorie dont on n'eut pas à se plaindre. La brigade de gendarmerie rapportait notamment les observations suivantes de la part du commissaire du Directoire exécutif : « Plusieurs prêtres insoumis sont tolérés et protégés par la majeure partie des habitants des communes du canton; ils se cachent, mais ils ne font pas moins les fonctions du culte et ne négligent rien pour corrompre l'esprit public. Ces prêtres sont notamment Prouillac, Brunet et Ventaich, de Mayrinhac (5). »

L'administration cantonale de Salviac déclara aux gendarmes que dans les trois communes de Rampoux, de Dégagnac et de Thédirac, on croyait assez généralement que les trois curés y étaient cachés. Mais l'administration n'avait pas pu les découvrir malgré les recherches actives qu'ils avaient faites, sur la réquisition du commissaire du Directoire exécutif. On ne connaissait pas, dans ce canton, de prêtres qui eussent été mis sous la surveillance des administrateurs locaux (6).

On ne tolérait pas les prêtres non-conformistes aux lois dans le canton de Cazals. Ceux qui étaient surveillés par l'administration municipale du canton étaient dignes d'intérêt (7).

Dans le canton de Gourdon, on ne connaissait pas de prêtres qui fussent insoumis et qui osassent encore habiter le territoire. Les prêtres âgés ou infirmes étaient dignes de toute sympathie (1).

Les prêtres non-conformistes n'étaient pas tolérés dans le canton de Souillac. On pouvait laisser chez eux les prêtres âgés ou infirmes, parce qu'ils n'enfreignaient pas les lois (2).

Les prêtres frappés par les lois n'étaient pas tolérés dans le canton de Caylux. On n'y connaissait aucun ecclésiastique qui eût été mis sous la surveillance des administrateurs cantonaux. D'après le commissaire du Directoire exécutif près l'administration municipale de ce canton, les prêtres frappés par les lois « n'en couraient pas moins les communes et y pervertissaient l'esprit public (3). »

On sait ce qu'il faut entendre par cette expression appliquée aux prêtres réfractaires. Ceux-ci « pervertissaient l'esprit public » au sein des populations qu'ils évangélisaient en prêchant seulement les vérités de la foi ! Ils n'étaient pas libres d'annoncer simplement la parole de Dieu, et, cependant, on proclamait leur liberté, en matière d'exercice des cultes !

Dans la commune même de Caylux, on ne supportait pas les prêtres réfractaires; cependant on y déclarait dignes de tout intérêt les prêtres âgés, malades ou infirmes (4).

La brigade de gendarmerie de Martel signala que, dans le canton de Vayrac, les prêtres non conformistes n'étaient pas tolérés. Ceux au contraire qui y étaient surveillés par l'administration municipale du canton méritaient la faveur de rester sur le territoire de leurs communes respectives (5). C'était la brigade de gendarmerie de Gourdon qui s'était rendue à Cazals (6), celle de Gramat qui était allée à Aynac et à Carlucet (7), et celle de Moissac qui avait enquêté à Lafrançaise (8).

Dans le canton de Sarrazac, on ne tolérait pas les prêtres atteints par les lois, mais on y reconnaissait l'intérêt que méritaient les prêtres exempts de la déportation en raison de leur âge, de leurs maladies ou de leurs infirmités, d'après le rapport de la brigade de gendarmerie de Martel (9). Il en était de même dans le canton de Martel, au rapport de la même brigade (10).

On ne tolérait pas les prêtres frappés par les lois, déclarèrent les gendarmes de Figeac venus à Fons. Mais on y tolérait bien forcément dans les communes du canton ceux qui s'y cachaient, disaient-ils dans leur rapport. Dans le canton de Fons, il n'y avait pas de prêtres autorisés

---


1) « Archives départementales », série L 248, numéro 1.

2) « A. D. », série L 248, numéro 2.

3) Série L 248, numéro 3.

4) « Archives du Lot », série L 248, numéro 4.

5) Ibid., numéro 4 bis.

6) « Archives départementales », série L 248, numéro 5.

7) Série L 248, numéro 6.

1) Ibid., numéro 7.

2) Ibid., numéros 8 et 9.

3) Ibid., numéro 10.

4) Ibid., numéro 11.

5) Ibid., numéro 12.

6) « Archives départementales », série L 248, numéro 6.

7) Ibid., numéros 4 et 4 bis.

8) Série L 248, numéro 3.

9) Ibid., numéro 13.

10) Ibid., numéro 14.

à faire leur réclusion chez eux (1).

Dans la ville et la commune de Figeac même, les gendarmes du lieu prétendirent que le clergé insoumis n'y était pas toléré. Le clergé exempt de la déportation y était cependant jugé digne de tout intérêt (2).

Les prêtres atteints par les lois de la République « sont tolérés dans presque toutes les communes, disaient les gendarmes de Saint-Céré venus à Lacapelle-Marival, par la grande majorité des habitants, qui les protègent de tous leurs moyens, ayant été fanatisés par eux (3) ». Dans tout le canton de Lacapelle-Marival, il n'y avait aucun prêtre âgé ou infirme qui eût été mis sous la surveillance des administrateurs municipaux du canton (4).

Durant toute la Révolution, le canton de Lacapelle-Marival se distingua entre tous les cantons du Haut et du Bas Quercy pour son attachement inébranlable à la foi romaine. On s'y montra particulièrement dévoué aux prêtres réfractaires ; c'est ce qui poussait, sous la Terreur fructidorienne, le commissaire Delsouc à traiter de fanatiques tous les habitants de ce canton, et tous les prêtres du pays de fanatisants (5).

Parmi les prêtres frappés par les lois, dans le canton de Bretenoux, le prêtre Tuillet était, au dire de la brigade de gendarmerie de Saint-Céré, toléré dans la commune de Teyssieu, chez le nommé Cels (?), habitant au chef-lieu de la commune, malgré la surveillance exercée cependant d'une manière fort active par l'agent national et l'adjoint. Les prêtres autorisés à demeurer sur le territoire de la République, dans ce canton, méritaient de l'être (6).

« La clameur publique, écrivaient les gendarmes de Saint-Céré enquêtant à Latronquière, annonce assez que des prêtres insoumis voltigent dans le canton, surtout dans les communes de Saint-Médard Nicourby, et y disent la messe, les fêtes et dimanches. » On signala à la gendarmerie Calmettes à Gorses, Lacoste à Saint-Médard, et Jauzac, simple vicaire, à Saint-Hilaire. On croyait qu'il n'y avait dans tout le canton aucun prêtre exempt de la déportation à cause de son âge, de ses maladies ou de ses infirmités. Le commissaire du Directoire exécutif près l'administration municipale du canton de Latronquière dénonça qu'un nommé Faussiguan (?) parcourait la commune, au cours de la dernière décade, et « annonçait même à certains individus qu'il leur ferait faire les Pâques d'après le rapport secret qui lui en avait été fait (7). »

Dans le canton de Saint-Céré, les prêtres réfractaires n'étaient pas supportés, disait la gendarmerie du lieu. On y reconnaissait toutefois que les prêtres autorisés à demeurer dans leurs paroisses respectives devaient continuer d'y rester.

D'après la gendarmerie de Montauban, dans le canton de Négrepelisse, il n'existait qu'un prêtre insoumis et encore était-il septuagénaire, aveugle et infirme, et, comme tel placé sous la surveillance de la municipalité. Généralement, les prêtres de ce canton exempts de la déportation à cause de leur âge ou de leurs infirmités étaient dignes d'intérêt (1).

Dans le canton de Gramat, la brigade du lieu déclara qu'on ne tolérait pas les prêtres non conformistes aux lois, mais qu'on y reconnaissait les prêtres mis sous la surveillance des administrateurs dignes du plus haut intérêt (2).

D'après la brigade de gendarmerie de Castelfranc, les administrateurs municipaux du canton de Duravel ignoraient s'il existait des prêtres insoumis dans les communes du canton. « Cependant, déclara le commissaire du Directoire près l'administration cantonale, il en paraît un de temps à autre chez Rey, agent national, et celui-là même est son frère. » (3).

Le commissaire de Duravel savait très bien qu'en désignant l'agent de la commune comme le frère d'un prêtre réfractaire, il le désignait à l'antipathie de ses chefs hiérarchiques. J'ai eu déjà l'occasion de dire, et le fait en est dûment prouvé pour cette seconde Terreur comme pour la première, les parents ou alliés des réfractaires étaient traités en suspects. Mais ils l'étaient, à plus forte raison, quand ces parents ou alliés étaient des fonctionnaires du Directoire.

Les prêtres du canton de Duravel autorisés à rester sur le territoire de la République étaient dignes de cette faveur. Aucune plainte n'était parvenue à l'administration cantonale contre aucun d'eux. Mais le commissaire du Directoire près cette administration cantonale n'était pas de cet avis. Il les dénonça, tous ces prêtres âgés, malades ou infirmes, habitant le canton, comme n'étant pas trop dignes de l'autorisation qu'ils avaient reçue de faire leur réclusion chez eux. Ils cherchaient toujours, d'après lui, « à fanatiser le peuple ». (4).

Ainsi donc, les prêtres réfractaires malades ou infirmes administraient-ils les sacrements ou exerçaient-ils le ministère de la parole sacrée, qu'ils étaient aussitôt dénoncés à l'administration départementale comme ne méritant plus la faveur de demeurer sur le territoire de leurs paroisses.

De plus, quand des administrateurs se montraient trop indulgents à l'égard du clergé réfractaire, même exempt de la déportation, un agent du Directoire était toujours là pour opposer un démenti ab-

(1) Ibid., numéro 15.
(2) « Archives du Lot », série L 248, numéro 16.
(3) Ibid., numéro 17.
(4) Ibid.
(5) Série L 276, numéro 45.
(6) Série L 248, numéro 18.
(7) Ibid., numéros 19, 20.

(1) Ibid., numéros 20, 21.
(2) Série L 248, numéro 22.
(3) Ibid., numéro 23.
(4) Ibid.

solu, ou au moins une atténuation à leur affirmation bienveillante. A Duravel, le commissaire ne se gênait nullement pour contredire les administrateurs locaux en tout ce qu'ils pouvaient dire de favorable au clergé réfractaire des communes diverses du canton.

On a encore là un commissaire qui, comme Delsouc, à Lacapelle-Marival, était homme à faire marcher malgré eux les administrateurs municipaux, dans la voie de la guerre aux réfractaires !

C'est la brigade de gendarmerie de Castelfranc qui se rendit à Luzech. Dans ce canton, on y tolérait fort bien les prêtres insoumis qui pouvaient y résider et on trouvait dignes d'intérêt tous les prêtres admis à faire leur réclusion chez eux (1).

La même brigade alla à Catus, où les administrateurs cantonaux ne firent aucune réponse aux questions qui leur furent posées relativement aux réfractaires (2).

Dans le canton de Puy-l'Evêque, on poursuivait conformément aux lois les prêtres insoumis, au rapport de la brigade de gendarmerie de Castelfranc qui eut à s'y rendre. Mais c'est le commissaire du Directoire exécutif près l'administration municipale du canton qui fit cette déclaration aux gendarmes, et non les administrateurs municipaux. Ceux-ci s'étaient contentés de dire d'une manière vague que les prêtres insoumis n'étaient pas tolérés dans les communes. Le même commissaire déclara que les acquéreurs de biens nationaux étaient fort tranquilles et jouissaient paisiblement des biens ecclésiastiques ou seigneuriaux qu'ils avaient acquis (3).

A Belaye, la brigade de gendarmerie de Castelfranc comprit que les prêtres insoumis n'y étaient pas tolérés, à Belaye même et dans toutes les communes du canton, et que les acquéreurs de biens nationaux y jouissaient en paix de leurs biens. Les prêtres exempts de la déportation y étaient, paraît-il, dignes de la faveur de rester sur le territoire de la République (4).

Dans le canton de Monclar, où alla la brigade de gendarmerie de Montauban, les acquéreurs de biens nationaux y étaient tranquilles. Les prêtres insoumis n'y étaient pas tolérés. L'agent municipal de la commune de Monclar faisait régulièrement des perquisitions contre Montruset, prêtre réfractaire, de concert avec le commandant de la colonne mobile. Dans ce canton, on ne connaissait point de prêtres autorisés à demeurer dans leurs communes pour des raisons d'âge, de maladies ou d'infirmités (5).

La brigade de Montauban se rendit dans le canton de Mollères. Là, les acquéreurs des biens du clergé y vivaient en paix. Les prêtres insoumis n'y étaient pas tolé-

rés, mais ils y vivaient tellement cachés qu'ils étaient sans domicile connu. « On ne connaît point leur asile, déclarèrent les administrateurs municipaux à la brigade de Montauban. » Il n'y avait dans le canton aucun prêtre autorisé à faire sa réclusion chez lui (1).

A Montauban même, la brigade du lieu déclara qu'on ne tracassait nullement les citoyens acquéreurs de biens nationaux. Les prêtres non-conformistes n'étaient pas tolérés dans la commune. Il n'y avait qu'un seul prêtre autorisé à faire sa réclusion chez lui et il n'était parvenu aucune plainte contre lui (2).

La même brigade de gendarmerie déclara que, dans le canton de Montauban, il n'y avait pas eu de troubles au cours de la dernière quinzaine. Les acquéreurs de biens nationaux y vivaient tranquilles. Les prêtres réfractaires n'y étaient pas tolérés. Les prêtres autorisés à demeurer dans leurs communes respectives étaient tous dignes de cette faveur (3).

Dans le canton de Caussade, d'après la brigade de gendarmerie du lieu, il n'y avait pas eu de troubles ; les acquéreurs de biens d'église y étaient en paix ; les prêtres atteints par les lois n'y étaient pas tolérés, et les prêtres exempts de la déportation ne méritaient aucun reproche (4).

A Puy-La-Roque, le clergé ne suscitait pas de troubles. Les acquéreurs de biens nationaux étaient tranquilles dans tout le canton. On y voyait assez mal les prêtres non-conformistes, mais on y jugeait dignes de tout intérêt les prêtres autorisés à demeurer sur le territoire du canton (5).

La brigade de Caussade se rendit à Bruniquel. Dans ce canton, on ne put signaler aucun trouble. On n'y inquiétait nullement les acquéreurs de biens nationaux. Les prêtres réfractaires n'étaient pas tolérés dans les communes. On ne connaissait aucun prêtre autorisé à rester chez lui, qui habitât une commune du canton (6).

D'après la brigade de gendarmerie de Caussade, le canton de Mirabel était fort tranquille et les acquéreurs n'avaient nullement à craindre, dans les communes du canton où ils résidaient, à être troublés dans la jouissance de leurs biens. Les prêtres frappés par la loi du 19 fructidor an V qui vivaient cachés dans le canton, n'étaient pas supportés. Les prêtres qui vivaient dans les communes, munis d'une autorisation de l'administration départementale, n'étaient nullement dignes de la bienveillance qu'on leur témoignait (7).

Ce fut encore la brigade de gendarmerie de Caussade qui se rendit dans le canton de Montpezat-en-Quercy. Le pays avait

(1) « Archives du Lot », série L 248, numéro 24.
(2) Ibid., numéro 25.
(3) Ibid., numéro 26.
(4) Ibid., numéro 27.
(5) « Archives départementales », Série L 248, numéro 28.

(1) Ibid., numéro 29.
(2) « Archives départementales », Série L 248, numéro 29.
(3) Ibid., numéro 31.
(4) Ibid., numéro 32.
(5) Ibid., numéro 33.
(6) Ibid., numéro 34.
(7) Ibid., numéro 35.

été tranquille. Les acquéreurs de biens nationaux n'avaient pas été plus troublés durant cette quinzaine que dans le passé. On ne tolérait pas les prêtres non-conformistes aux lois du pays. On ne connaissait dans le canton aucun prêtre exempt de la déportation, autorisé à demeurer sur le territoire de la commune, qui fut digne de cette faveur. (1)

La même brigade de Caussade se rendit à Réalville. Le canton était tranquille. Les acquéreurs de biens nationaux n'étaient pas inquiétés. Les prêtres réfractaires n'étaient pas supportés. Il n'y avait point dans les communes de prêtres autorisés à faire leur réclusion chez eux, qui fussent dignes d'intérêt (2).

Dans le canton de Cajarc, la brigade au lieu remarqua que le plus grand calme y régnait (3). La brigade de gendarmerie de Limogne le constata encore pour le canton même de Limogne (4). A Figeac, la gendarmerie ne put signaler aucun trouble dans tout le canton (5). La brigade de gendarmerie de Lauzerte signala que, sans les mesures prises par l'administration municipale du canton, il y aurait eu des troubles dans le canton de Cazes-Mondenard, durant la première quinzaine de prairial an VI (6).

Je n'ai pas toujours mentionné si des troubles existaient, ou non, en germinal an VI, dans les divers cantons dont il a été question d'après les procès-verbaux dressés par les brigades de gendarmerie. Mais, d'une manière générale, il n'y en avait pour ainsi dire pas dans les communes à cette date. Les renseignements fournis par les gendarmes nationaux sont tous concordants sur ce point qu'à de très rares exceptions près le calme régnait dans les cantons.

Et cependant, d'après ces informations, on ne tolérait guère, dans les communes, les prêtres réfractaires. Mais cela ne doit point nous surprendre. Cela ne pouvait être qu'une formule, de la part des administrations municipales, pour exprimer au Gouvernement du Directoire qu'elles étaient gagnées à sa politique irréligieuse et que, sous leur impulsion, les agents nationaux et les républicains des communes savaient faire la guerre aux insermentés. Si vraiment ce fut la réalité, qu'on ne supportât pas les réfractaires, cela ne put être vrai que de la part de certains citoyens exaltés, qui peut-être ne consentirent pas à laisser en paix les non-conformistes.

Mais semblable lutte soutenue contre eux ne peut, à la lumière des textes, que nous paraître aujourd'hui grandement injuste, puisque nous voyons ces humbles prêtres, retirés dans quelques endroits fort reculés, vivre dans la plus grande tranquillité, n'essayer nullement, ou pres-

que pas, de fomenter le trouble contre le gouvernement du Directoire.

Les réfractaires, demeurés sur le territoire de la République Française furent des hommes de paix, malgré les combats qu'ils eurent à soutenir contre tout un monde de dénonciateurs et de fonctionnaires ; il ne nous déplaît pas de le remarquer. Car nous y voyons une preuve que ces prêtres tant calomniés et si fortement persécutés étaient avant tout de véritables prêtres, uniquement préoccupés des choses surnaturelles, et non des factieux contre des adversaires politiques quelconques si ennemis qu'ils fussent de l'église.

On vendit les biens du clergé et, cependant encore, les acquéreurs de ces biens n'étaient point tracassés dans les communes, même à cette période de **persécution**. Ils vivaient en paix dans la plupart des communes du département. Les rares cas où j'ai signalé, d'après les rapports des brigades, semblable situation nous mettent à même de penser qu'il en fut ainsi dans le plus grand nombre des communes. Si les réfractaires eussent voulu causer des troubles, ils auraient pu facilement trouver un motif pour en créer, avec la présence dans les communes de beaucoup d'acheteurs de leurs biens propres. Tous ces acquéreurs de biens osaient jouir tranquillement de tous ces biens qui, quelques années auparavant seulement, appartenaient très légitimement à d'autres.

Ces biens étaient devenus si peu, par rapport à la conscience, la propriété des nouveaux acquéreurs que le Premier consul Bonaparte fut poussé par l'opinion publique à obtenir du Saint-Siège, lors du Concordat de 1801, la cession définitive de ces biens aux acheteurs, pour l'entière tranquillisation des consciences.

Sous le Directoire, les consciences chrétiennes devaient protester contre ce fait de propriétaires des biens d'église jouissant paisiblement de ces biens. Mais le clergé réfractaire se garda bien de pousser les catholiques à se révolter contre ces acquéreurs, afin de ne pas compromettre la paix publique et de ne pas apparaître aux yeux de tous comme des hommes de désordre.

Les acquéreurs des biens nationaux étaient encore tranquilles à Cajarc et dans tout le canton (1), à Limogne et aussi dans les communes du canton (2), dans tout le canton de Figeac (3) et dans celui de Cazes-Mondenard (4).

Le clergé insermenté n'était pas toléré dans les cantons de Cazes-Mondenard (5), de Figeac (6), de Limogne (7) et de Cajarc (8), alors que le plus grand calme y régnait. Les prêtres âgés, malades ou infirmes, autorisés à rester dans leurs com-

---

(1) « Archives départementales », Série I. 248, numéro 36.
(2) Ibid., numéro 37.
(3) Ibid., numéro 38.
(4) Ibid., numéro 39.
(5) Ibid., numéro 40
(6) Ibid., numéro 41.

(1) Ibid., numéro 38.
(2) Ibid., numéro 39
(3) « Archives du Lot », Série I. 248, numéro 40
(4) Ibid., numéro 41.
(5) Ibid., numéro 40.
(6) Ibid., numéro 40.
(7) Ibid., numéro 39.
(8) Ibid., numéro 38

munes respectives, étaient reconnus dignes, par contre, de cette faveur dans les cantons de Cajarc (1) et de Limogne (2). A Figeac, les administrateurs n'en avaient pas sous leur surveillance (3). A Cajarc, l'administration cantonale signala, en particulier, qu'aucune plainte n'était parvenue contre la conduite de ces prêtres, autorisés à faire leur reclusion chez eux au lieu de la faire à Cahors, au chef-lieu du département, dans une maison de détention.

Les Etats des cantons que je viens de faire connaître pour la première quinzaine de germinal an VI ne sont pas les seuls que nous possédons pour cette époque de la persécution fructidorienne.

Le 17 thermidor an VI (4 août 1798), le lieutenant commandant de la gendarmerie du Lot trasmettait à l'administration centrale du département du Lot d'autres bulletins de feuilles de police intérieure des communes (4). Ces bulletins faisaient connaître la situation des cantons pour la seconde quinzaine de messidor an VI.

On trouverait ces autres Etats des cantons du département, aux Archives du Lot, sous la cote série L 248 (5).

Le lieutenant de la gendarmerie du Lot, Desplas, envoyait encore, à la date du 2 fructidor an VI (19 août 1798), à l'administration départementale, d'autres bulletins de police intérieure (6). Ces nouveaux Etats concernaient la première quinzaine de thermidor an VI (7).

Sous la même cote, série 248, on trouverait tous ces Etats. Ils sont quelque peu semblables à ceux que je viens d'analyser et ne jettent pas un plus grand jour sur la situation politique et religieuse où se trouvaient, sous la seconde Terreur, en germinal an VI, les diverses communes du département déjà signalées.

### XIX

#### Les visites domiciliaires en l'an VI

Le Directoire ne se contenta pas, comme bien on pense, de faire prendre des informations par la gendarmerie nationale, sur le clergé réfractaire, auprès des commissaires nommés dans les cantons, ou au siège des administrations municipales. Il envoya à domicile pour y enquêter sur le clergé réfractaire et ceux qui le soutenaient.

On fit ces visites la nuit, le jour. On vérifie les déclarations de tous ceux qui sont soupçonnés de cacher quelque prêtre réfractaire. On va très exactement dans tous les appartements et les galetas de leurs maisons. On va jusqu'à faire l'examen des caves, dans l'espoir d'y trouver quelque prêtre réfractaire.

L'administration départementale donna ordre, le 27 messidor an VI, en vertu de la loi du 18 messidor an VI, aux administrations cantonales de faire des visites domiciliaires partout où elles pourraient le juger convenable (1). Toute réquisition fut adressée à la force armée pour marcher, de concert avec les autorités locales, à la recherche des réfractaires. En toute occasion d'ailleurs, l'administration centrale du Lot conféra le plus facilement du monde à des administrations cantonales le droit de faire des visites domiciliaires, quand il s'agit d'arrêter un prêtre accusé d'être caché dans une commune. Les administrateurs municipaux devaient surveiller les prêtres autorisés à demeurer dans les cantons en raison de leur grand âge, de leurs maladies ou de leurs infirmités. Mais ils devaient surtout dénoncer, à Cahors, à l'administration départementale tout prêtre réfractaire qu'ils savaient caché sur le territoire et, de Cahors, partait le plus aisément du monde, l'ordre de faire les visites domiciliaires voulues pour le rechercher.

Dans les campagnes du Lot, les cultivateurs étaient très hostiles contre tous les agissements des gens de la force armée et des administrateurs dans leurs maisons. Ils étaient tellement les ennemis de toutes ces perquisitions, parce que sympathiques pour la plupart aux réfractaires, que ceux-ci étaient difficilement découverts. Ils ne pouvaient que voir d'un mauvais œil tous les agissements de ces personnages dans leurs propres demeures, puisqu'ils tenaient à les garder cachés chez eux.

De Payrac, comme de beaucoup de chef-lieux de cantons, les administrateurs municipaux écrivirent à Cahors, au lendemain de la promulgation de l'arrêté départemental sur les visites domiciliaires, à peu près de la manière suivante : « Aux termes de votre arrêté concernant les visites domiciliaires, nous avons levé notre permanence le 27 de ce mois. Malgré l'exactitude et l'activité de la colonne mobile du canton dans les recherches, il n'en a résulté aucune arrestation, malgré que nous fussions normalement assurés qu'il aurait pu s'en faire, ne pouvant douter de la résidence de certains prêtres visiblement réfractaires, à qui le fanatisme le plus pur prête un asile impénétrable (2). »

La loi qu'on exécutait était celle du 18 messidor an VI. Cette loi, votée par le Conseil des Cinq-Cents le 18, le fut définitivement le 19 messidor et put être appliquée le 20. Elle autorisait la police à faire, durant un mois, des visites domiciliaires et à arrêter, même sans mandat de justice, les émigrés rentrés, les prêtres sujets à la déportation et autres individus traités en suspects.

Le Directoire avait été entraîné dans

---

1. Série L 248, numéro 38
2. Ibid., numéro 39.
3. Série L 248, numéro 42.
4. Série L 248, numéros 43 à 77
5. Série L 248, numéro 91.
6. Série L 248, numéro 91.
7. Série L 248, numéros 92 à 131.

---

(1) « Archives du Lot », série L 264, numéros 1 à 4
(2) Série L 264, numéro 1. Lettre de Payrac, datée du 27 thermidor an VI (14 août 1798).

une telle voie, et amené à prendre des mesures si manifestement antilibérales, par Dupin. Celui-ci avait résumé la situation de la France durant les neuf premiers mois de l'an VI dans un réquisitoire très violent contre les prêtres et avait conclu à un renouveau de persécution contre le clergé.

« Le culte papiste, disait Dupin, a pour sectaires les fanatiques, les femmes surtout, et généralement tous les individus regrettant l'Ancien Régime. Ils ont pour ministres... des hommes dangereux et qui exigent une surveillance particulière. »

Le successeur de Picquemard comme commissaire du Directoire près du bureau central de Paris avait demandé qu'on traitât de même les constitutionnels et les réfractaires. Il était hostile à tous les prêtres.

« Je crois que la politique conseille au Gouvernement (la) tolérance (des prêtres insermentés), disait Dupin, afin de balancer l'influence des prêtres qui se disent constitutionnels, qui, au fond, ne valent pas mieux : ils viennent de nommer des évêques ; qu'on les laisse faire et ils sont prêts à nous remettre sous le joug. Ils ne sont pas moins intolérants que leurs adversaires papistes et la plupart ne feignent de se soumettre que par grimace ou par ambition. Ils sont toujours prêtres, et le meilleur ne vaut rien (1). »

Le Directoire n'aurait point dû obéir aux conseils de Dupin. La Constitution de l'an III lui défendait de faire faire ces visites domiciliaires qui allaient être organisées au nom de la loi du 18 messidor.

La liberté individuelle était inscrite dans les lois constitutionnelles du pays. Mais semblable considération ne gêna point les membres du Directoire. Une loi nouvelle ne pouvait-elle pas conférer au Gouvernement un droit qu'il n'avait pas en vertu de la Constitution de l'an III ? Le Directoire fit donc voter le 18 messidor par le conseil des Cinq-Cents une loi l'autorisant à faire faire sur tout le territoire des visites domiciliaires en vue de l'arrestation des prêtres.

Le nouveau texte fut voté sur une motion de Lecointe-Puyraveau relative à la conduite des prêtres et des émigrés dans les communes. Cette intervention eut le succès de faire suspendre les garanties constitutionnelles.

Encore une fois la liberté individuelle garantie par la Constitution en vigueur allait être violée. Cela n'empêchera pas les agents du Directoire d'organiser les visites domiciliaires qu'on venait de voter en se réclamant de la liberté et ainsi se réalisera une fois de plus la fameuse parole de Madame Roland : « O liberté ! que de crimes on commet en ton nom ! »

Dans le Lot, la colonne mobile se présenta dans chaque canton. Ces visites domiciliaires furent tout à fait infructueuses

dans tout le département. Aucun prêtre réfractaire ne fut découvert. Les habitants de nos campagnes cachaient donc, ainsi, très bien leurs prêtres réfractaires.

A Figeac, les visites se firent le 29 thermidor an VI (1). Elles se firent : à Monclar et dans les communes du canton, le 6 messidor (2) ; à Fons et dans le canton, le 11 thermidor (3) ; dans le canton de Livernon, le 11 thermidor (4) ; dans la ville et la commune de Moissac le 8 thermidor (5).

A Moissac les administrateurs municipaux de la commune déclarèrent que les maisons suspectées de donner asile aux prêtres réfractaires « trouvaient le moyen de les soustraire dans ce moment à toutes leurs recherches (6). »

Des visites domiciliaires se firent encore dans les cantons suivants : à Bruniquel, le 4 thermidor an VI (7) ; à Bretenoux, le 9 thermidor (8) ; à Montcuq, le 7 thermidor (9) ; à Sarrazac, le 2 thermidor (10).

Nulle part, ces visites n'aboutirent à la découverte d'un prêtre.

Les administrations municipales se constituèrent en permanence et organisèrent des visites domiciliaires. Telles les administrations cantonales de Duravel, le 3 thermidor an VI (11) ; de Lafrançaise, le 9 thermidor (12) ; de Carlucet, le 27 thermidor (13) et d'autres.

L'administration de Lafrançaise arrêta, le 9 thermidor, qu'on viserait les passeports des étrangers trouvés sur le territoire du canton, au cours des visites domiciliaires (14).

A Carlucet, le 27 thermidor, les administrateurs cantonaux prirent un arrêté pour ordonner l'arrestation des brigands, prêtres, étrangers et inconnus qu'on rencontrait dans les communes du canton (15).

Les visites domiciliaires arrêtées par les administrations cantonales ne produisirent aucun résultat dans les cantons où elles se firent : à Martel, le 13 thermidor an VI (16) ; à Latronquière, le 24 thermidor (17) ; à Mirabel, le 7 thermidor (18). Les administrateurs cantonaux de Saint-Germain, le 7 thermidor an VI, prirent un arrêté prescrivant des visites domiciliaires dans les communes. Pour ce qui est des résultats de ces visites, on sait seulement qu'ils écrivirent à Cahors qu'ils sauraient les leur

---

(1) Pisani : « L'Eglise de Paris et la Révolution », tome III, pp. 291-293.

(1) « Archives du Lot », série L 264, numéro 5.
(2) Ibid., numéros 6 et 7.
(3) Ibid., numéros 8 et 9.
(4) Ibid., numéro 10.
(5) Ibid., numéro 11.
(6) « Archives du Lot », série L 264, numéro 11.
(7) Série L 264, numéro 12.
(8) Ibid., numéro 13.
(9) Ibid., numéro 15.
(10) Ibid., numéro 16.
(11) Ibid., numéro 17.
(12) Ibid., numéro 18.
(13) Ibid., numéro 19.
(14) Ibid., numéro 18.
(15) « Archives du Lot », série L 264, numéro 19.
(16) Ibid., numéro 20.
(17) Ibid., numéro 21.
(18) Ibid., numéro 22.

faire connaître. dès qu'elles seraient terminées (1).

On écrivit à l'administration départementale qu'on n'avait découvert aucun prêtre : de Montpezat, le 7 thermidor an VI (2) ; de Puy-l'Evêque. le 30 thermidor (3) ; de Cazes-Mondenard, le 6 thermidor (4).

Le duodi de la seconde décade de thermidor an VI (30 juillet 1798), les administrateurs de Lauzerte indiquèrent, dans leur arrêté de ce jour, les maisons où il fallait perquisitionner, dans l'espoir d'y trouver des prêtres non-conformistes (5).

L'administration de Cajarc écrivit à Cahors le 10 thermidor an VI (28 juillet 1798), qu'elle ne négligerait aucun moyen pour faire exactement les visites domiciliaires prescrites par l'administration centrale dans son arrêté du 27 messidor (6).

« La prudence dirigera nos actions » écrivaient les administrateurs du canton de Limogne aux administrateurs du département. le 3 thermidor (21 juillet 1798) (7).

Ceux du canton de Cahors déclarèrent à l'administration centrale, le 12 thermidor (30 juillet 1798). que « malgré les plus exactes recherches » ils n'avaient pu découvrir aucun réfractaire (8). Cependant, c'est à Cahors qu'ils croyaient caché le vicaire général de Bécave. administrateur apostolique du diocèse.

De Floressas, les administrateurs cantonaux écrivirent à Cahors. le 27 thermidor an VI (14 août 1798, : « La colonne mobile a fait une visite domiciliaire quoique sans succès ; l'ex-curé du Boulvé. constitutionnel rétracté battait (sic) aux champs. Tout est paisible et tranquille (9). » Il doit être question. dans cette lettre, du battage des blés. auquel devait s'adonner l'ancien curé du Boulvé, prenant part ainsi aux travaux de ceux qui le cachaient chez eux.

De Gourdon, l'administration municipale écrivit à l'administration départementale. le 17 thermidor an VI (4 août 1798), que les visites domiciliaires n'avaient produit aucun résultat (10).

A Négrepelisse. les visites n'avaient fait découvrir aucun prêtre. Mais les administrateurs déclarèrent. dans une lettre à l'administration départementale du 10 thermidor (28 juillet 1798), qu'ils « continueront de remplir ce qui est prescrit. avec le calme. le courage et l'énergie qui conviennent à des magistrats... (11). »

A Auty. près de Montpezat-en-Quercy. les visites domiciliaires ont été faites dans sept maisons désignées dans l'arrêté municipal du 7 thermidor an VI (25 juillet 1798). Elles n'ont pas permis de découvrir un seul réfractaire, écrivirent les administrateurs du canton à Cahors, le 13 thermidor an VI (31 juillet 1798) (1).

A Puy-la-Roque. aucun prêtre ne fut découvert, d'après une lettre du 25 thermidor (2). Dans le canton de Réalville, les administrateurs ne connaissaient aucun individu dans le cas d'arrestation. à ce qu'ils écrivaient à Cahors le 24 thermidor an VI (3).

D'après le dernier résultat des visites domiciliaires opérées à Salviac et dans le canton, qu'on fit connaître à l'administration centrale le 27 thermidor, on n'avait pu arrêter aucun réfractaire. On n'avait pu découvrir qu'un voleur de Lavercantière, Mourguès, tailleur de profession, et un autre voleur « dévastateur » de la même commune. nommé Pierre Veziac (4).

Dans le canton de Saint-Géry, on avait dû suspendre les recherches, d'après ce que disent les administrateurs cantonaux dans une lettre du 5 thermidor. Le temps était « très pressé ». On vaquait aux travaux des champs. et cela était plus urgent que de marcher à la poursuite de prêtres qu'on tenait à garder. On n'y trouvait pas « des citoyens prêts à marcher » (5).

« Aucune capture n'est faite jusqu'à ce jour », écrivaient à Cahors les administrateurs municipaux de Cutus de 7 thermidor an VI (6).

Le colonne mobile allait chez la femme Flaujac, qui n'avait pas de passeport, au moment où. le 16 thermidor, écrivaient à Cahors les administrateurs municipaux de Montfaucon-du-Lot (7).

L'activité « se déploiera » pour la recherche des prêtres réfractaires et des brigands. écrivait de Gramat au département les administrateurs cantonaux, le 27 thermidor (8).

Les administrateurs de la commune de Montauban n'avaient encore trouvé, le 9 thermidor an VI. « personne désigné par la loi du 18 messidor (9) ».

On exécutait la loi dans le canton rural de Montauban, écrivait-on de cette ville le 7 thermidor (10). De Figeac on envoyait à Cahors. le 4 thermidor, le texte des délibérations du 3 thermidor prises en vue des mesures nécessaires à l'exécution de la loi du 18 messidor (11). Dans le canton de Caylux, les visites domiciliaires ne produisaient « aucun effet », d'après une lettre du 26 thermidor (12). On y aurait pris l'arrêté qui prescrivait les visites domiciliaires, écrivait-on à Cahors le 2 fructidor an VI,

---

(1) Ibid., numéro 23.
(2) Ibid.. numéro 24.
(3) Ibid., numéro 25.
(4) Ibid., numéro 26
(5) « Archives départementales », série L 264. numéro 27.
(6) Ibid., numéro 28
(7) Ibid., numéro 29.
(8) Ibid., numéro 30.
(9) « Archives du Lot », série L 264, numéro 31.
(10) Ibid., numéro 32.
(11) Ibid., numéro 33.

---

(1) « Archives départementales », série L 264, numéro 34.
(2) Ibid.. numéro 35.
(3) Ibid. numéro 36.
(4) Ibid.. numéros 37 et 38.
(5) Série L 264. numéro 39.
(6) Ibid.. numéro 40.
(7) Ibid.. numéro 41.
(8) Série L 264. numéro 42
(9) Ibid.. numéro 43.
(10) « Archives départementales », série L 264, numéro 45.
(11) Ibid., numéro 46.
(12) Ibid., numéro 47.

et cependant on n'avait abouti à aucun résultat (1).

On n'avait trouvé aucun individu suspect dans le canton de Moissac, disait-on le 6 thermidor dans une lettre adressée à Cahors (2). Il en avait été de même dans le canton de Vayrac, d'après une lettre du 27 thermidor an VI (3). A Moissac, on stimulait le zèle des agents et adjoints municipaux pour l'application de l'arrêté départemental du 27 messidor (4).

Peu s'en fallut que le prêtre Prouilhac ne fût pris, au moment où il allait célébrer un mariage à Bio ; il ne fut sauvé que grâce à quantité d'espions qui se trouvaient dans les environs et qui, continuellement, étaient « en course pour le prévenir de toutes les démarches qu'ils peuvent découvrir ». C'est ce que font savoir les administrateurs d'Aynac, dans une lettre à l'administration départementale du 18 thermidor an VI (5 août 1798) (5).

A Saint-Céré et dans le canton, on n'avait pu, d'après une lettre du 25 thermidor, découvrir aucun prêtre ni aucun voleur des grands chemins, au cours des visites domiciliaires (6).

L'administration municipale du canton de Souillac arrêta, dit une lettre du 1er thermidor an VI, les communes et les maisons où on devait faire les visites (7). Mais, à Souillac comme ailleurs, les visites n'aboutissaient à aucun résultat. A Cazals, dit une lettre de l'administration municipale envoyée le 21 thermidor (8 août 1798) au département du Lot, elles n'aboutirent pas non plus. Les visites domiciliaires s'exécutèrent sans qu'elles fissent découvrir aucun prêtre (8).

Dans le canton de Montpezat-en-Quercy on avait fait des visites domiciliaires longtemps avant l'arrêté départemental du 27 messidor an VI. L'administration municipale de ce canton écrivit, le 30 frimaire an VI (20 décembre 1797), qu'en faisant des perquisitions à domicile, on n'avait pu découvrir aucun prêtre réfractaire. Il n'y aurait eu alors, dans tout le canton, que des prêtres soumis aux lois (9).

Encore quelque temps auparavant, le 21 vendémiaire an VI (12 octobre 1797), on avait fait dans ce canton d'autres visites domiciliaires et il n'est pas à croire qu'elles aient abouti. Un arrêté municipal de Montpezat, daté du 21 vendémiaire avait ordonné que le juge de paix fit des visites contre les prêtres réfractaires (10).

Dès le 1er brumaire an VI (22 octobre 1797), le commissaire du Directoire exécutif près l'administration du canton de Gourdon avait écrit au commissaire près l'administration départementale qu'il allait faire ordonner des visites domiciliaires pour rechercher les prêtres sujets à la déportation, puisqu'ils se tenaient cachés complètement pour le moment (1).

Les commissaires Mérizonde et Delmas, désignés par l'administration municipale du canton de Souillac, en vertu de l'arrêté du 1er thermidor an VI (19 juillet 1798), à l'effet de faire les visites domiciliaires prescrites par le département se transportèrent, accompagnés d'un piquet de la colonne mobile dans chacune des maisons désignées dans l'arrêté qui les avait nommés. Après avoir fait les recherches qu'ils jugeaient nécessaires, ils ne purent parvenir à découvrir aucun des individus frappés par les lois. Ne pouvant trouver les prêtres non autorisés à demeurer sur le territoire de la République, ils allèrent visiter un prêtre, Bertrand Parlange, que l'administration centrale avait jusqu'à nouvel ordre mis sous la surveillance de la municipalité de Souillac (2). Ils se rendirent au domicile de ce prêtre sujet à la déportation, accompagnés de deux officiers de santé. Ceux-ci certifièrent que ce prêtre était « dans un état valétudinaire, suite d'un vice dartreux ». Parlange alla en présence des commissaires nommés par l'administration municipale, jusqu'à découvrir aux deux officiers de santé Rebourges et Sanadres « l'épine du dos, laquelle a convaincu de l'existence d'une dartre qui occupe depuis la nuque entre les homoplates jusqu'à environ la dernière vertèbre dorsale ». Cette humeur dartreuse « étant ambulante » portait sur les viscères de la respiration et donnait lieu « à des hémophtysies rebelles et à des faiblesses dans les extrémités droites tant supérieures qu'inférieures » (3).

En adressant à Cahors le procès-verbal dressé par les commissaires de l'administration municipale, à l'occasion de la visite faite au domicile de Bertrand Parlange, et ensemble le certificat de maladie, les administrateurs cantonaux de Souillac écrivaient aux administrateurs du département, à la date du 9 thermidor an VI (27 juillet 1798) : « Nous profitons de cette circonstance pour vous certifier que les visites domiciliaires faites en exécution de votre arrêté départemental n'ont produit encore aucun résultat... Nous aurons soin de vous instruire de la suite des opérations qui doivent se continuer jusqu'au 27 courant aux termes de votre arrêté (4) ». Déjà, le 1er thermidor an VI (19 juillet 1798), la même administration de Souillac avait écrit à Cahors que les visites domiciliaires n'aboutissaient à aucun résultat (5).

Les municipalités devaient donc faire faire des perquisitions soit pour découvrir

(1) Ibid., numéro 48.
(2) Série L. 264, numéro 40.
(3) Ibid., numéro 52.
(4) Ibid., numéro 50.
(5) Ibid., numéro 54.
(6) Ibid., numéro 55.
(7) Ibid., numéro 58.
(8) Ibid., numéro 59.
(9) « Archives du Lot », série L 257, numéros 22
(10) Série L 257, numéro 26.

(1) Série L 273, numéro 36.
(2) « Archives du Lot », série L 276, numéro 36.
(3) Ibid., numéro 51.
(4) Ibid., numéro 52.
(5) « Archives départementales », série L 264, numéro 38.

des prêtres cachés, soit pour s'assurer que les prêtres malades, infirmes ou âgés, placés sous leur surveillance, étaient dans le même état d'infirmités ou de maladies et, de plus, vivaient tranquilles au lieu de leur domicile sans fomenter de troubles A Souillac, les commissaires enquêteurs eurent bien soin, lors de leur visite au domicile de Bertrand Parlange, de l'interroger sur ses sentiments politiques et de s'informer de sa conduite à l'égard du Gouvernement de la République (1).

Le commandant de la colonne mobile de Montricoux devait faire arrêter Philippe-Olympe Conighan, prêtre réfractaire, par ordre de l'administration municipale du canton de Bruniquel du 24 thermidor an VI (11 août 1798). Mais les administrations municipales étaient autorisées par le département, en vertu de l'arrêté de l'administration centrale du 27 messidor, à ordonner jusqu'au 27 thermidor telles visites domiciliaires qu'elles croiraient nécessaires. Dans la circonstance, l'administration de Bruniquel jugea bon d'ordonner une visite au domicile d'un laïque. Le commandant de la colonne mobile fut invité à faire une visite domiciliaire dans la maison de Malartie à Montricoux, « ainsi que dans toute autre maison que cet individu peut posséder dans cette commune, même dans ses métairies ». Il avait ordre de faire arrêter tout individu étranger qu'on trouverait dans l'habitation de Malartie, et de les faire conduire devant l'administraton cantonale (2).

Des perquisitions furent faites par le citoyen Bouysses, lieutenant commandant le détachement stationné à Bio, au domicile de Pierre Cayrol, à l'Hôpital Saint-Jean (3). On faisait des recherches pour trouver « le scélérat prêtre Prouilhac ». On visita l'immeuble de Cayrol et on y saisit, à la date du 21 nivôse an VII (10 janvier 1799), les ornements dont se servait ce prêtre pour dire la messe, un calice avec la patène, et un ostensoir d'argent. Autant d'objets qu'on dit alors avoir volés à la nation. Le crime était très grave. On ne pouvait recéler impunément des biens volés à l'Etat. Aussi la visite faite par l'officier au domicile de Cayrol eut-il pour résultat, cette fois, l'arrestation immédiate de celui-ci. Mais Cayrol s'évada du corps de garde, au cours de la nuit, voici dans quelle circonstance. Il avait feint « d'aller pourvoir à des nécessités naturelles » et il s'était enfui (4).

Lorsqu'on demanda à ce « recéleur opiniâtre du prêtre réfractaire », qui n'avait pas hésité non plus à tenir cachés des ornements et objets d'église divers volés à la nation, de « déceler ledit Prouilhac, prêtre rebelle », il répondit qu'il savait très bien où il était, mais qu'il ne l'enseignerait jamais (1).

Le 9 pluviôse an VI (28 janvier 1798), l'administration municipale du canton de Latronquière, en séance publique et extraordinaire, sur le réquisitoire très violent du commissaire du Directoire exécutif près l'administration du canton, décida de demander au département une force armée de 50 hommes. Escortée d'un détachement républicain de la colonne mobile du canton, que l'administration cantonale devait choisir à cet effet, cette force armée devait faire pendant quelques jours « des exactes recherches » dans le canton. En attendant, le juge de paix de Latronquière était instamment invité à autoriser les détachements locaux à faire, la nuit, des visites domiciliaires. Celles-ci devaient s'opérer aux domiciles des particuliers qui seraient signalés par l'administration municipale (2).

Il ne pourrait suffire de faire les visites aux domiciles des gens, le jour. Celles à faire la nuit paraissaient nécessaires pour mieux découvrir les prêtres rebelles aux lois !

Cependant, cela n'allait pas toujours sans amener de vives protestations de la part de certaines administrations. L'administration municipale de la commune de Montauban ne répugnait pas à se faire un titre de gloire, dans une lettre du 10 pluviôse an VI (28 janvier 1798) à l'administration départementale, d'avoir blâmé certaines visites domiciliaires nocturnes.

On avait porté à Cahors de nombreuses plaintes contre les administrateurs municipaux de la ville de Montauban. Parmi ces plaintes se trouvait, croyaient-ils, celle d'avoir donné un blâme à ces sortes de visites domiciliaires. Ils surent écrire à l'administration départementale que le commandant de la force armée avait pu penser en avoir le droit, vu l'état de siège où était la commune. Mais, en présence de ces visites faites la nuit de préférence pour rechercher des prêtres, ils avaient observé à cet officier qu'ils ne partageaient pas son sentiment. D'après eux, la Constitution elle-même défendait de faire la nuit de telles perquisitions au domicile des réfractaires. Pouvait-on dès lors faire ce que la Constitution de l'an III défendait expressément ? S'ils estimaient le commandant de la force armée dans la bonne foi, ils n'avaient pu cependant tolérer qu'il continuât une besogne défendue par la Constitution (3).

Afin de pousser l'administration départementale à ordonner, dans tel ou tel canton, des recherches à domicile, on faisait parvenir à Cahors de fausses dénonces contre des réfractaires ou ceux qui les cachaient. On écrivit de Montauban à Cahors pour forcer le monde des administra-

---

(1) « Archives du Lot », Série L 276, numéro 50.
(2) Série L 257, numéro 41.
(3) Série L 277, numéro 71
(4) « Archives départementales », série L 277, numéro 72.

(1) Ibid.
(2) Série L 276, numéro 81.
(3) « Archives du Lot », série L 276, numéros 106 à 113.

teurs à agir contre des prêtres réfractaires qu'on accusait de causer des troubles dans la ville et le canton de Montauban. Mais la municipalité de la ville de Montauban put montrer, à la date du 28 janvier 1798, à l'administration départementale, que d'abord il n'y avait point de fomentation dans le pays. « Eh bien ! qu'au lieu de vous faire de vains rapports, disaient-ils dans leur lettre envoyée à Cahors, ils viennent vers nous, qu'ils nous citent des faits et ils verront notre empressement à faire exécuter la loi. Mais il est bien plus aisé de critiquer que de prouver ce qu'on avance (1). »

La même municipalité montalbanaise n'eut pas de peine à prouver que, s'il existait des prêtres sujets à la déportation dans la commune, ils ne pouvaient être découverts. Il était donc inutile de prescrire des visites domiciliaires contre eux puisqu'ils étaient particulièrement bien cachés et qu'il serait absolument impossible de les capturer (2).

## XX

### Perquisitions. — Visites domiciliaires en l'an VII et l'an VIII.

L'an VII, des visites domiciliaires furent décidées par les administrations municipales des cantons, tout comme en l'an VI (3). Elles obéissaient en cela à l'arrêté départemental du 12 fructidor de cette année-là.

La municipalité cantonale de Luzech prit, le 22 fructidor an VII (18 septembre 1799), un arrêté pour prescrire des visites domiciliaires dans le but de rechercher les prêtres réfractaires (4).

Le 1er vendémiaire (22 septembre 1798), l'administration municipale du canton rural de Cahors écrivit à l'administration centrale du Lot que « nul des individus signalés » ne s'était trouvé sur aucune des communes du canton. Cependant les visites des agents municipaux avaient été faites régulièrement dans les villages et les bourgs (5).

Les administrateurs de la commune de Figeac disaient, dans une lettre adressée par eux au département le 3 complémentaire an VII (19 septembre 1799) : « En conformité de l'article 8 de l'arrêté de l'administration centrale du 12 fructidor dernier, l'administration municipale a ordonné des visites. Elles n'ont produit aucun effet, mais un individu nommé Pierre Larnaudie de Faycelles fut arrêté dans la nuit du 30 fructidor au 1er jour complémentaire; il portait un cahier et un autre effet pour l'exercice du culte, qui furent saisis sur lui et déposés à la maison commune. Ce qui nous fait présumer que l'individu qui était avec lui et qui échappa aux poursuites de la garde, était un prêtre réfractaire. Nous l'avons interrogé (ce premier

individu). Comme il est réquisitionnaire et déserteur, nous l'avons mis entre les mains de la gendarmerie pour être traduit à Périgueux, après avoir été reconnu qu'il ne pouvait pas être considéré comme recéleur de prêtres réfractaires (1). »

Le 1er jour complémentaire an VII (18 septembre 1799), à 6 heures du matin, dans la salle de la maison commune de Figeac, se présenta Cavarroc, commandant la garde durant la nuit précédente. Il rapporta qu'au cours de la nuit, à l'occasion de recherches qu'il opérait, il s'était emparé, vers les onze heures du soir, d'un particulier dont il ignorait le nom, accompagné d'un autre individu. Ce particulier, soupçonné d'être suspect, fut arrêté. Il avait « un mouchoir fond rouge, un calice, dont la coupe est d'argent et le piédestal d'étain fin, une patène de fer blanc, un bréviaire, une « Imitation », un petit cahier manuscrit pour l'instruction chrétienne.... et un portefeuille de maroquin, contenant : un petit cahier intitulé : « Registre de baptêmes et mariages », rédigés et signés « Guary »; un acte de mariage sur une demi-feuille de papier blanc de J.-Jacques Lavergne, négociant de Lacapelle-Marival, et de Marguerite Maynard, signé Guary, curé de Boussac; deux lettres, l'une signée Bécave, vicaire général, et l'autre de Guary de Lagache, en date du 16 novembre 1795 et du 27 août 1797. On a saisi tout cela. L'individu arrêté s'appelait Pierre Larnaudie, âgé de 26 ans, de La Graville, commune de Faycelles, non marié (2) ».

L'administration municipale de Figeac fit mettre sur le champ cet individu dans la maison d'arrêt de la ville « pour être conduit à Périgueux, comme n'ayant point joint l'armée dans le délai de l'armistice (3) ».

Larnaudie raconta qu'en venant de La Graville un étranger lui avait demandé de l'accompagner à Figeac, où il le ferait coucher après l'avoir fait manger et boire, et où il lui donnerait l'étrenne. Sur cette promesse, il s'était mis en marche avec cet individu pour Figeac.

Arrivé près du pont du Gua, l'étranger se serait arrêté et lui aurait proposé d'échanger réciproquement de costume. De plus, il lui aurait demandé de se charger de tous les effets dont il était porteur. L'individu arrêté acquiesça aux désirs de son compagnon. Les deux hommes continuèrent leur route jusque dans l'intérieur de la ville. Mais jamais l'individu suspect ne put savoir ce que cet étranger allait faire à Figeac; surtout il ignorait que cet étranger s'appelait Guary (4).

Quoi qu'il en soit de la sincérité de Larnaudie dans ses dires, il avait été arrêté. Le commandant avait fait une capture au cours de ses recherches dans les rues de Figeac. On ne fut pas aussi heureux à Catus et ailleurs, durant les visites domici-

---

(1) Série L. 276, numéros 108 à 111.
(2) Ibid.
(3) « Archives départementales », série L. 263.
(4) Ibid., numéro 1.
(5) Ibid., numéro 2.

(1) Ibid., numéro 3.
(2) « Archives du Lot », série L. 263, n
(3) Ibid.
(4) Ibid.

liaires qui se firent au cours de cette année-là (1).

Le 5 complémentaire an VII (21 septembre 1799), l'administration municipale de
Catus écrivit à l'administration départementale qu'elle ne cessait « de faire les visites domiciliaires, en vertu de l'arrêté du
12 fructidor ». Mais elle dut avouer qu'elle
n'avait arrêté personne (2).

On ne fit non plus aucune capture à
Goudou, d'après une lettre de la municipalité du 3e jour complémentaire an VII
(19 septembre 1799).

Le 1er jour complémentaire an VII
(17 septembre 1799), l'administration municipale de Luzech ordonna des visites qui
n'aboutirent à aucun résultat (3).

L'administration cantonale de Caussade
raconte, à la date du 27 vendémiaire an
VII (18 octobre 1798), qu'on a fait visiter
le prêtre insermenté Fonssagrives, autorisé à faire sa réclusion à son domicile. Elle
fait accompagner le procès-verbal de cette
visite du rapport de l'officier de santé qui
a constaté la continuation du même état
d'infirmité chez ce prêtre (4).

Géraud Delpech, adjoint municipal,
avait assisté à la vérification de l'état de
santé de ce prêtre. Il avait été nommé à
cet effet, par l'administration municipale,
le 26 vendémiaire an VII (17 octobre
1798) (5).

En raison de son mauvais état, Fonssagrives était toujours digne de l'acte d'humanité qui a ordonné sa réclusion dans
sa commune (6). Il était, en effet, dans le
même état que jadis « d'obésité permanen-
té, gênant beaucoup sa respiration ». La
couleur de la peau était toujours « pâle et
blafarde ». Il éprouvait les mêmes douleurs
qu'autrefois « dans les reins, aux ure-
tres » (7).

Dans le canton de Martel, les visites domiciliaires furent ordonnées par l'administration municipale le 19 fructidor an VII (5
septembre 1799) (8). Elles le furent le 20
fructidor, dans le canton de Caylux (9), et
le 4e jour complémentaire an VII, dans celui de Luzech (10). On ne put découvrir aucun prêtre réfractaire au cours de toutes
ces visites domiciliaires.

Dans la commune de Cahors, les visites
n'aboutirent à aucun résultat, d'après une
lettre du 3e jour complémentaire an VII
(11). La loi du 26 thermidor an VII (13 août
1798) autorisait de nouvelles visites durant
un mois. C'est donc en vertu de cette loi
que se firent ces recherches dans la ville et
la commune de Cahors (12).

A Livernou les visites furent prescrites
par l'administration cantonale le 29 fructidor an VII (1). Elles le furent, dans le
canton de Gramat, le 28 fructidor (2) ; à
Lauzès, le 22 fructidor (3) ; à Molières, le
21 fructidor (4) ; à Martel, le 22 fructidor
(5) ; à Salviac, le 18 fructidor (6) ; à Cajarc, le 5e jour complémentaire (7) ; à Sarrazac, le 18 fructidor (8).

Le 5 complémentaire an VII, une lettre
de la municipalité de Catus relatait que
le canton se trouvait dans la plus grande
tranquillité (9). Il n'en était pas de même
dans le canton de Cajarc, à Toirac, où des
événements s'étaient produits à la suite
d'une rixe au milieu d'un repas. L'administration de Cajarc promit à l'administration centrale que ces troubles ne se renou-
velleraient plus (10).

Il n'y eut aucune capture, dans le canton
rural de Figeac, au cours des visites qui y
furent faites, d'après la lettre municipale
du 27 fructidor an VII (11).

Dans le canton de Monclar-en-Quercy,
les visites ne produisirent non plus aucun
résultat, si on en croit une lettre du 3e
jour complémentaire an VII (12). Il en fut
de même à Catus (13), à Latronquière (14),
à Montauban (15), à Souillac (16), à Puy-
l'Evêque (17), à Moissac (18), et dans d'autres cantons.

Durant l'an VIII, les visites domiciliaires se continuèrent encore comme en l'an
VII et en l'an VI. Mais partout ces perquisitions furent infructueuses.

On n'arrêta personne dans le canton de
Moissac et cependant on envoya du chef-
lieu de ce canton, le 7 vendémiaire an VIII
(29 septembre 1799), quatre extraits de
procès-verbaux de visites domiciliaires à
l'administration centrale, à Cahors (19).

Les administrateurs municipaux du canton de Saint-Géry rendirent compte au département, le 1er vendémiaire an VIII (23
septembre 1799), des visites domiciliaires
qu'ils avaient ordonnées dans le canton
à la date du sixième jour complémentaire
an VII (22 septembre 1798) (20).

D'après leur rapport, on s'était rendu
dans les maisons où l'on présumait trouver des prêtres réfractaires, afin de les
arrêter. A Bouziés-Bas, on était allé chez
Dablanc (21). Aux Masséries, on s'était ren-

---

(1) Série L 263, numéro 5.
(2) « Archives du Lot », série L 263, numéro 5.
(3) Ibid., numéro 6.
(4) Série L 263, numéro 10.
(5) Ibid., numéro 11.
(6) « Archives départementales », série L 263, numéro 12.
(7) Ibid., numéro 13.
(8) Ibid., numéro 14.
(9) Série L 263, numéro 15.
(10) Ibid., numéro 16.
(11) Ibid., numéro 17.
(12) Ibid., numéro 19.

(1) Série L 263, numéros 21, 22 et 23.
(2) Ibid., numéro 25.
(3) Ibid., numéro 26.
(4) Ibid., numéro 27.
(5) Série L 263, numéro 28.
(6) Ibid., numéro 29.
(7) Ibid., numéro 41.
(8) Ibid., numéro 43.
(9) Ibid., numéro 41.
(10) Ibid., numéro 41.
(11) Ibid., numéro 43.
(12) Ibid., numéro 43.
(13) Série L 263, numéro 46. Lettre municipale du
25 fructidor an VII.
(14) Ibid., numéro 49. Lettre municipale du canton
du 9 complémentaire an VII.
(15) Ibid., numéro 52. Lettre du 19 fructidor an
VII.
(16) Ibid., numéro 53. Lettre municipale du 22
fructidor an VII.
(17) Ibid., numéro 47. Lettre du 22 fructidor.
(18) Ibid., numéro 58. Lettre du 21 fructidor.
(19) Série L 263, numéros 54 et suivants.
(20) « Archives du Lot », série L 263, numéro 7.
(21) Ibid., numéro 8.

du dans la maison des Ribayrolles (1). A Saint-Cirq-Lapopie, on était allé perquisitionner au domicile de la famille des Gransault, à Porteroque, et dans la maison de François Bach Jeantou (2). A Esclanzels, on avait visité la maison de Jean Fréjaville (3). On s'était rendu de même à Berganty et à Lapeyre, où plusieurs maisons avaient été perquisitionnées (4).

A Vers, on fit des recherches minutieuses dans tous les appartements, caves et galetas de la maison de Marie Fayret et de celle de Jean Cambornac. Dans la même commune, d'après le procès-verbal du 1er vendémiaire an VIII concernant les visites domiciliaires du canton de Saint-Géry, on perquisitionna à la maison de Davy, au mas de Sabot (5).

Le 1er vendémiaire an VIII, on fit à Limogne et dans tout le canton des visites domiciliaires qui ne permirent nullement d'arrêter aucun réfractaire (6). La loi du 26 thermidor an VII dont il a été question autorisait pour un mois toutes ces visites domiciliaires que nous voyons se faire en l'an VIII, au mois de vendémiaire (7).

Le 17 vendémiaire an VIII (9 octobre 1799), on fit, en vertu de la même loi du 26 thermidor, des visites domiciliaires dans la ville et la commune de Montauban, sur les ordres de la municipalité du lieu (8).

Le 10 vendémiaire an VIII, à Cahors, on prit un arrêté prescrivant des visites, mais elles n'aboutirent pas (9). Elles ne donnèrent non plus aucun résultat dans le canton de Payrac, d'après une lettre du 6 vendémiaire an VIII (10). D'après une autre lettre du 1er vendémiaire an VIII (23 septembre 1799), les visites ne permirent aucune capture dans le canton de Saint-Céré (11).

Pour oser opérer de si nombreuses perquisitions contre les réfractaires, qui se contentaient de dire une messe dans une retraite quelconque ou d'administrer quelque sacrement en un endroit bien retiré, il fallait avoir la manie de la persécution. Mais cette manie, on l'eut amplement. Il est très facile de se rendre compte qu'il en fut ainsi.

On ne put rechercher les réfractaires qu'en les couvrant d'injures, en les insultant. On les recherchait très activement parce qu'ils insinuaient le fanatisme dans l'esprit des hommes du peuple. Il fallait sans doute purger le sol de la patrie de cette « vermine » qui le dévorait .On devait les arrêter, parce que eux seuls étaient la cause de tous les malheurs dont pouvait souffrir la nation. On leur attribuait d'ailleurs tous les vices et c'était ce qu'il y avait vraiment de grave et d'intolérable.

(1) Ibid.
(2) Série L 263, numéro 9.
(3) Ibid.
(4) Ibid.
(5) Ibid.
(6) Série L 263, numéro 18.
(7) Ibid., numéros 18 et 19.
(8) Série L 263, numéro 19.
(9) Ibid., numéro 30.
(10) Ibid., numéro 31.
(11) Ibid., numéros 50 et 51.

Mais, on vient de le voir, ces prêtres réfractaires si honnis du Directoire et de ses agents n'étaient pas découverts au cours des multiples visites domiciliaires organisées contre eux. Cependant on les recherchait aussi activement sinon davantage qu'on eût recherché des brigands, des voleurs de grands chemins

Ils n'étaient point découverts par la gendarmerie nationale et les administrations locales parce que les chrétiens chez qui ils se trouvaient cachés savaient les tenir éloignés de la vue des policiers républicains. Mais il fut vraiment extraordinaire qu'ils ne fussent pas découverts, puisque tout était organisé par le Gouvernement du Directoire, en vertu des lois et règlements en vigueur, pour que les réfractaires cachés ne pussent pas échapper « à l'œil toujours ouvert » de la police.

L'administration centrale réquisitionnait la force armée pour se rendre dans un canton, à Aynac, par exemple (1). Dès qu'elle arrivait sur place, les administrateurs municipaux lui fournissaient aussitôt tous les renseignements qu'ils avaient pu se procurer sur les prêtres à arrêter. Et, pour avoir ces informations, tous les moyens étaient employés, sans qu'il soit besoin de dire qu'on ne se faisait nul scrupule de faire usage de n'importe quels moyens, légitimes ou non, pour arriver à se renseigner exactement sur les individus en cause. La municipalité du lieu fournissait à cette force armée les listes et signalements des prêtres réfractaires résidant dans les communes du canton, ou soupçonnés d'y demeurer. Chacun des officiers astreints aux perquisitions voulues recevait même et ces listes et ces signalements. Dans les communes, les agents nationaux et, dans les cantons, les administrateurs et les commissaires près les administrations cantonales, ne cessaient ensuite, durant les courses multiples ou évolutions diverses de la troupe dans les localités, de la seconder de tous leurs efforts « pour parvenir à purger le sol du canton des brigands et des scélérats (les prêtres) qui l'infectent (2) ».

## XXI

### Le clergé insermenté et le bon ordre dans les communes

Le 5 prairial an V (24 mai 1797), l'administration centrale du Lot écrivait au ministre de la police générale, Charles Cochon, que des troubles sévissaient à Moissac. Il parlait notamment, dans sa lettre, des « manœuvres fanatiques » employées dans cette ville pour troubler l'ordre. Le 11 prairial an V (30 mai 1797), le ministre Cochon accusa simplement réception de la lettre à l'administration départementale (3).

En l'an VI et l'an VII, après le 18 fructidor comme avant le coup d'Etat, quand surgirent dans les communes ou les villes

(1) Série L 277, numéro 16.
(2) Ibid.
(3) « Archives du Lot », série L 142, numéro 4.

du département des troubles, les administrations surent plus que jamais en rendre responsables les prêtres réfractaires ou ceux qui les soutenaient. Avant le dix-huit fructidor, les administrateurs du Lot attribuèrent au parti des réfractaires, « aux fanatiques », des troubles qui avaient eu lieu à Moissac. Après le coup d'Etat, on les trouverait encore prêts à accuser de la sorte ce parti, à l'occasion de tout désordre surgissant dans les localités.

Cependant les troubles étaient rares dans le pays et ces prêtres cachés qu'on accusait tant de tramer dans l'ombre contre la République se tenaient bien tranquilles.

L'ordre et la paix régnaient autour d'eux. Ils se contentaient d'exercer en secret les fonctions de leur culte. Ainsi, à Montauban, la tranquillité y était parfaite et cependant sept prêtres, qu'on disait de grands perturbateurs de l'ordre, y vivaient cachés (1).

Les autres réfractaires, ceux que les administrateurs du département avaient placés sous la surveillance des administrations cantonales étaient eux aussi très tranquilles dans leurs communes respectives.

Dans le canton de Martel, le prêtre Pierre Compastié, insermenté, domicilié au chef-lieu même du canton, était un homme de paix. L'administration municipale cantonale donnait, le 16 brumaire an VII (6 novembre 1798), comme raison déterminante, pour le faire autoriser par le département à rester reclus chez lui, « qu'il n'est point connu de l'administration, que ce prêtre cherche à égarer par ses conseils, ses prédications, ou célébration du culte clandestin, les citoyens crédules » (2). En un style administratif, bien conforme au genre adopté à l'époque par les autorités constituées, l'administration municipale de Martel affirme donc bien ainsi très catégoriquement que le réfractaire Compastié fait tout pour ne pas compromettre l'ordre dans la commune de Martel. Il est vrai qu'il était malade, mais on ne peut que se plaire à voir, dans le langage employé par les administrateurs de son canton, un hommage rendu à son amour de la tranquillité et de la paix communale (3).

Pierre-Paul Selves, domicilié à Souloniès, dans le canton de Carlucet, mérita que l'administration municipale rédigeât, le 15 ventôse an VI (5 mars 1798), sur son compte l'attestation suivante :

« L'administration municipale de Carlucet, considérant que, tout le temps que ledit Selves est resté sur le territoire du canton, il n'a jamais troublé la tranquillité publique, ni qu'il y ait eu des plaintes sur sa conduite, estime qu'il peut être laissé sous la surveillance de l'agent municipal de la commune de Souloniès (4) ».

Le juge de paix du canton de Vayrac, Bonneval, certifia que le prêtre Antoine Teilhac n'avait « jamais troublé l'ordre public » et qu'il n'était point parvenu à sa connaissance qu'il ait fait des fonctions publiques relatives au culte (1). Ce prêtre habitait la commune de Carennac et Maniagues. Il devait y exercer clandestinement le culte, puisqu'il ne l'exerçait pas publiquement, et cependant le juge de paix de son canton est obligé de témoigner en faveur de son attachement à la paix dans sa localité. Bien plus, des compatriotes de Teilhac, domiciliés à Carennac, et d'autres, habitant les communes voisines, purent certifier que ce prêtre avait toujours vécu « retiré, bien paisible » et qu'il était « incapable d'occasionner aucun trouble et de compromettre la tranquillité publique (2) ».

Le 3 nivôse an VII (23 décembre 1798), l'administration municipale du canton de Catus attestait que le prêtre Montaignes, habitant le village de Gardelou, se tenait tranquille sur le territoire de la commune des Junies. D'après les renseignements qu'elle avait pris sur sa vie politique et morale, elle pouvait certifier qu'elle n'avait « aucun motif de se plaindre de sa conduite » (3). Déjà, le 21 brumaire an VII (11 novembre 1798), elle avait adressé à l'administration départementale des notes favorables sur la conduite politique de ce prêtre dans la commune (4).

Les prêtres âgés, malades ou infirmes qui s'adressent aux autorités constituées pour obtenir l'autorisation de rester reclus chez eux, sont même fiers de se proclamer partisans de la tranquillité publique.

Un prêtre plus qu'octogénaire, âgé de 87 ans et malade, Jean Dufau, domicilié à Montauban, se flatte, dans une lettre adressée à l'administration de la commune de Montauban, que « dans tout le temps d'une longue vie, aucun de ses concitoyens n'articulera des plaintes sur son compte (5).

Joseph Guyot, natif de la commune de Camy, compris dans les mesures édictées par la loi du 19 fructidor an V, s'était montré ostensiblement « l'ami du bon ordre et de la tranquillité », tout le temps qu'il était resté sur le territoire du canton de Carlucet, écrivaient à l'administration centrale les officiers municipaux de Carlucet, le 29 brumaire an VI (19 novembre 1797) (6). Il n'était jamais parvenu, au siège de l'administration cantonale, aucune plainte contre lui (7).

Le prêtre Pierre-Augustin Brousse, septuagénaire, sourd et presque aveugle, se disait incapable de nuire à l'ordre, dans une lettre qu'il écrivait en l'an VI à l'administration centrale du Lot. Il était trop infirme pour être en état de troubler sé-

---

(1) « Archives Départementales », Série L 276, numéros 108 à 111.
(2) « Archives du Lot », série L 277, numéro 26.
(3) « Archives du Lot », série L 277, numéro 26.
(4) Série L 161, numéros 155, et série L 161, numéros 18 et 19

(1) Série L 161, numéro 95.
(2) « Archives départementales », série L 161, numéro 94.
(3) Série L 277, numéro 57.
(4) Ibid.
(5) Série L 278, numéro 108.
(6) Ibid., numéro 15.
(7) Ibid.

rieusement la tranquillité publique. Mais, aurait-il été en bonne santé, qu'il lui aurait répugné d'être un fauteur de désordres. « Je suis hors d'état, écrivait-il aux administrateurs du département, de nuire à la chose publique. Mes moyens physiques et moraux me le permettraient-ils d'ailleurs qu'il répugnerait à mon cœur de nuire (1) ».

Si des prêtres réfractaires avaient troublé l'ordre, on les aurait eu vite arrêtés et condamnés à la déportation. Mais on peut compter ceux qui furent mis en état d'arrestation pour le motif d'ameuter les populations contre l'Etat.

L'administration municipale de la commune de Cahors voulut s'acquitter ponctuellement de la surveillance qu'elle devait exercer sur les prêtres âgés, malades ou infirmes, placés sous son autorité. Elle savait d'ailleurs que le ministre de la police générale rendait responsables les administrations municipales des troubles que ces prêtres pourraient occasionner dans les communes.

Elle prit tous les moyens qui pouvaient être à sa portée pour que les prêtres dont il est question ne troublassent pas l'ordre public. Elle chargea les commissaires de police « de veiller à ce que aucun des prêtres qui à cause de leur âge ou de leurs infirmités légalement constatées sont autorisés à rester en France, ne troublent point l'ordre public, les rendant responsables des événements. » Elle entendait dénoncer, en haut lieu, sur le rapport des commissaires, les prêtres qui auraient par leur conduite causé du trouble, afin de les faire arrêter et condamner à la déportation en exécution de la loi du 19 fructidor an V (2). Seulement elle n'eut à désavouer aucun prêtre. L'ordre n'était point troublé.

A Cahors comme ailleurs, de telles précautions prises contre les réfractaires étaient comme inutiles. On n'en arrêta pour ainsi dire pas pour raison de troubles.

Ils ne furent insoumis aux lois que sur le point de la célébration du culte que le Directoire voulait leur défendre, en dehors du cas de la prestation du serment de haine à la royauté. Jamais ils ne causèrent des troubles par amour seul du désordre, ou par pure hostilité contre la République. Tout au plus purent-ils se trouver mêlés à des troubles locaux à l'occasion de l'administration des sacrements, à propos de prédication ou de célébration illicite du culte.

<h3 style="text-align:center">XXII</h3>

**Les prêtres réfractaires du Lot soumis aux lois**

Partisans du bon ordre dans les communes où ils habitaient, les prêtres réfractaires, qu'ils fussent autorisés ou non à demeurer dans leurs familles ou auprès de leurs ouailles, se montraient encore entièrement soumis aux lois de la République.

Sans doute, ils n'obéissaient pas aux lois qui leur prescrivaient l'abstention de tout ministère sacerdotal du seul fait qu'ils ne prêtaient pas le serment de haine à la royauté et à l'anarchie. Ces lois-là, édictées par le pouvoir civil en des affaires purement religieuses et, par conséquent placées en dehors de son domaine, les réfractaires ne les reconnurent pas : ils les ignorèrent, quand leur conscience leur fit un imprescriptible devoir de ne pas les accepter. Lorsqu'on les leur appliqua, en les forçant à émigrer, ou en les empêchant de célébrer le culte sur tout le territoire de la République, ils se contentèrent de les subir.

Mais pour toutes les autres lois de la Révolution, ces mêmes prêtres se disent observateurs de la légalité. Ils ne s'insurgent nullement contre elles.

Bien plus, même pour les lois qu'ils n'entendent que subir parce qu'elles ordonnent des obligations qui vont contre leurs consciences, ils sont heureux de les observer en ce qu'elles ont de compatible avec leurs devoirs religieux.

Parmi ceux qui sont condamnés à l'émigration, beaucoup ne demandent qu'à émigrer, à obéir à la loi qui les chasse de leur pays, mais le plus souvent leur état de santé ne les autorise pas à partir.

Dans le nombre des prêtres laissés par le département dans les cantons sous la surveillance des municipalités, plusieurs poussent la soumission aux lois bien loin et même le plus loin possible. D'aucuns osent se flatter d'avoir travaillé dans le passé pour le gouvernement du Directoire, alors que celui-ci ne leur était manifestement guère sympathique. Certains disent leur désir d'être soumis. D'autres proclament que pour l'obéissance aux lois, ils feraient volontiers quelque sacrifice.

Il me semble que les textes qui vont suivre sont de nature à prouver que, même sous les coups de cette seconde grande persécution de la période révolutionnaire, le clergé de ce diocèse sut, malgré tout, remplir exactement les lois, même les plus dures, hormis celles qui les obligeaient de ne pas administrer les sacrements s'ils ne prêtaient pas le serment de haine à la royauté, ou de reprendre le chemin de l'étranger quand les fidèles réclamaient impérieusement l'accomplissement de leurs fonctions saintes pour opérer le salut de leurs âmes.

Ce sera là, je n'en doute pas, un argument de plus, fondé sur des faits incontestables, absolument authentiques, en faveur de cette thèse que le clergé français même réfractaire se montra alors aussi national qu'il pouvait l'être sous un régime de réelle terreur, aussi national qu'il l'avait été sous l'ancienne Monarchie et qu'il le fut sous le Concordat conclu entre Bonaparte et le Pape Pie VII en 1801.

Des prêtres insermentés se croient aussi fidèles observateurs des lois que les cons-

<hr>

titutionnels eux-mêmes. On reprochait au curé de Fajoles, dans le canton de Payrac, Barthélemy Lespinasse, de n'être pas d'accord avec un prêtre constitutionnel, habitant une commune voisine de Fajoles, « sur les opinions religieuses ». Mais le prêtre Lespinasse ne croyait pas pécher contre la loi qui lui accordait, disait-il, cette liberté. Et, en effet, la Constitution de l'an III avait proclamé la liberté de conscience, la liberté des cultes. Seulement, dans la pratique, on était loin de l'application d'un semblable principe. A Camy, à Payrac, on le faisait bien sentir à ce prêtre, à qui on faisait une guerre ouverte pour ses sentiments de soumission à Rome et d'opposition à l'Eglise constitutionnelle. L'indignation était même grande contre lui chez certains habitants de Camy. Cependant, en dehors de la question de l'indépendance de sa conscience sur le terrain des idées religieuses, Lespinasse croyait être partisan résolu des lois et du gouvernement (1).

« Il a recours avec confiance, écrivait-il à l'administration centrale du Lot au 1er février 1798, à votre justice et humanité, pour qu'il lui soit permis de profiter des privilèges de la liberté que la loi bienfaisante accorde à ceux qui lui sont soumis.... Il ne lui a jamais été rebelle.... Il a toujours prêché l'obéissance au gouvernement (2). »

On l'accusait d'avoir fait des assemblées nocturnes. Mais, étant malade, il n'aurait pu les faire. Il quitta d'ailleurs sa commune de Camy, au moment du 18 fructidor, pour éviter d'en organiser.

Il avait admis aux sacrements des acquéreurs des biens nationaux et n'avait point travaillé à troubler la jouissance paisible de leurs biens.

On l'accusait d'avoir tenu des propos et même « des discours peu décents contre le commissaire dudit canton de Payrac ». Mais ce prêtre prétend trop connaître « le respect qu'il doit aux autorités constituées pour s'oublier jusqu'à ce point et manquer si grossièrement (3). »

Lespinasse se disait disposé, comme il l'avait toujours été, « à se conformer aux lois autant qu'il pourra et sera de sa connaissance ».

On devait le reclure au chef-lieu du département et il se serait rendu à l'endroit désigné pour sa réclusion si ce n'avait été sa maladie, malgré son âge et ses infirmités, et s'il n'avait appris durant sa convalescence que ceux qui s'y étaient rendus avaient été renvoyés (4).

Même un prêtre concordataire de plus tard n'aurait pu, sous la Monarchie de Juillet, s'exprimer en des termes mieux choisis vis-à-vis des autorités et du roi. Le prêtre Lespinasse poussait donc bien loin, pour une telle époque de persécution, sa soumission aux lois !

Des insermentés avaient prêté le serment de haine de la royauté, que d'autres ne consentirent jamais à prêter, et, dans toutes circonstances, avaient donné à l'Etat des marques non équivoques de soumission et cependant ils se voyaient persécutés comme les plus intransigeants.

« Je me suis empressé de donner au gouvernement une preuve de mon attachement en prêtant le serment prescrit par la loi du 19 fructidor dernier, écrivait à Cahors, à l'administration centrale, en floréal an VI, Jean-Baptiste Ricros, autorisé par les lois à célébrer à Frayssinhes, dans le canton de Saint-Céré. Je me croyais ainsi autorisé à rester paisiblement en France, lorsque par lettre du 5 pluviôse dernier l'agent municipal de la commune de Frayssinhes m'a notifié, en vertu d'un arrêté de l'administration municipale du canton de Saint-Céré, en date de la veille, les dispositions de votre lettre du 26 nivôse dernier, et m'a en conséquence interdit tout exercice du culte, soit en public, soit en particulier, comme n'étant pas admissible au serment, en me déclarant que je resterais sous sa surveillance la plus sévère, jusqu'à ce que vous aurez statué sur la pétition que je vous présente (1) ».

Le prêtre Ricros avait cru, en octobre 1797, pouvoir continuer le ministère dans sa commune sans être nullement entravé, en prêtant le serment de haine à la royauté. Il croyait encore pouvoir exercer sans difficulté à Frayssinhes ses fonctions sacerdotales. Seulement, les événements avaient marché. Le 12 janvier 1798 (23 nivôse an VI), quelques mois seulement auparavant donc, les Cinq-Cents avaient voté que les prêtres admis à prêter le serment de haine devaient avoir prêté les serments antérieurs, y compris le serment constitutionnel. Comme il n'était pas un ancien constitutionnel, il ne devait plus avoir droit, au lendemain du vote de ce nouveau texte législatif, à exercer le ministère dans sa paroisse. Mais il n'empêche que sa lettre à l'administration départementale ne revête le plus haut intérêt pour montrer que des prêtres réfractaires avaient pour la République et ses lois le plus profond respect.

« Si la conduite la plus franche, je puis même dire la mieux intentionnée en faveur du gouvernement actuel, continue-t-il dans sa lettre adressée à Cahors, si les efforts que je n'ai cessé de faire pour lui rallier tous les citoyens avec lesquels j'ai eu des communications, étaient des motifs suffisants pour vous porter à faire en ma faveur une exception à la règle générale, j'ai l'orgueil de croire que j'en serais digne ; mais comme la loi n'admet pas d'exception et que je ne cesserai de me soumettre à celles qui pourraient me concerner, j'ai de suite suspendu l'exercice du culte que vous m'avez interdit (2) ». Ce prêtre était tombé ma-

---

(1) « Archives du Lot », Série L 161, numéro 12
(2) Ibid.
(3) Série L 161, numéro 12.
(4) Ibid.

(1) Série L 161, numéro 97.
(2) Série L 161, numéros 97 et 96.

lade et même infirme. Il avait été classé par l'administration municipale du canton de Saint-Céré au rang des prêtres malades ou infirmes, au mois de vendémiaire an VI. Il demandait donc que, vu son obéissance aux lois dans tout son passé, il fût déclaré par le département « incapable de supporter la peine de déportation sans danger pour sa vie, et conséquemment autorisé à rester dans son domicile sous la surveillance de la municipalité. » Celle-ci ne devait avoir à l'avenir à formuler aucune plainte sur son compte (1).

Le 14 floréal an VI (3 mai 1798), l'administration centrale nomma Lafleur et Souilhac officiers de santé à Saint-Céré, pour examiner Ricros. Elle voulait savoir si vraiment ce prêtre devait être exempt de la déportation (2).

L'administration municipale du canton de Saint-Céré rendit hommage à l'esprit de soumission aux lois de ce prêtre et le reconnut « réellement infirme ». En émettant l'avis, dans son arrêté du 16 thermidor an VI (3 août 1798), que Ricros devait être mis simplement sous la surveillance de l'agent de sa commune, comme prêtre infirme, elle sut reconnaître que ce prêtre avait prêté le serment de haine le 11 brumaire an VI (1er novembre 1797), conformément à la loi récente du 19 fructidor an V, qu'il avait fait sa soumission aux lois de la République prescrite par la loi du 7 vendémiaire an IV, et que, pendant qu'il avait exercé les fonctions de ministre du culte catholique dans la commune de Frayssinhes, dans le temps où il y était dûment autorisé, il avait prêché constamment l'obéissance aux lois de la République et qu'il ne s'était manifesté aucune espèce de trouble dans ladite commune (3).

A Montauban, le prêtre Antoine Fenouillet, âgé de 77 ans, ayant eu deux attaques d'apoplexie depuis 1793, hors d'état d'agir et de faire le plus petit exercice, demandait à n'être pas reclus à Cahors dans une maison de détention, en raison de son grand âge et de ses infirmités, mais aussi en raison de ce qu'on sait de lui « qu'il n'a jamais troublé l'ordre ni la tranquillité publique (4). » Sa pétition à l'administration municipale de la commune de Montauban est du 4 brumaire an VI (25 octobre 1797).

Un autre prêtre, Géraud-Martin Bellerive, ancien Bernardin, âgé de 77 ans, avait voulu obéir à l'arrêté départemental qui le mettait en réclusion au chef-lieu du département. Il s'était mis en route pour se rendre à Cahors. Il n'était pas arrivé dans la commune de Cavrac, qu'il se sentit « pressé par une infirmité habituelle au point qu'il lui est impossible de continuer son chemin pour se rendre à sa destination ». Il demanda à l'administration départementale de lui accorder le temps nécessaire pour se mettre à même de se rendre au lieu de l'administration centrale (1).

Quoique durement traité par l'arrêté du département, ce prêtre avait commencé par y obéir. On ne pouvait pas se montrer plus soumis aux arrêtés des administrations.

Jean-Louis Allbouis, de la commune de Cahors, avait observé exactement les lois de son pays. « L'exposant, dit-il lui-même dans une lettre à l'administration centrale de l'an VI, ne trahira pas la vérité. Il avait cru pouvoir prêter le serment prescrit aux prêtres par la Constitution civile du clergé, mais des doutes sur cette demarche ayant inquiété sa conscience », il l'avait rétracté (2). Ce texte a pu être déjà allégué, mais il convient de le citer encore une fois dans ce chapitre, parce qu'il montre très bien que des prêtres furent empressés tout d'abord à suivre les lois religieuses du pays, à faire ce qu'elles demandaient, surtout parce qu'elles étaient les lois de la France. Semblable texte sert bien encore à prouver que, s'il fallut à certains prêtres dans la suite rétracter une première adhésion à la loi du serment à la Constitution civile du clergé, ce ne fut que pour des raisons impérieuses de conscience. On n'eut même le courage d'une telle rétractation que parce qu'elle était imposée par des raisons autres que celles qu'auraient pu présenter un certain opportunisme ou une certaine sagesse purement humaine.

Le prêtre Antoine-André Gaillard, de Saint-Céré, avait émigré en 1792, au lendemain du vote de la loi du 26 août. Cependant, à son retour d'Espagne, en l'an VI, après le dix huit fructidor, il se disait « fidèle observateur des lois ».

Il ne se trompait pas (3). La loi du 26 août 1792 l'avait mis dans l'alternative de prêter le serment constitutionnel ou de sortir de France. Ne voulant pas prêter ce serment condamné par le Pape Pie VI, il avait émigré. Il avait donc exécuté cette loi. Après le vote de la loi du 7 fructidor an V, qui rappelait les prêtres d'exil, il était rentré en France. Il avait encore observé la loi de son pays. Il avait pu se croire légitimement autorisé à rentrer dans ses foyers. Mais, à peine rendu en France, la loi du 7 fructidor était rapportée par celle du 19 fructidor, qui l'obligeait à se séparer de nouveau de sa famille. Il voudrait obéir « sans balancer » à la nouvelle loi, mais sa santé débilitée par les souffrances essuyées en Espagne, ne le lui permettait pas.

On le voit : Gaillard était sincère en disant qu'il aimait à exécuter les lois du pays. Il les avait appliquées toutes.

Le prêtre Boudy était sujet à la réclusion. Lors de la première réclusion, il avait été exempté de se rendre à Cahors, dans une maison de détention. Par arrêté du

---

(1) « Archives du Lot », Série L 161, numéro 98.
(2) Série L 161, numéro 98.
(3) Ibid.
(4) Série L 161, numéros 55 et 56.

(1) Série L 278, numéro 25.
(2) « Archives départementales », série L 161, numéro 139.
(3) Série L 161, numéro 110.

département, il avait été mis, à cette époque, sous la surveillance de la municipalité des Junies. Ce qui lui avait valu, il y avait quelques années, cette faveur de la part de la municipalité des Junies, c'est qu'il avait acheté des biens nationaux et « qu'il avait toujours prêché l'amour du gouvernement (1). »

Un certain Dolique, ami d'enfance de ce prêtre et de l'administrateur départemental Martin, écrivit de Cahors, le 2 brumaire, an VI (23 octobre 1797), à ce dernier pour l'intéresser au cas de Boudy. Dans cette lettre on voit fort bien que, quoique insermenté, ce prêtre était réputé pour ses bons sentiments à l'égard des pouvoirs publics.

« Prêt à partir, mon cher Martin, je me rappelle qu'on vous a présenté une pétition pour exempter de la réclusion notre paresseux condisciple Boudy... Je vous avance que j'ai été aux Junies pour savoir ce qu'il devenait et que je l'ai trouvé dans le même état d'infirmité, un peu empiré, et n'y voyant presque plus à se conduire. Je lui ai demandé s'il était vrai, comme l'on me l'avait assuré, qu'apprenant le refus que faisaient les réquisitionnaires des Junies pour aller à Montauban, il avait été chez eux pour les exhorter à partir, ce qui lui avait réussi. Il m'a répondu que c'était les principes politiques qui l'avaient toujours dirigé, qu'il mourrait ami du gouvernement. Enfin, je me suis convaincu de nouveau que, si tous les prêtres étaient comme lui, il vaudrait mieux les donner au peuple que de les enfermer, et qu'il ne peut y avoir aucun danger à le laisser sous la surveillance de l'administration. Adissias pour quinze jours. — Dolique (2) ».

Bonaparte dut bien reconnaître que tous les prêtres de France étaient généralement amis de l'ordre et des lois, puisqu'il se garda bien d'en reclure aucun, qu'il tâcha même de les faire sortir de réclusion ou d'exil dès qu'il le put, et sut les donner au peuple pour le diriger et le conduire dans la voie de la soumission aux lois et au gouvernement, pour lui prêcher que tout citoyen devait accorder à César ce qui lui était dû aussi bien qu'il devait donner à Dieu le culte qui était prescrit.

Le prêtre Antoine Denucé-Laboissière, de la commune de Souillac, avait, comme Antoine-André Gaillard, voulu émigrer par obéissance à la loi du 26 août 1792. Il était rentré, en conformité avec la loi du 7 fructidor an V, avant le coup d'Etat du 18 fructidor. Il allait repartir pour l'Espagne, en vue d'obéir à la loi du 19 fructidor an V, quand il en fut empêché par une maladie de nerfs et une autre maladie des yeux (3).

Le 7 pluviôse an VII (26 janvier 1799), l'administration municipale de Souillac rendait hommage aux bons sentiments politiques de ce prêtre (4). Elle avait tâché de se renseigner sur son compte et elle avait obtenu de très bons renseignements à son sujet.

D'après le rapport que firent sur Antoine Denucé-Laboissière les commissaires nommés par les administrateurs cantonaux de Souillac, pour prendre des informations dans la commune, à son sujet, ce prêtre était « très soumis aux lois de la République ». Il paraît même que Denucé affirma lui-même aux commissaires ses sentiments de soumission aux lois du pays. Mais, comme toujours le faisaient à l'occasion les prêtres insermentés interrogés sur leurs sentiments confessionnels, il exigea des commissaires et des autorités constituées qu'ils représentaient qu'on lui laissât toute liberté « de garder son opinion religieuse ». En ce qui concernait son ministère, il se contenta de dire aux commissaires que, quand bien même il voudrait faire des fonctions, ses infirmités ne le lui permettraient nullement. On l'interrogea pour savoir s'il en ferait encore. Mais il répondit qu'il n'y pensait plus et que « son intention était de vivre en bon républicain et en homme soumis aux lois de la République (1). »

Semblable rapport pouvait permettre à l'administration cantonale de Souillac de dire de ce prêtre qu'il ne troublait en rien la tranquillité publique. Il l'autorisait même à rester dans ses foyers jusqu'à sa guérison (2).

Mais que penser d'un prêtre ancien émigré sujet à la déportation, qui, sur le point de revenir en exil, s'affirme quand même « bon républicain et homme soumis aux lois » (3) ? Ces prêtres réfractaires, même émigrés de la première heure, n'étaient donc pas aussi insoumis qu'on les en accusait.

Un prêtre réfractaire s'adressait aux administrateurs du département du Lot « comme aux dépositaires de la justice et aux bienfaiteurs de l'humanité ». Il voulait obtenir d'eux la liberté. C'était Ginet, de Moissac. Dans une lettre du 22 frimaire an VIII (13 décembre 1799), adressée au département, il se disait soumis aux lois et garantissait n'avoir causé aucun trouble dans sa commune de Moissac (4).

Jean Vieussens, du Vigan, prêtre insermenté, aurait voulu obéir à la loi du 19 fructidor an V, mais il ne l'avait pas pu à cause des graves infirmités dont il était accablé et qui l'avaient mis hors d'état de faire aucun mouvement. Depuis cette époque, il était « enseveli dans la plus profonde retraite pour se soustraire aux peines portées par une loi à laquelle son état le mettait dans l'impossibilité d'obéir ». Aussi avait-il ignoré jusqu'au moment où il écrit, le 19 floréal an VI (8 mai 1798), l'arrêté du département du 27 brumaire an VI (17 novembre 1797). Cependant cet arrêté

---

(1) Série L 278, numéro 88.
(2) « Archives du Lot », Série L 162, numéro 6.
(3) Ibid.
(4) Ibid., série L 162, numéro 9.

(1) « Archives du Lot », Série L 162, numéro 8.
(2) « Archives du Lot », série L 162, numéro 9.
(3) Ibid., numéro 8.
(4) « Archives départementales », série L 278, numéro 67.

de l'administration centrale portait en substance que les prêtres atteints par la loi du 19 fructidor, qui ne pourraient lui obéir en raison de leurs infirmités, devaient s'adresser au département pour qu'il fût statué sur leur mise en liberté. Maintenant qu'il connaissait cet arrêté, il en demandait l'exécution en sa faveur (1).

Vieussens voulait qu'on lui appliquât un arrêté qui lui était favorable. Mais il savait proclamer son désir d'obéir aux lois de son pays, même quand elles le frappaient (2).

Le prêtre réfractaire Joseph-Antoine-Dominique Vernède, habitant Montauban, voulait, pour se conformer à la loi du 19 fructidor, aller prendre un passeport à Cahors pour sortir du territoire de la République. Seulement, on était au moins au 7 brumaire an VI et le dernier délai pour la délivrance de ces passeports était fixé au 10 du courant. Il ne pouvait, de ce moment-là au 10 brumaire, faire le voyage de Cahors pour prendre un passeport. Surtout, il ne pouvait faire un voyage encore plus long pour émigrer loin de France. Cependant il était désireux de se soumettre aux lois de son pays. C'est pourquoi, ne pouvant les observer dans la circonstance, il demandait à l'administration départementale de nommer des officiers de santé à l'effet de constater l'état de sa maladie et son impuissance absolue de voyager à cause de son âge et de ses infirmités (3).

Dans sa demande, il sait affirmer ses principes d'obéissance aux lois. D'après lui, il est du devoir de tout bon citoyen de prouver sa soumission aux lois de son pays. Il compte sur la bienveillance du département « avec d'autant plus de confiance qu'il est connu pour être d'un naturel paisible, soumis aux lois, ami de la concorde, et, il use le dire, incapable de fomenter des dissentions et de propager des haines entre les enfants d'une même famille de la République (4). » Ces paroles d'un ancien émigré sont, comme d'autres déjà citées, parmi les plus probantes en faveur de l'esprit soumissionnaire aux lois du clergé réfractaire.

Le prêtre Ressayré, natif de Castelsarrasin et y habitant, se trouvant à Montauban depuis environ un mois et demi, sur le conseil de son médecin, pour y prendre des remèdes, écrit à l'administration municipale de la commune de Montauban pour qu'elle porte ses réclamations aux administrateurs du Lot. Il voulait obtenir un délai pour émigrer. Il faisait adresser sa pétition au département du Lot, parce qu'il n'avait pas le temps, avant le 10 brumaire, de la faire parvenir à Toulouse à l'administration de la Haute-Garonne dont dépendait la ville de Castelsarrasin. On sait qu'après cette date on n'accordait plus de délai pour émigrer (1). La pétition fut bien accueillie à Cahors, parce que, au dire des administrateurs du Lot, « la loi n'exige pas ce que l'on doit, mais ce que l'on peut dans le moment de son exécution (2). » Et les administrateurs du département se rendaient compte que le prêtre Ressayré avait fait tout son possible pour se mettre en règle avec la loi du 19 fructidor an V. Ce prêtre n'était donc pas, lui non plus, un insoumis.

L'administration municipale de la commune de Montauban parlait du prêtre Jean Lamothe, habitant la ville de Montauban depuis trente années, plus que septuagénaire, comme d'un prêtre très soumis aux lois. Elle était forcée de lui reconnaître « un caractère doux, honnête » et de le dire « paisible » (3).

Au témoignage d'un habitant de Crayssac, Jacques Gély, le prêtre Cambrouse, domicilié dans cette localité, déclarait chez lui « dans la maison de sa résidence », à qui voulait l'entendre, « que tout le monde devait se conformer aux lois ». Ce prêtre, un rétracté cependant, faisait profession d'une telle soumission aux lois tout en faisant aux gens la lecture des « papiers publics » (4).

Un prêtre infirme, sourd, presque aveugle, septuagénaire, « poursuivi par le malheur » et « accablé de misère » (5), Pierre-Augustin Brousse, domicilié à Lauzerte, se disait en l'an VI, auprès des administrateurs du département du Lot, désireux « de vivre soumis aux lois du gouvernement » (6).

Le prêtre Gausserès, ancien émigré en Espagne, avait profité de la loi du 7 fructidor an V qui le rappelait en France. Il était arrivé à Cahors couvert d'infirmités, quand la loi du 19 fructidor an V le forçait à émigrer de nouveau. Il écrit à l'administration centrale du Lot, en octobre 1797, pour lui exprimer son désir d'obéir à la loi, dès que sa santé sera meilleure. Il veut « se mettre en marche de suite que sa santé se trouvera un peu rétabli » (7).

L'obéissance aux lois de la République porterait volontiers Joseph Ségui, domicilié à Assier, canton de Livernon, à faire le sacrifice de s'expatrier à nouveau. Ce prêtre veut obéir aux lois de son pays. Il a émigré pour obéir aux lois de 1792 et de 1793. Il obéirait de même à la loi du 19 fructidor an V qui le condamne à reprendre le chemin de l'étranger. Mais il ne le peut, uniquement « parce que ses forces et sa santé entièrement usées ne lui permettent pas absolument de voyager de quelque manière que ce soit (8). »

Claude Doylié, né à Gourdon, voudrait « se soumettre sans délai » à la loi récente

---

(1) « Archives Départementales », Série L 161, numéro 47.
(2) Ibid.
(3) « A. D. », série L 161, numéro 31.
(4) Ibid.

(1) « Archives du Lot », Série L 278, numéro 62.
(2) Ibid.
(3) « Archives du Lot », série L 161, numéro 108.
(4) Série L 276, numéro 98.
(5) Série L 161, numéro 152.
(6) Ibid.
(7) Série L 278, numéro 111.
(8) « Archives du Lot », série L 161, numéro 28. Lettre à l'administration centrale, du 28 vendémiaire an VI (19 octobre 1797).

du 19 fructidor et aux arrêtés du département des 1er et 16 vendémiaire qui le condamnent à la réclusion à Cahors. Seulement, il se trouve dans l'impossibilité même de se déplacer « même pour sortir de sa maison », tellement il est infirme (1).

Joseph Hébrard, de Saint-Sulpice, prêtre réfractaire, domicilié dans la commune de Blanzac, canton de Cazes-Mondenard, écrivait à l'administration départementale qu'il ne savait qu'obéir aux autorités. « Je me suis toujours fait une loi, disait-il même, d'aller au devant « des lois » qui me gouvernent (2). » Et, plus loin, « Je suis à vos ordres, y déclarait-il encore, quelque chose qui me soit intimé de votre part ; j'irai à Cahors, partout où vous croirez que je doive être (3). »

Le prêtre Jean Girles, du canton de Gourdon, « dans le tombeau où il a été enseveli vivant », n'avait pu connaître l'arrêté départemental du 27 brumaire an VI, favorable aux prêtres infirmes, traînant depuis longtemps « sa douloureuse existence » au milieu d'infirmités diverses, il s'adresse à l'administration centrale du Lot pour réclamer en sa faveur l'application des « dispositions bienfaisantes » de l'arrêté du 27 brumaire. L'administration municipale du canton de Gourdon attesta, à son sujet, qu'il n'avait jamais porté le trouble dans les consciences et avait toujours appliqué les lois. Il était sans doute infirme et ne pouvait exercer le culte. Mais, d'après le certificat des administrateurs cantonaux de Gourdon, on se rend compte que ce prêtre était un ami de la paix et des lois de son pays.

Le clergé réfractaire était tel et cependant on sait le langage que tenait à son égard un commissaire comme celui de Lacapelle-Marival, le commissaire Delsouc. Et ce commissaire du Haut-Quercy n'était pas le seul à mal parler des prêtres réfractaires. D'autres fonctionnaires du Directoire, des agents municipaux ou nationaux, des administrateurs, dans le Lot, donnaient à ces prêtres les qualificatifs les plus désobligeants. Signalons-en quelques-uns, afin que le lecteur puisse avoir une idée de la manière fort injuste dont les agents du Directoire traitaient ces prêtres qui, dans leurs rapports avec les administrations, se proclamaient très soumis aux lois et aux ordres des autorités constituées.

Les réfractaires sont « une race viporique », pour le commissaire de l'administration du canton de Latronquière. Ils enveniment effrontément les âmes faibles (4). Ils sont encore, pour le même commissaire, « une race infernale » (5).

Les administrateurs cantonaux de Fons parlent de réfractaires comme de fanatiseurs du peuple, dont la présence dans les communes est un obstacle « à la propagation des principes républicains » (6).

Une lettre de la municipalité du canton de Bruniquel représentait le prêtre réfractaire Couderc, domicilié dans la commune de Montricoux, comme « un perturbateur du repos public » (1). Les administrateurs locaux traitent souvent de la sorte les réfractaires.

On les traite encore assez souvent de prêtres insoumis aux lois (2). La conduite de Ventach à Mayrinhac-Lentour est jugée « antirépublicaine » par les membres de l'administration cantonale d'Aynac (3). Les administrateurs ou les commissaires du Directoire traitent parfois de « scélérats » des prêtres insermentés. Ainsi, le commissaire près l'administraion cantonale d'Aynac, écrivirent à l'administration centrale du Lot, parlent du « scélérat prêtre Prouillac » (4).

Rarement, les administrateurs locaux désignèrent, sous le nom d'être féroces, les prêtres réfractaires. Mais le commissaire Delsouc, de Lacapelle-Marival, ne se gênait nullement pour les appeler de la sorte.

Dans les cantons., on parlait beaucoup des prêtres comme des ennemis de la République. Mais, en cela, ils ne faisaient qu'inviter le ministre même de la police générale Sotin qui, le 18 nivôse an VI (7 janvier 1798), écrivait de Paris à l'administration centrale du Lot contre « ces irréconciliables ennemis de la République » qu'étaient les insermentés, occupés uniquement à prêcher partout le fanatisme et le mépris du gouvernement républicain (5).

Les administrateurs du département Ysarn, Martin, Satur, Lacroix, Perdrix et le commissaire Souilhé près l'administration centrale reconnaissent un certain nombre de prêtres du Lot « pour être du nombre des plus dangereux à la chose publique, à raison de leur conduite constamment contre-révolutionnaire, et de l'influence qu'ils exercent sur l'opinion publique (6).

Albouys, président de l'administration municipale du canton de Lauzerte, écrit, le 18 brumaire an VI (9 octobre 1798), à l'administration du département qu'on devait transporter à Cahors un prêtre réfractaire, âgé de 69 ans, inscrit sur la liste des émigrés et non rayé, résidant dans le canton, à Lauzerte même, nommé Pierre Dupeyron. On devait le faire partir de la commune, chef-lieu du canton, parce que, s'il y restait encore plus longtemps « ce serait une peste, le triomphe des fanatiques » (7). On allait donc jusque là, à considérer les insermentés comme « la peste » dans les communes.

C'est en appliquant les « circulaires minutieuses » du ministre de la police géné-

---

(1) Série L 278, numéro 35.
(2) Série L 161, numéro 2.
(3) Ibid.
(4) « Archives du Lot », série L 276, numéro 81.
(5) Ibid.
(6) « Archives du Lot », série L 276, numéro 67.

(1) Série L 162, numéro 2.
(2) Voir par exemple pour le prêtre Delort, domicilié à Sabadel, commune de Latronquière. Série L 276, numéros 92 et 93.
(3) Série L 276, numéro 48.
(4) Série L 277, numéro 71.
(5) Série L 142, numéro 36.
(6) Série L 276, numéro 44 bis.
(7) « Archives du Lot », série L 257, numéro 14

rale des 9, 20 vendémiaire (30 septembre et 11 octobre 1797) et du 25 nivôse an VI (14 janvier 1798) et les arrêtés divers de l'administration départementale, en faisant aux réfractaires « de véritables chasses », que les autorités locales employaient ces expressions diverses pour désigner les insermentés. Mais, il faut reconnaître que leur haine contre cette catégorie de prêtres n'était inspirée que par leur propre haine du Pape, dont les insermentés étaient restés, malgré la persécution, les prêtres respectueux et soumis. Le Directoire ne faisait, d'ailleurs, persécuter le clergé réfractaire que pour pouvoir, dans la mesure du possible faire faire « fructidoriser » par ses agents et ses administrateurs le Pape dans la personne des prêtres

En France, la République ne pouvait atteindre le Pape et le frapper qu'en frappant tout un clergé resté fidèle à ses ordres qu'on tâchait d'atteindre le plus facilement possible.

Un jour vint bien cependant où on fit fructidoriser, à Rome même, ce Pontife suprême, auquel demeurait obstinément fidèle l'immense majorité du clergé français.

Après octobre 1797, au lendemain du traité de Campo-Formio (17 octobre), le gouvernement du Directoire fut loin de favoriser le Pape Pie VI. Il poussa Joseph Bonaparte, ambassadeur de France à Rome, à lui opposer dans sa propre ville un mouvement révolutionnaire. On sait qu'au cours des troubles qui furent ainsi organisés à Rome, le général Duphot fut massacré le 28 décembre 1797. L'ambassadeur reçut l'ordre de quitter la ville après ce massacre et l'armée d'Italie marcha aussitôt sur Rome. L'armée française, commandée par Berthier, entra dans Rome le 10 février 1798. La République y fut proclamée et placée sous la protection de la République française. Le Directoire fit arrêter Pie VI et celui-ci fut fait prisonnier.

Après les évènements de Rome, qui venaient en même temps que ceux de la persécution religieuse en France, le Directoire put être content de son œuvre. Le grand coupable, le véritable chef des « fanatiseurs de France, de cette race de vipères » qui envenimaient le pays, celui qui commandait ces « être féroces, scélérats » qui causaient, d'après le Directoire et ses agents, les pires maux à la République et à la nation, n'était plus rien. Il était détrôné et en captivité. On était arrivé à combattre, enfin, non seulement les membres de la famille sacerdotale, mais encore celui qui en était le père et s'en était constitué, dès les débuts de la période révolutionnaire, l'inspirateur et le directeur opiniâtre.

## XXIII

### Les arrestations

La loi du 19 fructidor an V ne servit qu'à accabler les réfractaires et les royalistes. En vertu de cette loi, les oppresseurs eurent liberté entière pour terroriser autour

d'eux. On eut de nouveau des opprimés aussi nombreux qu'en 1793 ou 1794.

C'est au cours des arrestations qui eurent lieu durant cette seconde terreur qu'on put voir dans la pratique combien la liberté n'existait vraiment qu'en paroles. On enlève tous droits à cette classe détestée de prêtres qui, cependant, aimaient à se dire soumis aux lois et amis de la tranquillité publique dans tous leurs rapports nécessaires avec les autorités constituées.

Ceux des anciens émigrés faits prisonniers sont traités cruellement et même des malades qu'on arrête sont conduits en réclusion avec inhumanité.

On mettra la main sur le plus grand nombre de prêtres réfractaires possible. Les prêtres âgés ou infirmes, qui sont l'objet d'une surveillance « inquisitoriale », ne sont jamais sûrs de coucher le soir à leur propre domicile. S'ils sont dénoncés comme suspects ou comme perturbateurs de l'ordre, ils peuvent s'attendre à être conduits en prison. Les prêtres cachés sont continuellement menacés d'une arrestation. Eux surtout ne seront pas épargnés. Un ordre d'arrestation est ordinairement suspendu sur leur tête.

Tout agent du Directoire fut désormais, aussi bien que sous la première terreur, comme un pacha dans sa région : sur un signe de sa part, la main d'un gendarme put librement s'abattre sur l'épaule d'un réfractaire. L'ordre fut d'arrêter le plus possible de prêtres pour entretenir la crainte parmi les populations. Le Directoire avait conçu le beau programme, au lendemain de « Fructidor », de régner par l'épouvante et la terreur.

Nous allons voir des prêtres qui d'innocents deviendront coupables sur un simple soupçon. On les arrêtera au plus tôt, dès que la moindre accusation pèsera sur eux.

Dans leur infortune, si grande qu'elle fût, ces réfractaires surent avoir du courage. Ils nous apparaissent moralement bien trempés. Ils étaient bien l'élite de la nation, capables des plus hautes vertus dans l'adversité autant et plus peut-être que dans le bonheur de leurs anciennes demeures presbytérales.

Les arrestations des anciens émigrés profitaient quelque peu à ceux qui les opéraient. Le 24 messidor an VI (12 juillet 1798), le Directoire fit voter par le corps législatif une loi qui attribuait des récompenses pour l'arrestation de tout émigré, de tout prêtre déporté rentré ou de tout prêtre sujet à la déportation. Une arrestation de ce genre rapportait de 300 à 2,400 francs. L'arrestation de tout chef d'une bande d'assassins ne donnait pas plus de ressources, d'après cette loi de messidor. On put ainsi voir des gens soldés autant pour travailler à l'arrestation de prêtres que pour travailler à celle de chefs d'assassins.

Le vote de cette loi fut obtenu d'urgence. On a appelé semblable loi « loi pour la répression du brigandage ». Tout prêtre émigré rentré sur le territoire, tout prêtre sujet à la déportation était donc considéré aussi peu qu'un brigand et même qu'un chef de bande d'assassins ou de brigands.

Le 11 brumaire an VI (1er novembre 1797), l'administration municipale de la commune de Cahors ordonna que les prêtres sujets à la déportation, trouvés sur le territoire de la commune, fussent arrêtés pour être conduits à Périgueux et être livrés à la commission militaire, conformément à l'article 2 de l'arrêté départemental du 1er vendémiaire an VI (22 septembre 1797). Les commissaires des quatre sections de Cahors étaient chargés, sous leur responsabilité, de faire arrêter sur le champ tous ces prêtres ainsi que tous les individus inscrits sur la liste dse émigrés qui n'auraient pas été définitivement rayés, s'ils en trouvaient sur leurs sections respectives. Ils devaient faire arrêter encore tous les ecclésiastiques exempts de la déportation, pour les conduire à l'aile droite de l'ancien Séminaire qui était le lieu désigné pour leur réclusion.

La loi chargeait la gendarmerie nationale d'opérer ces arrestations. La municipalité de Cahors ne manqua pas, dans cet arrêté du 11 brumaire, de demander aux commissaires de la ville de requérir, en cas de besoin, la force armée et principalement la gendarmerie pour l'exécution de ces mesures (1).

Evidemment, une visite domiciliaire faite pour se renseigner sur les prêtres à arrêter devait précéder ces sortes d'arrestations.

A la date du 18 frimaire an VI (8 décembre 1797), l'administration départementale faisait arrêter soixante-dix prêtres insermentés ou rétractés que les administrations cantonales avaient dénoncés. Parmi ces prêtres se trouvaient des sexagénaires et des infirmes. Ceux-ci devaient seulement rester en réclusion au chef-lieu du département, à Cahors. Les autres, ceux qui n'étaient ni infirmes ni âgés, étaient destinés à la déportation. Avant d'être déportés, ils devaient, néanmoins, être mis en détention dans la maison de réclusion qui leur serait indiquée à Cahors (2).

En dénonçant ces prêtres quelque temps auparavant à l'administration centrale du Lot, les administrations cantonales s'étaient fait un devoir de signaler les prétendus délits qu'ils avaient commis : célébration publique du culte, formation de rassemblements nocturnes, prédications antirépublicaines.

Dans les considérants de l'arrêté, les administrateurs départementaux rappellent ces diverses violations des lois républicaines, parlent de leur fanatisme et de leur œuvre d'obscurantisme parmi les masses populaires (3).

Les raisons alléguées en tête de l'arrêté de frimaire nous indiquent bien la mentalité qui régnait de nouveau, comme sous Robespierre, parmi les administrations de l'Etat.

« Considérant que depuis le premier moment où le peuple français a été appelé à briser les fers que la tyrannie royale et sacerdotale faisait peser sur lui depuis des siècles, dit l'administration départementale dans les motifs qui précèdent le dispositif de l'arrêté, les individus susnommés ont mis tout en usage pour retenir l'élan vers la liberté des habitants des communes susmentionnées et de toutes celles dans lesquelles ils ont été déverser leur poison (1). »

Inutile de reproduire la suite des considérants de l'arrêté. D'après ce qui précède, on peut supposer ce qu'ils sont. Ils ne sont dictés que par la haine la plus farouche des réfractaires. Les administrateurs du Lot n'y parlent que de leurs menées criminelles, de la guerre faite par eux à la République, de leurs manœuvres fanatiques parmi le peuple (2).

Le 21 frimaire an VI (11 décembre 1797), Antoine Plantade, brigadier de la gendarmerie nationale en résidence à Gourdon, se transporta avec deux gendarmes, dont un nommé Veyssières, dans la commune de Payrinhac, pour opérer à l'arrestation du prêtre réfractaire Pélissié. On le prit et « captura » chez un nommé Cajard, le cabaretier du village. Aussitôt arrêté il fut conduit à la maison d'arrêt du chef-lieu de canton de Gourdon (3).

Le commissaire du Directoire exécutif près l'administration municipale du canton de Latronquière demandait, le 9 pluviôse an VI (28 janvier 1798), aux administrateurs du canton, de solliciter du département une force armée de cinquante hommes pour que, escortée par un détachement de la colonne mobile du canton de Latronquière, elle puisse forcer les « lâches » déserteurs et réquisitionnaires à rougir de honte « pour avoir laissé assassiner leur patrie, sans avoir daigné partager le péril et la gloire de leurs braves frères d'armes » et qu'elle puisse contraindre « les maudits prêtres à subir la peine due à leurs crimes, ou du moins à rester éternellement cachés dans le lieu qui les a vus naître (4) ».

Grâce à cette force armée de cinquante hommes et l'escorte d'un détachement de la colonne mobile du canton, des recherches exactes seraient faites dans le canton de Latronquière afin d'arrêter prêtres et déserteurs. En attendant, le juge de paix du canton était invité par la municipalité cantonale à autoriser les détachements à faire la nuit des visites domiciliaires chez les particuliers qu'elle leur indiquerait (5).

Dans le canton d'Aynac, il y avait à arrêter le prêtre Ventach, curé à Mayrinhac-Lentour, qu'on prenait pour un « scélérat » et ses « camarades ». Le département les fit rechercher très activement par la force armée. Celle-ci arriva dans le canton le 17 nivôse an VII (6 janvier 1799), en exécution de l'arrêté dépar-

---

(1) « Archives du Lot », Série L 276, numéro 58.
(2) « Archives du Lot », série L 276, numéro 44 bis.
(3) Série L 276, numéro 44 bis.

(1) « Archives du Lot », Série L 276, numéro 44 bis.
(2) Série L 274, numéro 79.
(3) « Archives du Lot », série L 276, numéro 81.
(4) Ibid.
(5) Ibid.

temental du 7 nivôse (27 décembre 1798). Chacun des officiers reçut de la part des administrateurs d'Aynac les signalements des prêtres réfractaires. La force armée fut ainsi distribuée dans tout 'e canton : 25 hommes dans la commune de Bio, 25 dans celle d'Issendolus, 25 dans celle d'Albiac ,et le restant dans la commune d'Aynac, au chef-lieu du canton. Elle devait arrêter les scélérats qui paraissaient dans toutes ces communes. Les réfractaires, comme les déserteurs et les réquisitionnaires, avec les brigands, étaient au nombre des scélérats qu'il fallait rechercher et mettre en état d'arrestation. Les commandants de la force armée étaient autorisés à se transporter avec leur troupe partout où ils le jugeraient nécessaire. Ils devaient lui faire faire « telles sorties et évolutions qu'ils aviseraient pour parvenir à l'arrestation des individus atteints par les lois, et selon les ordres particuliers et renseignements qu'ils recevraient du citoyen Lescole, commissaire du Directoire exécutif » (1).

Le prêtre Couderc, domicilié dans la commune de Montricoux, canton de Bruniquel, avait été arrêté et conduit dans la maison d'arrêt de la commune de Cahors, comme « perturbateur du repos public » et contre-révolutionnaire. De sa maison d'arrêt, il adressait une lettre à l'administration centrale, le 26 vendémiaire an VII (17 octobre 1798), en vue d'obtenir sa mise en liberté (2).

On arrêta aussi Castel, pour rétractation du serment constitutionnel et célébration illicite du culte.

Le 4 thermidor an VII (25 octobre 1798), le maréchal des logis Bissié et des gendarmes, parmi lesquels étaient Jausion et Belfon, allèrent à Saillac, dans le canton de Limogne, pour arrêter le prêtre réfractaire Jean-Baptiste Alary. C'était l'administration municipale de Limogne qui avait dénoncé à l'administration départementale et à la force armée la présence d'un prêtre insermenté à Saillac. D'après les administrateurs cantonaux de Limogne, Alary ne discontinuait pas « par ses prêches fanatiques de corrompre l'esprit public et de porter haine au gouvernement ».

Arrivés à Saillac, les gendarmes investirent une maison qui leur avait été désignée et qui, d'après les renseignements qui leur étaient parvenus, devait renfermer le prêtre Alary. C'était la nuit. Au jour venu, ils se firent ouvrir les portes de cette maison, pénétrèrent à l'intérieur et firent « les recherches les plus exactes ». On le trouva caché dans une cave. On s'empara de lui et, dès qu'on l'eut arrêté, on le conduisit à Cahors pour qu'il fût statué sur son sort (3).

Tauriac, commandant la force armée à Lacapelle-Marival, écrivit à Satur, président de l'administration centrale du Lot, le 29 brumaire an VII (19 novembre 1798) : « Je vous fais savoir, citoyen président, que le détachement qui est stationné à Latronquière a arrêté le prêtre Jacques Carbonnel, réfractaire, qu'il m'a été conduit et que je l'ai fait partir pour Figeac, ne pouvant l'envoyer directement à Cahors ».

Le commandant Tauriac était heureux d'annoncer au département cette capture. Mais il était aussi très pressé de faire connaître en haut lieu en quel était se trouvaient ses hommes. « Je vous expose encore notre triste situation, disait-il encore dans sa lettre ; mon détachement est absolument dépourvu de tout et ne peut plus continuer ses courses par le défaut de souliers. Je vous invite au nom de nos concitoyens à faire votre possible pour nous faire rentrer chez nous, vu que nos recherches à l'avenir seront infructueuses, car toutes les communes sont bien instruites de notre mission » (1).

Il peut bien se faire, en effet, que les familles chrétiennes de cette partie du Haut-Quercy se mirent à cacher encore mieux que jamais leurs prêtres, quand elles apprirent que la gendarmerie perquisitionnait dans la région pour découvrir les réfractaires.

Le 1er frimaire an VII (21 novembre 1798), les administrateurs du canton de Latronquière apprirent eux aussi au département que le prêtre Carbonnel avait été arrêté. L'opération s'était faite le 25 brumaire an VII.

L'administration de Latronquière avertit même l'administration centrale que ce prêtre était parti le 27 pour Cahors, accompagné par un piquet de la force armée jusqu'à Lacapelle-Marival.

On avait pu arrêter Carbonnel grâce aux 39 hommes de la force armée qu'un arrêté départemental du 18 brumaire avait mis à la disposition des administrateurs de Latronquière. Ce détachement était arrivé à Latronquière le 24 brumaire au soir (2).

Le commissaire du pouvoir exécutif près l'administration municipale du canton de Saint-Céré fut invité par l'administration départementale, le 22 brumaire an VII (12 novembre 1798), à profiter de la force armée qui se trouvait à cette époque à Lacapelle-Marival et à Latronquière et que nous venons de voir manœuvrer pour l'arrestation de Carbonnel. Le commissaire était prié d'utiliser ce détachement pour purger son arrondissement des prêtres atteints par la loi, des émigrés, des déserteurs et réquisitionnaires et de tous citoyens suspects venus du département du Cantal. Pour cela, il devait s'entendre avec le commandant de la force armée résidant à Latronquière (3).

Le 2 frimaire (22 novembre 1798), le commissaire de Saint-Céré eut soin de fournir au commandant de ce détachement « tous les renseignements nécessaires pour obte-

---

(1) « Archives du Lot ». Série L 277. numéro 17. Lettre du 5 pluviôse an VII (24 janvier 1799).
(2) Ibid.. Série L 162. numéros 2 et 3
(3) « Archives du Lot », série L 277. numéro 47.

(1) Série L 277. numéro 70.
(2) « Archives du Lot », série L 277. numéro 21.
(3) Série L 277. numéro 9.

nir l'arrestation » des prêtres réfractaires et autres suspects qu'il pourrait connaître (1).

Il donnait les noms de plusieurs de ces prêtres non-conformistes, dans une lettre adressée à Cahors le 24 novembre 1798 (4 frimaire an VII). Il signalait les prêtres suivants : Calabrouse, ci-devant curé de Pontverny ; Abel, ci-devant vicaire de Lamativie ; Teulet, ancien vicaire de Teyssieu (2).

En écrivant à l'administration départementale, le commissaire de Saint-Céré disait notamment : « Des citoyens de la commune de Comiac m'ont souvent observé qu'il serait très sage de faire détruire le pont (sur lequel passent les suspects) pour franchir la rivière de La Cère qui forme la limite, sur ce point du Lot, avec la Corrèze, pont qui ne sert qu'à favoriser les émigrés, les prêtres réfractaires et les déserteurs, et à se soustraire aux poursuites qu'ils dirigent contre eux. Il n'est d'aucune utilité pour les communications d'un département à l'autre. Je vous propose, en conséquence, d'ordonner que les arbres qui servent de pont sur la Cère, près Mamoussou, où était la fabrique de fausse monnaie, commune de Comiac, soient enlevés, et que l'agent de l'administration communale veille sous sa responsabilité à ce que ces arbres ne soient pas replacés sur le même point, ni sur toute autre partie du territoire de la commune que longe la Cère (3).

Durant toute la période révolutionnaire, on se plaignit de ce pont, en raison des facilités qu'il procurait aux réfractaires à la surveillance des autorités locales de ce département.

On passait en Corrèze, par ce pont, quand on voulait se soustraire à la surveillance des autorités du Lot ; comme aussi, de la Corrèze, on se rendait dans le Lot, par la même voie, pour éviter les recherches des autorités de la Corrèze.

L'administration municipale de la commune de Montauban prévenait, le 9 nivôse an VII (29 décembre 1798), l'administration départementale de l'arrestation du prêtre Ratery, inscrit sur la liste des émigrés. Ce prêtre avait été pris par la gendarmerie de Montauban et renfermé à la maison d'arrêt de la ville pour être conduit incessamment à Cahors (4).

Au moment de son arrestation, Ratery exhiba à la gendarmerie un arrêté de l'administration municipale du 20 brumaire an VI, qui le mettait à Montauban sous la surveillance de la commune.

Il se disait en règle avec les lois. Mais il ne l'était pas. La municipalité avait fait erreur. L'arrêté du 20 brumaire avait été remplacé par un autre arrêté du 21 frimaire an VI (11 décembre 1797) (5).

En novembre 1797, la gendarmerie était

allée faire, à Concots, une visite domiciliaire à la demeure d'un prêtre émigré rentré d'Espagne. Il s'agit de Jean Sarny, né à Escamps, ancien vicaire de l'abbé Rames, à Concots. Pour éviter d'être arrêté il se cacha dans la cave de la maison qu'il habitait. Dans cet endroit humide et froid, le prêtre réfractaire contracta une pleurésie qui le mena au tombeau. La demeure où se passèrent ces événements était la maison des anciens prieurs de Concots (1).

La gendarmerie nationale arrêta en l'an VII le prêtre Guillaume Lescure, curé de La Magdeleine-del-Peïrou. Ce prêtre était natif de la commune de Saint-Cirq, canton de Saint-Géry. En le conduisant à Cahors, les gendarmes furent l'objet de rébellions assez graves de la part du peuple.

Le chef du vingt-deuxième escadron de la gendarmerie nationale écrivait de Cahors, le 11 ventôse an VII (1er mars 1799), à l'administration centrale du Lot pour lui adresser procès-verbal des violences et voies de fait dont la gendarmerie avait eu à souffrir dans la circonstance.

Les gendarmes de Cahors menaient, après l'avoir arrêté dans sa paroisse même, le prêtre réfractaire, de La Magdeleine-del-Peïrou au chef-lieu du département. Les habitants de la commune de Fontanes et ceux de Flaugnac se livrèrent sur eux à de mauvais traitements.

Les faits se passèrent le 9 ventôse an VII (27 février 1799). Les gendarmes en cause étaient Antoine Brugès et Alexandre Pouzergues.

On conduisait le prêtre Lescure lorsque sur la grande route, vis-à-vis de celle de Fontanes, on rencontra 150 hommes ou femmes, armés de fusils, de picches ou de bâtons. Au moins une trentaine d'hommes étaient armés de fusils.

« Ne nous voyant pas en force, racontent les gendarmes Brugès et Pouzergues, nous avons de suite rebroussé chemin et nous sommes revenus sur nos pas à La Magdelaine. Arrivés à ce poste et ayant ramené le prêtre à force de cheval, nous avons requis les citoyens Brocard, Bajou, Castanié et Dumont, hussards, de nous donner main forte pour la conduite du prêtre ci-dessus désigné.

« Les hussards ont de suite adhéré à notre réquisition et se sont mis en marche avec nous pour conduire le prévenu. Chemin faisant, et à la hauteur du moulin à vent, après La Magdelaine, venant à Cahors, s'est présenté de nouveau un groupe grossi d'hommes et de femmes toujours armés, ainsi qu'il est dit plus haut, qui nous ont crié : « Arrêtez, coquins, vous ne l'aurez pas. » Et plusieurs nous ont couché en joue. Voyant qu'il nous était impossible de défendre le terrain que nous occupions, ou le dit prêtre qui nous était confié, sans développer la force des armes, pour vaincre la résistance qui nous était opposée, voyant que des violences ou des voies de

---

(1) Série L 277, numéro 9.
(2) Série L 277, numéro 9.
(3) Ibid.
(4) « Archives du Lot », série L 277, numéro 68.
(5) Ibid.

(1) Gary, « Notice sur le clergé de Cahors pendant la Révolution », 1897, pp. 70-76.

fait allaient être exercées contre nous-mêmes, nous avons à l'instant prononcé nous-mêmes, à haute voix, la formule : « Force à la loi ». Le groupe toujours plus mutiné a toujours persisté à vouloir l'enlèvement du prêtre et, malgré les menaces de ce groupe, nous l'avons mené à Cahors quoique les violences de ce groupe (fussent très puissantes), et que la majeure partie fût des déserteurs, réquisitionnaires et conscrits des communes de Fontanes et Flaugnac.

« Un de nos camarades, le citoyen Dumond, hussard, a été pris par les révoltés et emmené avec eux de force. Nous ignorons son sort et les mauvais traitements qu'il a essuyés. En conséquence, il dressera son procès-verbal particulier, s'il a le bonheur d'échapper à la fureur des révoltés (1) ».

On pourrait se demander quelle fut l'attitude du prêtre insermenté Lescure durant ce long voyage, alors que, pour l'arracher des mains des gendarmes, les populations se compromettaient de la sorte. Eh bien ! les gendarmes sont obligés, dans leur procès-verbal des événements de ce 9 ventôse an VII, de rendre justice à sa modération et de dire qu'il ne fit aucune tentative pour s'évader. Il se serait seulement laissé tomber de sur son cheval.

On ne pouvait laisser de tels faits impunis. Le chef du 22e escadron de la gendarmerie de Cahors écrivit, au 11 ventôse an VII, au département que la gendarmerie, rassurée et confiante dans l'administration centrale, attendait avec impatience que le département ordonnât toutes poursuites nécessaires « pour atteindre et punir une rébellion aussi atroce que marquante par le succès qu'elle pouvait attendre par le nombre des rebelles armés contre la gendarmerie (2). »

Dans l'espace d'une dizaine de jours, la gendarmerie de Cahors avait été attaquée à maintes reprises dans l'exercice de ses fonctions. Le chef de l'escadron de la gendarmerie de Cahors accusait les prêtres réfractaires, les déserteurs, les réquisitionnaires et les conscrits désobéissants, d'être les auteurs de ces attentats criminels (3).

Le lieutenant Clédel, de Montauban, adressait au citoyen Dagot, capitaine, le 12 germinal an VII (1er avril 1799), le procès-verbal d'arrestation du prêtre réfractaire Dourlot. C'était la brigade de gendarmerie de Moissac qui avait arrêté ce prêtre (4).

Dourlot s'était évadé du dépôt de Rochefort et était venu se réfugier dans la commune de Montauban. On l'accusait de faire le plus grand mal dans la ville.

En quittant Rochefort, ce prêtre se serait joint aux rebelles de la Vendée. On avait pris son signalement. Il avait cinquante-six ans. Sa taille était de cinq pieds deux pouces (1). Ses cheveux et sourcils étaient châtains. Il avait les yeux gris, un petit nez, une bouche moyenne, un menton rond, un visage large et plein, très gravé de la petite vérole (2).

Grâce à ces indications, la gendarmerie de Moissac put parvenir à le prendre facilement. Elle était partie de Montauban, où elle se trouvait pour des raisons de service, à 9 heures du soir, le 12 germinal, pour se rendre à Moissac, à sa résidence, lorsqu'elle rencontra Dourlot sur la route de Castelsarrasin. Le réfractaire venait de Saint-Porquier, où il était allé « faire faire les Pâques aux fanatiques de cette commune ».

La capture qu'avait faite la gendarmerie de Moissac était jugée des plus importantes par le lieutenant Clédel. Celui-ci prenait Dourlot pour un bien grand malfaiteur, du seul fait qu'il était allé préparer la paroisse de Saint-Porquier aux solennités pascales. Il avait soin d'écrire, en effet, au capitaine Dagot : « Vous voyez par là, citoyen, le mal que ne cessent de faire ces méchants qui ont juré la perte de la République (3). »

Au cours des visites domiciliaires ordonnées par la loi de messidor an VII, fut arrêté le prêtre Philippe-Olimpe Conighan (4). Ce fut l'administration municipale du canton de Bruniquel qui ordonna de faire arrêter le prêtre insermenté Conighan. Comme la loi et les ordres départementaux autorisaient jusqu'au 27 thermidor an VII toutes visites domiciliaires jugées utiles par les administrations cantonales, celle de Bruniquel demandait la visite du domicile de ce prêtre. Le commandant de la colonne mobile de la commune de Montricoux devait faire cette visite domiciliaire et employer tous les moyens pour arrêter le prêtre suspect.

La colonne mobile devait perquisitionner à Montricoux chez Malartie et dans les maisons de ses fermes, ainsi que chez tout autre habitant soupçonné de révéler le prêtre Conighan. Elle ne fut pas dans le voisinage d'une métairie de Malartie qu'elle aperçut Conighan. Elle lui enjoignit aussitôt, au nom de la loi, de la suivre à la maison commune de Montricoux. Là, des hommes de la colonne mobile gardèrent le prêtre, toute la nuit, vu l'heure tardive à laquelle on eut fini la double opération de l'arrestation et de la conduite à la maison commune. Ce ne fut que le lendemain matin que la colonne mobile le mena devant l'administration municipale du canton, à Bruniquel (5).

Le 26 thermidor an VII (13 août 1799), le juge de paix de Bruniquel se transporta au domicile de Conighan, à la demeure de Malartie, à Montricoux. Celui-ci ne voulait pas de son plein gré indiquer l'apparte-

---

(1) Série L 277, numéro 13.
(2) Série L 277, numéro 12.
(3) Série L 277, numéro 12.
(4) Série L 277, numéro 20.

(1) Le pied valait 32 centimètres et demi. Le pouce comptait pour 2 centimètres 7 millimètres.
(2) « Archives du Lot », série L 277, numéro 22.
(3) Série L 277, numéro 20.
(4) « Archives du Lot », série L 162, numéro 1.
(5) Série L 277, numéro 42.

ment du prêtre réfractaire. Mais, somme au nom de la loi de fournir ce renseignement, il s'exécuta, cédant à la force. Le juge de paix du canton venait apposer les scellés sur les meubles et les effets de Conighan (1).

L'agent municipal de Lauzerte, Pierre Albouys, se rendit le 18 frimaire an VI (8 décembre 1797), au domicile de Dupeyron, demeurant dans la ville même de Lauzerte. Il devait procéder à son arrestation. Deux sentinelles avaient été placées auparavant à la porte de la maison de ce prêtre. On frappa sept ou huit coups et à des reprises différentes à la porte, mais personne ne répondit. On prit patience une demi-heure. On fit le tour de la maison et on frappa de nouveau plusieurs coups, principalement à une porte qui donnait sur la place publique. Comme personne ne venait ouvrir, on se décida à envoyer chercher le juge de paix du canton pour faire procéder à l'enfoncement des portes.

On pénétra dans la maison de Dupeyron. On entra dans divers appartements et on fouilla un peu partout. Dans une chambre, on découvrit le prêtre Pierre Dupeyron, à qui on déclara qu'il était frappé par la loi.

Le prêtre voulut, grâce à des certificats divers, prouver sa soumission aux lois. Comme il n'avait que « différents paperats » qui ne pouvaient le soustraire aux rigueurs de la loi du 19 fructidor an V, on s'empara de lui.

Dans la chambre de Dupeyron, on trouva « un autel décoré et dressé avec pierre sacrée, chandelles et tous autres ustensiles pour la célébration du culte ». On demanda au neveu du prêtre réfractaire, qui habitait une autre partie de la maison, de dire si l'oncle exerçait le culte dans l'immeuble. Mais on n'eut qu'une dénégation du fait. Cependant un autel était dressé dans une chambre, la chambre même du réfractaire. De plus, le bruit public disait assez que le prêtre Dupeyron exerçait journellement dans cette maison. On ne pouvait en douter ; ce prêtre exerçait ses fonctions sacerdotales dans cette maison. On pouvait même dire qu'il les y exerçait au moment où, en bas, on avait si souvent frappé aux portes. Des femmes, totalement étrangères à la maison, étaient d'ailleurs là. Elles n'avaient dû y venir que pour entendre la messe du prêtre réfractaire (2).

Une fois arrêté, Dupeyron pouvait être délivré par ses partisans. « Les fanatiques pourraient bien tenter un coup de mains, écrivait Albouys à l'administration centrale, pour délivrer leur saint confesseur » (3). L'administration municipale de Lauzerte demandait qu'il fût transporté à Cahors. On le redoutait beaucoup pour son influence dans la commune de Lauzerte (4).

Le maréchal des logis de la gendarmerie en résidence à Frayssinet-le-Gourdonnais, Pierre Viellescazes et deux gendarmes se

rendirent, le 3 floréal an VI (22 avril 1798), à Saint-Germain, dans le village de La Nougayrède, pour arrêter le prêtre Pierre Parlange, ancien vicaire de cette commune. On savait que la famille Deviers, un propriétaire de ce village, recevait chez lui Parlange. Lorsqu'ils entrèrent chez Deviers, le prêtre réfractaire disait la messe, entouré d'une quarantaine de personnes, hommes ou femmes. « Nous l'avons saisi et arrêté, disent les gendarmes dans leur rapport, et l'avons pris pour être conduit dans la prison de Cahors pour y être statué sur son sort (1) ».

On arrêtait les prêtres réfractaires, mais on arrêtait aussi les laïques qui les cachaient. Le 24 novembre 1797 (4 frimaire an VI), le président de l'administration municipale du canton de Gramat écrivait au département que des pièces relatives à Baptiste Lacoste, tailleur, il résultait que cet individu avait recélé un prêtre déporté rentré. L'administration municipale de Gramat donna ses ordres pour faire arrêter Lacoste. Mais il en fut de ce laïque comme il en était de certains prêtres, il ne put être arrêté (2).

On pourrait signaler bien des cas d'arrestation relatifs à des laïques. Il n'entre pas dans le plan de cette étude de les indiquer.

On a vu que tous les individus, laïques ou ecclésiastiques, anciens émigrés, s'ils étaient rentrés sur le territoire de la République, devaient en sortir en vertu de la loi du 19 fructidor an V. S'ils ne reprenaient pas le chemin de l'étranger, ils étaient exposés à se voir arrêter. On arrêta à Douai un laïque qui n'avait jamais quitté la France mais qui était soupçonné d'avoir émigré.

Ce particulier était originaire du Quercy. Il était né à Tauriac et s'appelait Vigié.

Une fois arrêté, on l'avait conduit en prison « comme prévenu d'émigration ». Le simple soupçon d'émigration valait à Vigié d'être arrêté et fait prisonnier. Tous les prétendus ennemis de la République, laïques ou ecclésiastiques, étaient ainsi sévèrement traités. La moindre accusation qui pesât sur eux leur causait les pires malheurs.

L'administration départementale du Lot fut invitée par celle du Nord à fournir des renseignements sur le prêtre Vigié. Elle ne put les donner sans consulter l'administration municipale du canton de Bretenoux dont dépendait Tauriac, lieu d'origine de Vigié. Elle écrivit donc à celle-ci le 22 frimaire an VII (12 décembre 1798).

L'administration de Bretenoux donna sa réponse à Cahors au sujet de Vigié le 14 nivôse an VII (3 janvier 1799).

« Nous nous faisons un devoir, citoyens, de répondre à votre lettre du 22 frimaire dernier, par laquelle vous nous demandez des renseignements au sujet du nommé Vigié, originaire de Tauriac, que vous nous

---

(1) Ibid., numéro 43.
(2) « Archives du Lot », série L 257, numéro 15.
(3) Série L 257, numéro 14.
(4) Ibid.

(1) « Archives du Lot ». Série L 257, numéro 17.
(2) « Archives du Lot », série L 257, numéro 20 et 21.

dites traduit dans la maison de justice de Douai comme prévenu d'émigration.

« Si nous avons mis quelque retard dans l'expédition de notre réponse, c'est que, comme il importe du sort de cet individu, et voulant la préciser autant qu'il pouvait être en nous, en conciliant les intérêts du gouvernement avec ceux que la justice et l'humanité ont droit d'exiger à l'égard de cette personne, nous avons pris tous les renseignements jugés utiles et nécessaires, qui ne nous ont fourni aucune notion de mauvaise conduite de cet individu pendant le cours de sa résidence dans la commune de Tauriac.

« L'agent municipal de la commune étant plus à portée que nous de connaître soit l'époque de son départ, soit la profession qu'il a exercée avant sa sortie, nous avons cru devoir l'inviter à faire une attestation à cet égard, au moyen de laquelle le vœu de votre lettre précitée se trouve rempli. Voilà, citoyens administrateurs, la conduite que nous avons cru devoir tenir au sujet de cette arrestation. Si de nouveaux motifs militent d'autres renseignements, veuillez nous en instruire et nous nous hâterons de répondre de suite (1). »

L'agent municipal de Tauriac donna, en effet, une attestation qui était entièrement favorable au prévenu de Douai, Vigié. Il certifia que cet individu avait cessé d'habiter Tauriac depuis une vingtaine d'années environ. D'après lui, Vigié appartenait a une famille « de pauvres agriculteurs ». Il n'avait été, dans le pays, qu'un simple domestique. Sa conduite avait été irréprochable. En quittant Tauriac, Vigié était allé habiter Bordeaux. On ne pouvait savoir à Tauriac s'il était allé en émigration, mais on y était porté à croire qu'il n'avait pas dû s'expatrier. Le certificat est du 14 nivôse an VII (2).

On n'arrêtait donc pas que les seigneurs et les prêtres, quand il s'agissait des anciens émigrés. Il arrivait parfois aux autorités constituées d'arrêter de simples fils d'agriculteurs. Les soupçons atteignaient toutes sortes de gens. On accusait le plus allègrement du monde n'importe qui. Par le cas de Vigié que je viens de faire connaître, on peut voir que toute personne pouvait très facilement devenir « un prévenu » si peu qu'elle eût contre elle quelque ennemi personnel bien en vue en haut lieu, appartenant au monde des dénonciateurs.

Mais ce qui occasionna surtout, de la part des agents du Directoire, le plus d'arrestations ou de poursuites dans le monde des laïques et non pas seulement dans celui des prêtres réfractaires, durant cette période, ce fut l'application intolérante de la loi du 17 thermidor sur le repos du décadi. On en voulut aux catholiques d'alors d'observer le dimanche au lieu du décadi, que prescrivaient les lois.

<hr>

(1) Série L 277, numéro 35.
(2) Série L 277, numéro 36.

## XXIV

### L'arrestation ou la conduite à Cahors ne sont pas toujours possibles

Le département ordonnait l'arrestation des prêtres frappés par les lois. Seulement, le difficile était parfois de les faire prendre par la force armée. Les recherches opérées par la gendarmerie n'étaient pas toujours fructueuses. Elles étaient souvent inutiles.

Il en fut ainsi pour le prêtre émigré rentré Gausserès (1).

Quatre gendarmes se transportèrent, sur les ordres du lieutenant commandant de la gendarmerie départementale du Lot, Labrunie, de Cahors, au domicile de ce prêtre (2). Ils y firent « une recherche exacte sans pouvoir le découvrir ». Ceux qui habitaient la maison de Gausserès dirent aux gendarmes que « depuis que le corps législatif avait rendu un décret pour le faire sortir de la République », ils ne savaient où il était (3).

Toutes recherches furent encore inutiles pour trouver le prêtre réfractaire Faidel.

Du quartier général de Montauban, en état de siège, le général de brigade Desenfans écrivait, le 2 germinal an VI (22 mars 1798), à l'administration centrale du Lot : « Le 30 du mois dernier, le château de Bioule a été fouillé par un détachement de la colonne mobile de Montauban et cinq gendarmes. Le prêtre Faidel, dont vous avez ordonné l'arrestation, et qui se retirait ordinairement dans ce château, n'y a point été trouvé. Il n'habitait plus la commune de Bioule depuis une huitaine, à ce qu'il a été rapporté aux gendarmes (4). »

Dans d'autres cas, on allait à une maison pour arrêter un réfractaire et le prêtre ne pouvait être saisi par les administrateurs ou les gendarmes, en raison de son mauvais état de santé.

Le 7 brumaire an VI (28 octobre 1797), le département avait ordonné que les prêtres Pierre Alliaud, Mulot et Pierre Capmas, fussent traduits devant les tribunaux ou conduits en réclusion à Cahors. Aussi, le 13 brumaire an VI (3 novembre 1797), Pierre Seguela et Etienne Delcassé, administrateurs municipaux de la commune de Montauban, accompagnés de Jean Picassou, un des secrétaires de la maison commune, qui avaient été chargés de l'exécution de l'arrêté départemental, se transportèrent-ils au domicile de ces prêtres.

A 10 heures du matin, ils se rendirent chez le prêtre Alliaud pour lui demander pourquoi il n'avait point obéi à l'arrêté du département qui lui avait été notifié la veille, le 12 brumaire. Ils montèrent dans sa chambre, à un troisième étage. Là, ils trouvèrent le prêtre couché dans son lit et gardé par sa mère.

<hr>

(1) « Archives du Lot », Série L 257, numéro 33.
(2) « Archives du Lot », Série L 257, numéro 33.
(3) Série L 257, numéro 31 Lettre de l'administration municipale de Cahors au département, du 23 nivôse an VI (12 janvier 1798).
(4) Série L 257, numéro 36.

Dès que les administrateurs parurent, le prêtre Alliaud s'écria : « Vous venez m'assassiner ! »

Alliaud voulut s'élancer de son lit. Les administrateurs eurent toutes les peines du monde à l'en empêcher. Ils ne purent y réussir que grâce à sa mère. On ne put le faire revenir à lui-même. La vue des officiers municipaux l'avait comme rendu fou. Ceux-ci durent se retirer sans pouvoir juger possible l'arrestation du prêtre et sans voir le moyen pratique de le faire conduire au chef-lieu du département dans une maison de réclusion.

Les administrateurs de Montauban rédigèrent sur-le-champ un rapport sur l'accomplissement de leur mission auprès du prêtre Alliaud. Ils reconnurent, dans le procès-verbal qu'ils dressèrent, que « le procédé d'Alliaud n'était qu'un accès de folie ». Ils y firent observer « que sa maladie procédait d'une attaque de nerfs, que ce jeune homme s'était de bas âge donné à la poésie », qu'il avait une tête très exaltée, et qu'on ne doutait point qu'il ne fût « maniaque ».

« Le mal croissant avec les années, disaient les administrateurs montalbanais, ce jeune homme sera dans le cas d'être enfermé, non dans une maison de réclusion, mais dans des petites maisons; le soin de la garde doit être confié à ses parents. Il n'est pas possible de le transporter, à moins que de l'enchaîner. Cet homme mourrait en chemin. Ses cris attireraient l'indignation à ses concitoyens; l'on s'apitoierait sur son sort (1) ».

Alliaud revenait d'exil et il est probable que son mal nerveux provenait des fatigues du voyage ou des souffrances qu'il avait dû essuyer en pays étranger.

Au sortir du domicile d'Alliaud, les administrateurs municipaux se rendirent chez Pierre Capmas. Arrivés à la chambre de ce prêtre, ils le trouvèrent couché dans son lit « ne pouvant respirer à cause d'une attaque d'asthme quasi permanente », tellement grave qu'il ne put leur répondre. Bien plus, à la vue des administrateurs montalbanais, ce prêtre tomba en syncope.

L'ayant vu pris d'une espèce de redoublement, attestaient les administrateurs dans le procès-verbal qu'ils dressèrent au sujet de leur visite faite en vue d'une arrestation, nous nous sommes retirés après avoir été préalablement informés par ses voisins, bons républicains, que la maladie qui l'empêche de sortir de sa chambre était vraie et sincère (2).

L'arrêté du département ne put pas être mis à exécution tant pour ce prêtre que pour Alliaud. Il ne le sera pas davantage en ce qui concerne Mulot.

Mulot était âgé de 72 ans. Les administrateurs le trouvèrent lui aussi dans son lit « attaqué de ses jambes et poussant des cris affreux». Ses douleurs étaient occasionnées par des rhumatismes et la goutte.

Son état l'empêchait absolument « de courir »; des voisins étaient même obligés « de l'aider pour descendre de son lit, afin de le lui refaire, vu qu'il ne pouvait se tenir assis non plus que debout ». Il était donc impossible de le conduire en réclusion à Cahors « à moins de ne l'exposer ainsi que Capmas à perdre la vie (1) ».

Le prêtre Tulle devait être arrêté. Seulement, il était malade et il ne fut pas pris. D'autres, malades ou infirmes, ne devaient pas être arrêtés. On devait les laisser dans leurs communes respectives.

Le 6 nivôse an VI (26 décembre 1797) l'administration municipale de Duravel et le commissaire du Directoire Exécutif près de cette administration écrivirent à l'administration départementale qu'au moment de la réception de son arrêté du 18 frimaire an VI (24 décembre 1797), relatif à l'arrestation de bon nombre de prêtres réfractaires du Lot, on s'était empressé de prendre les mesures voulues pour l'arrestation de Jean-Pierre Tulle, ancien capucin, compris parmi les prêtres qu'il fallait arrêter. Tulle résidait dans l'arrondissement du canton de Duravel et, à Duravel, on devait, en vertu de l'arrêté du département, s'employer à s'assurer de sa personne (2).

Mais, le prêtre Tulle était venu au siège de l'administration cantonale pour se livrer lui-même. Il représenta qu'il était malade et qu'il n'était pas sorti de chez lui depuis qu'il se voyait mis sous la surveillance des autorités locales en vertu de l'arrêté départemental du 6 brumaire an VI. Le prêtre disait vrai (3). On prit des renseignements précis sur son compte et il se trouva qu'il était réellement infirme (4). L'administration cantonale de Duravel sollicita de l'administration centrale du Lot qu'il fût autorisé à demeurer encore à son domicile sous sa surveillance. Il était « hors d'état d'être transféré au chef-lieu du département ». On n'eut pas à opérer son arrestation.

En vertu de l'article 5 de l'arrêté du département du 22 vendémiaire an VI, pris sur l'ordre du ministre de la police générale, les prêtres à l'abri de la déportation à cause de leur âge et de leurs infirmités devaient être arrêtés et jugés, s'ils ne s'étaient pas rendus à Cahors pour y être reclus dans la maison qui devait leur être indiquée (5).

Cet ordre fut annulé, mais on arrêta toujours, même les malades et les vieillards accusés de fomenter du désordre.

Le prêtre Antoine Fenouillet, de Montauban, âgé et infirme, ne fut pas arrêté parce qu'il était malade. Il ne pouvait pas faire le chemin de Cahors. Le 4 brumaire an VI (25 octobre 1797), il avait écrit à l'administration municipale de Montauban pour lui demander d'être dispensé par le département de faire le voyage de Cahors (6).

---

(1) Série L. 278. numéro 83.
(2) « Archives du Lot ». série L. 278. numéro 83.
(1) Ibid.
(2) « Archives du Lot », série L. 276. numéro 73.
(3) Série L. 276. numéro 73.
(4) Série L. 276, numéro 73.
(5) Ibid. (cf. numéros 55 et 56.
(6) Ibid.

Le 24 fructidor an VII (10 septembre 1799), l'administration municipale de Payrac fut sur le point de faire arrêter le prêtre Lespinasse. Mais elle préféra écrire, à pareille date, à l'administration départementale pour avoir sur ce cas son avis. Ce prêtre ne jouissait pas d'une très bonne santé et on pouvait se demander s'il ne convenait pas plutôt de le faire visiter par des officiers de santé que de le faire arrêter (1). Barthélemy Lespinasse était, en effet, infirme, en résidence à Fajoles (2).

Le 19 nivôse an VII (8 janvier 1799), Jausion et Sarrasin, gendarmes du vingt-deuxième escadron de la gendarmerie nationale, compagnie du Lot, résidant à Caussade, allèrent à Montpezat pour s'emparer d'un prêtre « soupçonné émigré rentré ». On ne dit pas le nom de ce prêtre. Le contexte même du procès-verbal d'arrestation dénote cependant qu'il s'agit d'un prêtre. « Plusieurs fanatiques » résistèrent en effet à la gendarmerie, disent les gendarmes dans leur rapport.

Le brigadier de la gendarmerie de Caussade, Bousquet, sur la réquisition de l'administration municipale du canton de Montpezat, en date du 17 nivôse an VII, avait envoyé les deux gendarmes dans la ville même de Montpezat. Ils avaient pour mission de prendre ce prêtre et de le conduire dans les prisons de Cahors. La garde nationale de la commune l'avait déjà mis en état d'arrestation.

Les gendarmes désignés se rendirent à la maison commune de Montpezat. Là, ils trouvèrent les administrateurs municipaux qui, sur leur demande de délivrer le prévenu, répondirent que « d'après les exouanes des officiers de santé, cet homme était hors d'état d'entreprendre aucun voyage d'aucune manière ».

Les gendarmes manifestèrent leur désir de voir le prévenu, prétextant qu'ils seraient « charmés de se convaincre par eux-mêmes de sa situation ». Aussitôt, les administrateurs leur indiquèrent la maison « du prétendu malade ». Arrivés à son domicile, ils trouvèrent le prêtre « dans un lit tout près de la porte ».

« Il nous a paru jouir de la plus parfaite santé, écrivirent sur le procès-verbal de cette visite les deux gendarmes nationaux. Nous lui avons dit que nous venions pour le prendre et il a répondu qu'il n'était pas dans le cas de marcher. Nous avons dit que nous allions lui trouver un cheval ou une voiture, à quoi il a répondu qu'il était incapable de marcher à pied, à cheval ou en voiture (3). »

Pendant que les deux gendarmes Jausion et Sarrasin s'entretenaient de la sorte avec le prêtre réfractaire, un grand trouble se produisait. Les administrateurs municipaux et les habitants de Montpezat qui se trouvaient dans la chambre, au pied du lit du malade, se plaignaient de l'attitude des gendarmes. Ils murmuraient ferme de leur intransigeance. Les administrateurs finirent par fournir aux gendarmes un certificat constatant qu'ils avaient rempli leur mission. Et ceux-ci durent se retirer.

Les administrateurs auraient joué la comédie, si on en croit les gendarmes eux-mêmes. Ils auraient fait venir la gendarmerie pour obéir aux lois qui ordonnaient l'emprisonnement des émigrés rentrés en France, mais en même temps ils auraient tout fait pour garder auprès d'eux le prêtre réfractaire. Les deux gendarmes les accusent formellement d'une telle duplicité, en employant même des termes d'une basse trivialité « Et sans doute, disent-ils en finissant leur rapport sur leurs exploits à Montpezat, il leur tardait beaucoup de nous voir le derrière (sic), afin d'avoir plus d'aisance de faire esquiver l'émigré (1). »

On devait conduire à Cahors les prêtres insermentés Cadiergues, Soulery, Sourdès, résidant dans les communes de Toirac, de Frontenac et de Saint-Sulpice, au canton de Cajarc. Mais ces prêtres ne pouvaient, sans danger pour leur vie, être emmenés à Cahors. Des officiers de santé l'avaient dûment constaté (2).

En séance de l'administration municipale du canton de Cajarc, le 21 fructidor an VII (7 septembre 1799), on sut discuter les termes mêmes des rapports des officiers de santé (3).

Un administrateur municipal trouva que Soulery était capable de faire le voyage de Cahors, puisque depuis peu de temps il avait fait des absences réitérées et s'était rendu dans son ancienne cure de Béduer et dans celle de Toirac. Quand on faisait de telles excursions dans le pays, on pouvait présumer, disait cet administrateur, « que la santé de cet individu n'était pas assez délabrée pour ne pouvoir supporter les fatigues du voyage de Cahors ».

L'administrateur qui juga si défavorablement le cas de Soulery invita la municipalité à examiner s'il n'y avait pas de gros inconvénients à laisser séjourner dans des communes du canton des prêtres qui tenaient des propos très coupables et qui manifestement révélaient des ennemis ouverts de la République. Si on poussait l'indulgence jusqu'à ne pas forcer de tels prêtres à faire le chemin de Cahors, ne devait-on pas avoir la prudence, au sein de la municipalité, de les forcer du moins à aller vivre sous la surveillance de leurs municipalités respectives, dans les communes d'où ils étaient originaires ?

L'agent municipal de Toirac défendit le prêtre Soulery. Il prétendit que ce prêtre n'était sorti de sa commune « que pour aller acheter et faire faire des habits et après en avoir obtenu l'autorisation de sa part, et qu'au reste ledit Soulery vivait très tranquille, qu'il ne recevait personne chez lui et ne faisait aucune fonction ». Il le dit hors d'état de faire un aussi long voyage que celui de Cahors. Il sut même, dans son

---

(1) Série L 263, numéro 54.
(2) Série L 162, numéro 11.
(3) « Archives du Lot », série L 277, numéro 31.

(1) Ibid.
(2) Série L 277, numéro 43.
(3) Série L 277, numéro 43.

12

discours en faveur de Soulery devant les administrateurs cantonaux, placer un mot flatteur pour les habitants de la localité de Toirac. « S'il a choisi de préférence la commune de Toirac pour le lieu de sa retraite, dit l'agent municipal de Toirac en parlant du prêtre Soulery, c'est uniquement pour y jouir des bienfaits que l'humanité et l'amitié lui ont ménagées dans sa vieillesse (1). »

Le conseil de Cajarc fut d'avis de laisser Soulery et les autres prêtres réfractaires du canton de Cajarc, à titre d'infirmes, dans les communes où ils se trouvaient. Il appartiendrait seulement à l'administration départementale de prendre plus tard la mesure générale qui obligerait tous les insermentés à demeurer dans les communes où ils étaient nés (2).

XXV

### Arrestation des prêtres Lafaurie et Delord. Attitude des femmes

La force publique servira à l'arrestation de tous les réfractaires dont les administrations voudront se débarrasser.

Aucune résistance ne sera possible. Elle aurait dû servir à défendre la société contre les malfaiteurs, les meurtriers et les voleurs. Elle aurait dû être employée uniquement à défendre la vie des citoyens et leurs propriétés. Elle fut appelée cependant à faire reclure d'innocents citoyens, à faire emprisonner des individus bien soumis, et nullement rebelles aux lois qui n'opprimaient en aucune manière les consciences Tous les malfaiteurs et voleurs de l'époque durent passer de bons quarts d'heure en voyant la force publique occupée presque exclusivement à l'arrestation de prêtres bien inoffensifs au lieu de travailler à leur propre arrestation.

En faisant semblable usage de la force publique, le Directoire éloigna de lui l'élite de la nation et jeta lui-même la majorité du pays dans les bras d'un général, dans la journée du 18 brumaire (9 novembre 1799). Tout autre gouvernement tant soit peu clairvoyant, au milieu de l'anarchie où vivait le pays, aurait fait la paix religieuse dans la République et aurait laissé le gendarme seulement occupé à l'arrestation des meurtriers et des maraudeurs. Le Directoire ne conçut que la politique d'ouvrir les portes de ses prisons et de ses maisons dites de réclusion pour y enfermer les réfractaires et tous autres suspects, après les avoir fait arrêter par ses gendarmes.

Jean-Baptiste-Paul Guiraudies, capitaine, commandant la seconde compagnie de la colonne mobile du canton de Castelnau, section de Flaugnac, organisa, le 10 floréal an VI (29 avril 1798), l'arrestation de l'ancien vicaire de Flottes, Lafaurie (3). Ce prêtre desservait la commune de Saint-

Paul à l'époque du Coup d'Etat. Il passait pour un réfractaire (1).

Lafaurie vivait caché dans la commune de Saint-Paul. Il allait clandestinement de maison en maison chez « plusieurs mal intentionnés et fanatiques », notamment chez Guillaume Vanel, Pierre Gleye, Richard et Jean Vidal, dit Pagès, du lieu de Bis (2).

La colonne mobile commandée par Guiraudies pénétra dans une de ces maisons où, croyait-on, vivait le prêtre Lafaurie. Elle entra dans la maison de Jean Vidal.

Dans cette maison, les hommes de la colonne mobile trouvèrent Marie Bonnet, épouse de Jean Vidal, accompagnée d'une quinzaine de femmes, qui assistaient à un de vêpres.

La femme Bonnet déclara à la force armée que Lafaurie n'était pas dans la maison.

Malgré le dire de l'épouse Vidal, la colonne mobile fit dans l'immeuble « une exacte recherche de Lafaurie, basée sur la clameur publique qu'il y exerçait publiquement le culte ». Elle le découvrit au haut des galletas, « fermé et caché dans une grande arche, couverte de linges et d'effets » (3).

On sortit le prêtre Lafaurie de cette arche pour le conduire « en lieu de sûreté » conformément à la loi et à l'arrêté du 18 frimaire an VI publié par l'administration départementale. On ne l'avait pas tiré de l'arche que le propriétaire de la maison, Jean Vidal, survint. Il n'était pas seul. Il arrivait menaçant avec tout un groupe de femmes, armées de pierres. Tout ce monde s'élevait contre les exploits des hommes de la colonne mobile. On demanda à ces hommes de lâcher « volontairement » le prêtre réfractaire, sans quoi on allait leur lancer les pierres qu'on tenait. Bien plus, Vidal et toutes ces femmes menacèrent la colonne mobile et lui dirent que, si elle ne laissait pas en liberté Lafaurie, elle y serait forcée par un plus fort attroupement qu'ils allaient convoquer de suite. L'insulte fut jointe aux menaces. Ils traitèrent les gens de la force armée « de gueux, de frippons, de voleurs, d'assassins, de terroristes » (4).

Celles qui, parmi ces femmes, se signalèrent le plus dans une telle circonstance furent : Antoinette Regambert et sa mère ; Marie Vidal, de Saint-Paul ; l'épouse de Jean Deilhes, des Ponsets, commune de Labouffie ; Marie Séval, épouse de Pierre Clavières ; Jeanne Roux, fille aînée de Jean-Pierre Roux, métayer de Richard, et Marie-Claire Fournié, toutes de Saint-Paul.

Le capitaine Guiraudies et ses hommes voulurent évidemment faire leur devoir, malgré toutes les menaces et les insultes dont ils étaient l'objet. Ils ne traitèrent que

---

(1) Série L 277, numéro 43.
(2) Ibid.
(3) Série L 257, numéro 40.

---

(1) Ibid.
(2) Ibid.
(3) Série L 257, numéro 40. On appelle arche, dans les campagnes, non pas seulement le vaisseau de Noé, mais encore une sorte de grand coffre où les paysans mettent, principalement durant l'été, après le dépiquage, le blé qu'ils ont récolté
(4) Série L 257, numéro 40.

par le mépris tous les propos dont ils étaient l'objet à l'occasion de l'arrestation de Lafaurie (1).

La partie fut rude pour la force armée. Il lui fallut se débattre beaucoup pour arriver à sortir seulement de la maison de Jean Vidal, où Lafaurie venait d'être capturé. Les femmes présentes ne voulaient à aucun prix la laisser aller en paix, sans obtenir de garder leur prêtre.

Lafaurie fut à la fin conduit dehors, mais aussitôt d'autres femmes survinrent qui, s'unissant aux premières ,obstruèrent le chemin là où devait passer la colonne mobile avec le prêtre. Les nouvelles arrivées étaient venues à un signal donné des fenêtres par les femmes qui se tenaient dans la maison de Jean Vidal.

Le prêtre fut toutefois mené un peu plus loin « jusqu'au ruisseau de la fontaine de Saint-Paul ». Là, raconte Guiraudies dans le procès-verbal des événements de ce jour, « il y eut plusieurs coups de pierre lancés par les femmes, suivis de grands coups de poings aux gardes nationaux, avec menaces même pour l'agent municipal de le détruire et d'incendier les granges et maisons; notamment Jeanne Roux menaça de faire fusiller le capitaine dans toute autre circonstance (2). »

La force armée ne laissa pas évidemment Lafaurie à Saint-Paul. Elle le conduisit à Cahors, malgré la résistance qui était faite. A Cahors, il fut mis entre les mains de Jean Delluc, le concierge de la maison de détention (3).

Une autre arrestation, celle du curé de Sabadel, dans le canton de Latronquière, donna encore beaucoup de mal à la gendarmerie.

A plusieurs reprises, la colonne mobile dut être requise de se transporter sur la commune de Sabadel pour y arrêter le prêtre Delord (ou Delort).

L'ancien curé de Sabadel exerçait publiquement le culte dans son ancienne paroisse. Tantôt il l'exerçait dans l'église, tantôt dans la maison du nommé Lamanilève. Les dimanches et fêtes, il se rendait un grand nombre de fidèles à sa messe. L'administration départementale en avait été informée. Le commissaire du Directoire Exécutif près l'administration municipale du canton de Latronquière avait prévenu d'un semblable délit le commissaire départemental par lettre du 21 floréal an VI (10 mai 1798). Le même commissaire s'était plaint souvent à l'agent municipal de Sabadel de sa tolérance à l'égard du prêtre Delord. A la fin, l'arrestation de Delord ne pouvait que s'opérer (4).

Le 15 thermidor an VI (2 août 1798), un porteur de contrainte « vraiment républicain », de Sabadel, vint annoncer au commissaire du Directoire Exécutif près l'administration cantonale de Latronquière, que ce prêtre était toujours logé chez le

même personnage, Lamanilève, et que le lendemain, 16 thermidor, il devait dire la messe à 8 heures du matin dans l'église.

Le commissaire convint avec le président de l'administration cantonale de choisir un individu de Latronquère, nommé Jean Lacroix, pour se transporter le 16 thermidor, avec des hommes de la colonne mobile, dans la commune de Sabadel pour y opérer l'arrestation du curé Delord (1).

Lacroix partit de Latronquière et se rendit le 16 au matin à Sabadel, en passant par Saint-Médard-Nicourby et Bouxal. Il était accompagné de quelques hommes de la colonne mobile, qui étaient : Antoine Lescure, Baptiste Serres, Antoine Durandou, etc. ; ces hommes résidaient à Latronquière même.

Le piquet de la colonne mobile devait, pendant un mois, effectuer les visites domiciliaires voulues par la loi du 18 messidor an VI. Il devait se transporter non seulement au domicile de Lamanilève, à Sabadel, mais encore dans l'ancien presbytère de Saint-Médard, dans la maison de veuve Delord au village de Fournanty, sur la même paroisse de Saint-Médard-Nicourby et dans celle du nommé Jeunot, à Bouxal. Un arrêté de l'administration municipale de Latronquière du 7 thermidor an VI (24 juillet 1798) avait désigné ces maisons à la colonne mobile comme récélant des prêtres réfractaires rentrés d'exil ou du moins sujets à la déportation.

Sous le commandement du chef de bataillon Jean Lacroix, ces hommes arrivèrent les uns à Sabadel vers les 7 heures et demie, et les autres au village de La Poujade à peu près à la même heure. Seuls les hommes qui allèrent directement à Sabadel purent faire des perquisitions ; ceux qui s'étaient arrêtés au village de La Poujade (ou Lapoujade) ne purent en faire aucune, parce qu'il leur manquait l'autorisation expresse de les faire.

Parvenus à Sabadel, ils aperçurent devant la porte de l'église « une grande populace d'hommes et de femmes ». Un tel rassemblement leur fit croire que le prêtre qu'ils cherchaient pour l'arrêter venait de dire la messe ou bien allait la dire. Ils entrèrent au plus vite dans l'église et pénétrèrent sans rien dire dans la sacristie. Ils n'y trouvèrent personne. De l'église, ils se rendirent aussitôt ,en toute hâte, chez Lamanilève.

En entrant dans la maison, ils trouvèrent la fille de cet individu, à qui ils demandèrent « si le prêtre qui venait de dire la messe n'était pas chez elle ». La jeune fille répondit d'une manière négative. Les hommes de la colonne mobile insistèrent. Ils observèrent à la jeune personne « que sa maison était désignée pour cacher des prêtres réfractaires » et qu'ils avaient reçu ordre d'en faire la visite.

La jeune fille fut invitée à indiquer les appartements de la maison. Ce qu'elle fit de fort bonne grâce.. Elle voulut les con-

(1) Ibid.
(2) « Archives du Lot », série L 257, numéro 40.
(3) Ibid.
(4) « Archives du Lot », série L 276, numéro 91.

(1) « Archives du Lot », Série L 276, numéros 92 et 93.

duire au premier étage, mais ceux-ci se refusèrent d'y monter avant d'avoir visité le bas.

Les hommes de la colonne mobile firent l'inspection de la chambre située au rez-de-chaussée, à côté de la cuisine. Ils n'y trouvèrent personne. Ayant aperçu une porte fermée, ils s'en approchèrent pour l'ouvrir. Mais la jeune fille prit à part le commandant Lacroix et lui dit : « N'entrez point dans cette chambre ».

Elle lui dit même sur le ton confidentiel : « N'entrez pas là dedans; je vous donnerai ce que vous voudrez et vous aurez lieu d'être satisfait ». La fille Lamanilève voulait à tout prix sauver son curé. Le commandant ne fut pas de l'avis de cette jeune fille.

Il lui répliqua bien vite qu'il était républicain et que tout l'or qu'elle pourrait lui offrir « ne le ferait pas dévier un instant dans la carrière de l'honneur et du devoir » Il la repoussa « indignement ». Sur le champ il appela ses camarades pour leur faire ouvrir la porte en question.

Dans la chambre où conduisait cette porte se trouvait le prêtre Delord. Dès que les hommes de la colonne mobile l'y eurent trouvé, ils le sommèrent au nom de la loi de les suivre au siège de l'administration municipale du canton. Celle-ci devait l'interroger sur les délits de célébration illicite de culte public qu'il avait commis. Delord était un insermenté ; il n'avait pas prêté le serment de haine à la royauté et il avait été dénoncé aux autorités constituées pour avoir exercé les fonctions de son ministère, quoiqu'il fût insermenté.

Une fois en face des hommes de la colonne mobile, Delord essaya de montrer qu'il était en règle avec les lois. Il présenta une carte du Comité du Salut public qui le mettait en liberté, datée de l'époque où il sortit de la maison de réclusion de Cahors. Sur cette carte, on l'autorisait à se retirer dans sa maison natale du Port et Ayre dans l'Aveyron.

Le commandant se refusa d'examiner les papiers que pouvait lui présenter Delord. D'ailleurs, ce prêtre n'avait pas de passeport et il ne pouvait se dispenser de se présenter devant les administrateurs du canton. C'est ce que lui fit observer le commandant Lacroix.

« Je l'ai de nouveau sommé de me suivre, raconte Lacroix dans le procès-verbal de l'arrestation, ce qu'il a fait jusqu'au bas du degré. Ayant donné un coup d'œil au piquet, voyant qu'il était peu nombreux et, d'un autre côté, voyant un peu de monde rassemblé, faisant certaines grimaces, ledit Delord a dit qu'il ne pouvait pas marcher à pied, qu'il lui fallait un cheval et qu'en attendant qu'il arrivât, il voulait prendre une croûte et boire un coup. Nous lui avons proposé de se rendre à l'auberge avec nous et lui avons dit que nous le ferions déjeuner. Il a refusé en disant qu'il ne buvait pas dans les auberges. Nous avons alors insisté. Il s'est fait une rumeur parmi le peuple assemblé. Mais l'ad-

joint municipal qui était parmi la foule dit aux gens : « Prenez garde ! d'un malheur, il ne faut pas en faire deux ».

Voyant ses hommes soutenus par l'adjoint municipal, le commandant Lacroix sortit cinq francs de sa poche pour les donner à un membre du piquet, avec charge d'aller chercher du pain et du vin pour le déjeuner.

On organisa ce petit repas du matin dans la maison même où avait été arrêté Delord. L'adjoint municipal et un nommé Vermande vinrent « choquer le verre » avec les hommes du piquet et le commandant. Le prêtre Delord déjeuna lui aussi avec tout ce monde. Il but toutefois « du vin d'une bouteille qu'il avait à lui seul ».

La foule n'avait cessé, durant tout ce temps, de stationner autour de la maison et de se tenir « même jusqu'à une fenêtre qui est sur la galerie qui donne sur la cuisine ».

Dans la chambre où on faisait ce petit déjeuner entrèrent trois ou quatre personnes parmi lesquelles se trouvait l'agent municipal de la commune, le citoyen Mage. Celui-ci salua « très humblement » le curé de la paroisse; il lui demanda « des nouvelles de sa santé » et entra en conversation avec lui sur les motifs de son arrestation. Au cours de la conversation, Mage dit au prêtre : « Rassurez-vous, monsieur le curé, vous n'êtes pas coupable; vous ne ferez pas le voyage de Latronquière. L'administration, après vous avoir entendu, vous mettra de suite en liberté ».

Le prêtre ne répondit pas à l'agent municipal. Il passa à un autre sujet de conversation, mais en cherchant à s'éloigner du piquet de la colonne mobile. Le commandant Lacroix, qui encore était à table, occupé à boire et à manger, se leva alors pour mieux voir ce qui se passait. Mais l'agent municipal Mage s'empressa de dire au commandant : « Vous n'avez rien à craindre; je vous réponds de M. le curé ».

Sur cette réponse, le commandant du piquet dit à Mage : « Cela suffit ; je m'en rapporte à vous ».

Aussitôt, le curé Delord demanda à passer dans une autre chambre pour prendre d'autres habits. Mage l'y accompagna, mais pour en ressortir bientôt après.

Le commandant offrit à celui-ci un verre de vin « qu'il accepta et but ». Après avoir posé son verre sur la table, il sortit de la maison en disant qu'il allait revenir.

Le commandant Lacroix alla voir dans la chambre où était allé tout à l'heure le curé Delord, ce qu'il advenait. Il n'y trouva pas le prêtre. Il courut au plus vite à la fenêtre de la chambre et aperçut un drap de lit « au bas de la fenêtre ». Il sortit de suite au galop et alla à la rencontre de l'agent municipal, qui n'était pas à quarante pas de la maison. Il lui cria : « Vous m'avez fait évader le prêtre, vous m'en avez répondu: vous êtes un...... scélérat, un brigand ».

L'agent municipal répondit au commandant qu'il ne comprenait rien à ce qu'il lui disait, que d'ailleurs c'était tant pis pour lui s'il l'avait laissé évader.

Le commandant revint à la maison d'où Delord venait de s'évader. Il trouva le maître de la maison au bas de l'escalier. C'était bien à propos. Il lui dit : « Marchez avec nous; venez devant l'administration : vous êtes aussi coupable que le prêtre que vous recélez ». Et, l'ayant pris au collet pour le faire marcher, il fut bien étonné quand il le vit « se laisser tomber par terre avec sa femme qui le tenait, et plusieurs autres personnes qui l'entourèrent et l'empêchèrent de le faire suivre ».

Les hommes de la colonne mobile crièrent alors à l'agent municipal qui était encore là, sur place, de donner main forte pour conduire Lamanilève. Mais l'agent municipal Mage répondit qu'il fallait le laisser déjeuner et qu'il ne pouvait encore lui donner main forte. Il lui dit, en outre, qu'il lui fallait deux heures pour rassembler la garde. Cependant, il n'avait besoin que de requérir, au nom de la loi, les hommes qui étaient présents. C'est ce que lui répliqua le commandant en ajoutant que, s'il ne les requérait pas, la colonne mobile se verrait obligée de se retirer.

L'agent Mage fit semblant de ne pas entendre ce que lui objectaient le commandant et ses hommes. Alors, craignant qu'il y eut du danger pour eux en raison de l'attitude de l'agent municipal et des grimaces que faisait la foule, les hommes de la colonne mobile « mirent le sabre à la main » et se mirent à crier que le premier qui oserait attenter à leurs personnes serait taillé en pièces, s'agirait-il de l'agent municipal lui-même.

« Cette fermeté de notre part, dit Lacroix en terminant le procès-verbal de sa mission à Sabadel, nous a sans doute dégagés du danger que nous encourions et nous nous sommes retirés (1) ».

Le piquet de la colonne mobile qui devait aller à Sabadel s'était partagé en deux pelotons au cours de la route. L'un était allé à Sabadel même et l'autre se rendit à Lapoujade pour y rechercher un prêtre Blacard, qu'on croyait devoir dire sa messe, ce matin-là, dans ce village. Avant d'arriver à Lapoujade ou (La Poujade), les hommes de la colonne mobile aperçurent « plusieurs citoyens et citoyennes courant au galop et dirigeant leurs pas, les uns vers le village de Lapoujade et les autres vers le chef-lieu de la commune de Sabadel ».

Deux prêtres se trouvaient dans cette contrée. L'un exerçait à Lapoujade et l'autre à Sabadel. Une fois parvenus à Lapoujade, ils ne purent faire aucune perquisition, n'ayant point d'ordre écrit qui les y autorisât. Ils durent se retirer sans rien faire.

Mais avant de gagner vers Lapoujade et Sabadel, la colonne mobile commandée par Jean Lacroix avait fait la visite de plusieurs maisons. Elle était arrivée à trois heures et demie du matin à Saint-Médard. Aussitôt elle était allée perquisitionner à

la maison presbytérale du lieu. L'ancien presbytère avait été loué par une femme du pays. La locataire fut sommée au nom de la loi d'en ouvrir la porte aux hommes de la colonne mobile. Quatre hommes y entrèrent et firent « l'exacte perquisition » dans les coins et recoins de l'intérieur de ladite maison. Ils n'y trouvèrent que deux femmes et un petit enfant.

De Saint-Médard, le piquet de la colonne mobile se transporta immédiatement au village de Fournanty, pour visiter la maison de la veuve Delort (ou Delord). Il y arriva à cinq heures. Quatre hommes pénétrèrent dans cette maison. Mais, au cours de leurs perquisitions, ils ne trouvèrent que deux femmes qui étaient encore couchées.

La colonne se transporta encore à Bouxal pour aller perquisitionner dans la maison de Jeunot. Elle arriva dans cette commune à six heures. Les hommes qui entrèrent chez Jeunot ne trouvèrent encore personne de suspect. Cependant, dans cette commune, ils rencontrèrent un homme qui leur donna une piste pour découvrir le prêtre qu'ils cherchaient, Blacard.

Ce prêtre n'était pas dans Bouxal. Il était à Lapoujade et, à l'heure matinale où on était, il devait être sur le point de dire la messe. Cet individu qui osa dénoncer de la sorte à la force armée le prêtre Blacard eut, toutefois, honte de son acte. Il ne consentit à le faire que sur la promesse que lui firent les hommes de la colonne mobile de garder le plus profond secret sur sa dénonciation.

On sait déjà qu'à Lapoujade la colonne mobile ne put nullement perquisitionner et dut se retirer sans avoir découvert le prêtre qu'elle cherchait.

## XXVI

### Le cas du prêtre Ventach

Le 20 vendémiaire an VII (11 octobre 1798), le lieutenant de gendarmerie de résidence à Montauban écrivit à Laboissière, commissaire près l'administration centrale du Lot :

« J'ai l'honneur de vous annoncer, citoyen, que j'adresse à l'administration centrale le procès-verbal d'arrestation du prêtre Ventach, arrêté dans la commune de Mayrinhac-Lentour. Il serait bien à désirer pour la tranquillité publique qu'il fût bientôt suivi par les autres camarades du canton. Je ne néglige rien pour tâcher d'y parvenir, mais j'éprouve beaucoup de difficultés vu le trop grand nombre d'amis qui le tiennent caché. J'éprouve la même difficulté concernant les déserteurs...

« Il serait à désirer que le prêtre Ventach fût conduit sans délai à sa destination. Les fanatiques ne conserveront plus l'espoir, une fois qu'il sera parti, de le revoir.

« Soyez sûr, citoyen commissaire, que le détachement ne perd pas un instant pour parvenir à l'arrestation des déserteurs.... Dans une perquisition qui a été faite à Lacapelle-Marival on n'a pas trouvé une seule

---

(1) Série L 270, numéros 92 et 93.

maison peu aisée où il n'y eût un autel dressé. Cela prouve évidemment le mal que s'efforcent toujours de faire les prêtres.

« J'apprends que ce prêtre cherche à ramasser tous les certificats qu'il peut arracher des uns et des autres pour se soustraire à la déportation. Il se trouve compris aussi dans le premier arrêté de l'administration centrale, donc sujet à la déportation. Il a été arrêté, d'après son aveu, sortant de faire les fonction du culte (1).. »

Cledel avait écrit cette lettre. Comme on le voit, les populations tenaient à garder leurs prêtres réfractaires puisqu'elles les cachaient si bien.

Il était bien certain que Ventach travaillait de son mieux à éviter la déportation. Il exposa même à l'administration départementale que seuls des dénonciateurs avaient pu le mettre dans le cas où il se trouvait.

Ventach avait été ordonné prêtre en 1791 et n'avait jamais été, d'après lui, fonctionnaire public. « Je fus prêtre vers le milieu de l'an 1791; je ne relevais pas de l'évêque constitutionnel; on ne me demanda pas de serment. Je n'étais pas fonctionnaire et, à cette époque, nul ne pouvait être considéré comme fonctionnaire qu'il n'eût prêté le serment prescrit par la loi du 26 décembre 1790. Or, alors, je n'étais pas prêtre. Ce serment n'était pas pour moi ».

Sur les conseils de l'administration du département, il ne se serait pas expatrié, parce que le département lui-même ne regardait pas comme fonctionnaires publics ceux qui n'étaient pas prêtres quand fut promulguée la loi du 26 décembre 1790.

On l'accusait de solliciter de tous côtés des certificats divers. Il en avait sollicité un, en effet, du département pour attester qu'il n'était point regardé comme fonctionnaire public. Il pourrait en fournir d'autres, provenant de citoyens « éclairés », et qui lui seraient tous favorables. Il était en état de contredire ses adversaires : tel était le sens de sa lettre au département (2).

Ventach était resté paisible dans ses foyers. Seuls, « des antagonistes » étaient venus aggraver les maux « d'un infortuné qui, des bancs de l'école tombe dans les malheurs ». Ils pouvaient dire qu'il a troublé l'ordre, mais il ne craint pas une enquête. Ils diront peut-être qu'il disait la messe lorsqu'on l'a arrêté, mais il peut assurer le contraire, d'après les suffrages « des patriotes les plus épurés ».

Ce prêtre demandait au département de le rendre, aux vœux de la loi qui le favorisait et à ceux de tous les bons citoyens qui le protégeaient (3).

Le 23 vendémiaire an VII (14 octobre 1798), quelques jours seulement après l'arrestation de Ventach, opérée le 20 vendémiaire (11 octobre), l'administration centrale du Lot avait écrit à l'administration municipale d'Aynac pour lui demander des renseignements sur la moralité, les principes politiques et la conduite du prêtre Ventach (1). Dès l'arrestation de ce prêtre à Mayrinhac-Lentour, le département avait voulu être édifié sur ses idées et ses sentiments.

Les administrateurs municipaux du canton d'Aynac répondirent par la lettre suivante du 26 vendémiaire an VII (17 octobre 1798) : « Vous devez connaître aussi bien que nous que (les principes de Ventach) sont les principes d'un prêtre réfractaire insoumis aux lois, ou n'ayant pas prêté tous les serments par elles prescrits. Nous n'avons fait aucune dénonce particulière à son égard. Nous nous sommes bornés à vous transmettre ainsi qu'au chef de la colonne mobile son signalement, conformément à votre arrêté du 18 frimaire an VI, qui ordonne l'arrestation d'un grand nombre de prêtres insoumis notairement cités, dans lequel ledit Ventach et trois autres de notre canton se trouvent compris, et pareil signalement a été remis, ainsi que celui de tous les autres prêtres réfractaires, au commandant de la gendarmerie (2). »

Pendant que l'administration centrale du Lot s'informait de la sorte sur le compte de Ventach, celui-ci faisait « vigoureusement agir auprès de l'administration d'Aynac pour obtenir une attestation qu'il n'aurait jamais troublé l'ordre public et qu'il n'aurait jamais été salarié comme ministre du culte (3). »

Le commandant de la force armée avait été envoyé à Aynac par l'administration départementale. Il aurait dû aller avec sa troupe dans les cantons environnants euxmêmes pour y arrêter les prêtres réfractaires et les brigands du canton d'Aynac qui auraient pu s'y réfugier. Seulement, il ne pouvait s'y rendre. Heureusement que l'un des principaux prêtres prétendus rebelles, Ventach, était arrêté.

Au moment où la force armée recevait ainsi sa destination pour opérer l'arrestation des « camarades » de Ventach, le commissaire du Directoire exécutif près l'administration municipale du canton d'Aynac, Lescole, écrivait au département, de L'hôpital Saint-Jean où il se trouvait, le 27 vendémiaire an VII (18 octobre 1798), pour le renseigner au sujet de ce prêtre réfractaire. Dans sa lettre, il ne se montrait guère favorable à ce prêtre.

Il le disait l'ami intime de Proulhac, autre insoumis fameux de la région. Il garantissait surtout « que l'esprit public serait toujours mauvais dans la commune de Mayrinhac et les communes environnantes s'il obtenait son relâche ». Il avançait que l'administration centrale pourrait facilement s'en convaincre en s'en informant auprès des patriotes de la commune d'Aynac (4).

---

(1) Série L 277, numéro 14.
(2) Archives du Lot. Série L 277, numéro 15.
(3) Ibid.

(1) Série L 277, numéro 19.
(2) Archives du Lot, Série L 277, numéro 19.
(3) Série L 277, numéro 18.
(4) Série L 277, numéro 15

## XXVII

### Les interrogatoires

Le prêtre Jean-Pierre Guary, natif de Figeac, une fois arrêté par la gendarmerie de Saint-Céré et consigné aussitôt à la maison d'arrêt de cette commune, fut interrogé par le commissaire du Directoire exécutif établi près l'administration municipale de Saint-Céré, le 23 prairial an VI (11 juin 1798).

Guary était alors âgé de 57 ans. Il arrivait devant le commissaire de Saint-Céré Ambert, muni d'un passeport que l'administration municipale de la commune de Figeac lui avait délivré le 4 fructidor an V (21 août 1797).

Requis de déclarer son nom, son âge, sa profession et sa demeure, Guary dit au commissaire du canton de Saint-Céré comment il s'appelait et quel était son âge et, en ce qui concerne la profession, les fonctions qu'il exerçait. Ancien bénédictin de l'ordre de Cluny, il n'avait jamais été fonctionnaire public. Il n'avait exercé les fonctions du culte qu'à sa sortie de réclusion, lorsqu'il avait été légalement libre de les exercer. Depuis le 18 fructidor, il n'avait exercé aucun ministère.

Pour ce qui était de sa demeure, Guary répondit au commissaire que, depuis neuf mois, il résidait à Briance, commune de Gluges, chez le citoyen Lachièze, où il remplissait le rôle de précepteur auprès d'un petit enfant.

Il lui fut demandé quelle affaire l'avait attiré à Saint-Céré. Guary prétendit qu'il y était venu acheter une calotte et des lunettes.

Mais, en venant à Saint-Céré, il n'avait pas eu soin de se pourvoir d'un nouveau passeport. On ne manqua pas de lui demander pourquoi il avait agi de la sorte, puisque, pour passer d'un canton dans un autre, un passeport était nécessaire. Guary fit semblant de croire que la chose n'était point indispensable (1).

Sur le passeport que l'administration de Figeac lui avait délivré en 1797, le 4 fructidor an V, on donnait de ce prêtre le signalement suivant : taille environ de cinq pieds, portant perruque, sourcils châtains, front haut, yeux gris, nez moyen, bouche moyenne, menton rond, visage rond et coloré (2).

Lorsque le brigadier et les gendarmes de Saint-Céré arrêtèrent Pierre Guary, le 20 prairial an VI (8 juin 1798), ils lui demandèrent s'il n'était pas muni d'un passeport. Le prêtre réfractaire présenta le passeport délivré par la municipalité de Figeac. Une fois qu'ils l'eurent examiné, les gendarmes le déclarèrent de nulle valeur, comme n'étant pas revêtu des formalités exigées par la loi. Ils l'arrêtèrent sur-le-champ comme leur paraissant « très suspect en sa qualité de prêtre (3). »

Avant son arrestation, Guary avait été interrogé par la gendarmerie de Saint-Céré et cet interrogatoire ressemble beaucoup à celui que lui fit subir le commissaire Ambert (1).

Le 23 prairial an VI (11 juin 1798), le commissaire Ambert faisait traduire devant le commissaire du Directoire exécutif près l'administration centrale, à Cahors, le prêtre arrêté qu'il venait d'interroger. Il lui faisait passer en même temps le procès-verbal de l'arrestation que la gendarmerie de Saint-Céré avait dressé, le passeport dont Guary était porteur et qui se trouvait annulé, et l'interrogatoire qu'il avait subi sur la manière dont il avait obéi, ou non, aux lois relatives aux insermentés (2).

A Paris, comme dans les autres départements, on n'agissait point différemment à l'égard du clergé réfractaire.

Un peu partout, on arrêtait les prêtres et on les interrogeait minutieusement. On leur faisait exhiber tous les certificats qu'ils pouvaient posséder et on avait soin de les examiner avec autant d'attention que de méfiance.

Le 5 prairial an VI (22 mai 1798), le prêtre Jean-Baptiste Palier (ou Paliès), ancien bénédictin, âgé de 54 ans, avait été arrêté par la gendarmerie sur la route de Paris. Le jour même de son arrestation, il avait été conduit dans les prisons de Cahors suivant le verbal d'arrestation qui fut remis à l'administration départementale (3.)

Le prêtre Palier subit son interrogatoire devant l'administration centrale du Lot, à la date du 6 prairial (25 mai 1798). Avant lui avait comparu, le 4 prairial an VI, devant la même administration, un certain Guillaume Ferrier, prévenu d'émigration (4).

Depuis le mois de messidor an V, le prêtre Jean-Baptiste Palier résidait à Limoges, où il était né. Auparavant, avant messidor an V, il avait habité Angers et une localité située tout près de Nantes. En indiquant de la sorte sa demeure, pour le passé, ce prêtre remontait jusqu'au mois d'août 1792 pour le temps de la période révolutionnaire.

On lui demanda s'il exerçait les fonctions sacerdotales, mais il répondit qu'il n'en avait exercé aucune depuis la suppression des ordres religieux.

Interrogé sur la question des serments, il déclara n'avoir pas prêté le serment de Liberté et l'Egalité prescrit par la loi du 14 août 1792. Il ne l'avait point toutefois prêté, parce qu'il ne lui avait jamais été proposé.

Il était compris au nombre des pensionnés de l'Etat. La République lui avait payé sa pension jusqu'au 3 germinal an III (23 mars 1795). Dans son département, il n'avait pas été mis au rang des prêtres sujets à la déportation. Il n'avait pas été conduit

---

(1) Archives du Lot, série L 161, numéros 128, 129.
(2) Série L 161, numéro 130.
(3) Série L 161, numéros 131, 132.

---

(1) Ibid.
(2) Série L 161, numéro 127.
(3) Série L registre 9, folios 22, 23.
(4) Ibid, folios 19, 20.

au fort du Hâ, ni déporté à Rochefort, ou détenu à Blaye et au Pâté, et autres lieux où étaient conduits les prêtres sujets à la déportation. Lorsqu'il avait été arrêté, il se rendait dans les environs de Toulouse, chez un de ses anciens confrères. En partant de la ville de Limoges, il s'était rendu aux bureaux de l'administration municipale pour prendre un passeport. Mais des administrateurs lui avaient observé qu'il n'en avait nul besoin, qu'un passeport lui était inutile. Telles furent les réponses de Palier aux questions diverses qui lui furent posées par l'administration centrale (1).

Le prêtre Jean-Pierre Guary eut à subir à Cahors un nouvel interrogatoire, dès qu'il eût été conduit par la gendarmerie nationale au chef-lieu du département. Il avait été arrêté à Saint-Céré et, le 26 prairial an VI (14 juin 1798), on pouvait le voir dans une des prisons de Cahors.

Les gendarmes le menèrent, le 26 prairial, devant l'administration départementale. Guary devait, ce jour-là, subir son nouvel interrogatoire.

Les questions de l'administration centrale portaient sur le passé du réfractaire et surtout sur la question des serments, afin d'arriver à pouvoir établir si l'individu était bien un réfractaire.

Guary déclara, tout d'abord, qu'il était resté dans le diocèse de Lombez, quand jadis il faisait partie de l'ordre de Cluny, ancienne observance. Son ordre avait été supprimé en 1787. Il était parti de la région de Lombez, en 1789, quand éclata la Révolution, pour se rendre à Figeac dans sa famille.

A l'époque de la suppression de son ordre, le roi lui avait accordé une pension de 1.400 livres. En 1790 cette pension avait été réduite à la somme de 1.200 livres. La première année, il toucha la somme entière de 1.200 livres, mais la seconde année, il n'en toucha que 900. Les autres 300 livres lui avaient été retenues pour son don patriotique.

Interpellé sur le serment constitutionnel, Guary déclara ne l'avoir pas prêté, parce qu'il n'était point fonctionnaire public.

Interrogé sur la prestation du serment de Liberté et d'Egalité, il répondit qu'il ne l'avait point prêté « parce qu'il n'en avait été requis par aucune liberté ».

On eut soin de lui demander s'il exerçait les fonctions du culte. Dans le passé, il ne les avait exercées, déclara-t-il, que lorsque le culte avait été libre, et permis à tout prêtre. Dans le présent, il ne faisait aucun ministère, et cela à partir de la journée du 18 fructidor an V.

En 1793, il avait été condamné à la réclusion, pour n'avoir pas prêté le serment de Liberté et d'Egalité. Il fut cependant autorisé à faire sa réclusion chez lui. Il demeura ainsi reclus à Figeac, dans sa famille durant quatorze mois. De Figeac, il fut transféré à Cahors, où il demeura encore quatorze mois en réclusion. Un arrêté du Comité de Sûreté générale le fit sortir de la maison de réclusion du chef-lieu du département.

Le président de l'administration départementale lui demanda où il s'était rendu, au sortir de la maison de réclusion de Cahors. Il répondit qu'il s'était retiré chez son père à Figeac, d'où il partit le 14 fructidor an V, pour se rendre chez le citoyen Lachèze, dans la commune de Gluges, au canton de Martel. Il est resté à Gluges jusqu'au jour de son arrestation.

A Martel, Guary n'était inscrit sur aucun des tableaux de prêtres résidant dans le canton au moment du 18 fructidor. Sa situation n'était point régulière. Il devait donc se cacher.

Mais le prêtre réfractaire prétendit que si l'administration cantonale de Martel ne l'avait inscrit sur aucune liste des prêtres habitant le canton, c'était sa faute. Car, après le coup d'Etat, sur la demande de l'agent municipal de Gluges, il était allé à Figeac demander deux pièces qui lui étaient utiles pour qu'on put dûment le classer parmi les prêtres infirmes du canton de Martel. A Figeac, on lui avait délivré les deux certificats que sollicitait l'agent de Gluges. C'était une attestation de non-émigration et un certificat de deux officiers de santé constatant ses infirmités.

A son retour de Figeac, Guary avait exhibé à l'agent municipal en question les deux pièces qui lui avaient été données. L'agent de Gluges avait trouvé que ces deux certificats étaient très suffisants. Il lui avait même dit qu'il pouvait se tenir tranquille.

Dans ces conditions, Guary était en droit de dire à ses juges qu'il ne pouvait voir les motifs pour lesquels les administrateurs de Martel ne l'avaient pas inscrit sur un des tableaux de prêtres résidant dans le canton.

D'après ses réponses faites aux questions posées, Guary aurait fait les déclarations prescrites par les lois, après sa mise en liberté. Il n'avait fait aucune fonction de son culte sans faire ce que les lois alors existantes commandaient impérieusement. Depuis le 18 fructidor, il n'exerçait aucun ministère. Il n'avait point voulu exercer illicitement le culte, puisqu'il ne consentait pas à prêter le serment de haine à la royauté.

Il ne se croyait pas, de plus, atteint par les lois rendues contre les prêtres insermentés, d'après une lettre du ministre de l'Intérieur lui-même, Bénézech, adressée à l'administration municipale du canton de Vayrac (1). Cette lettre ministérielle disait, en effet, que les prêtres attachés à l'ancien ordre de Cluny, qui n'étaient point fonctionnaires publics, ne devaient être punis que de la privation de leur pension (2).

---

(1) Série L, registre 9, folio 21.

(1) Bénézech fut ministre de l'Intérieur du 12 brumaire an IV au 28 messidor an V. (Cf. Aulard, « op. cit. », p. 603.

(2) Série L, registre 9, folio 23.

L'interrogatoire subi par le prêtre Mouliérac est de nature encore à nous dire le passé de ce prêtre réfractaire. Il avait été arrêté par la gendarmerie en résidence à Cajarc. La même gendarmerie l'avait conduit à Cahors dans une des prisons du chef-lieu du département, immédiatement après son arrestation. Il comparaissait devant l'administration centrale à la date du 26 prairial an VI (14 juin 1798), aussitôt après Guary.

Jean Mouliérac était âgé de 56 ans. Depuis trois ans, il résidait dans le canton de Limogne, à Vidaillac. Il s'y tenait caché chez Colonges. Il était né à Larnagol, au canton de Cajarc, et avait été curé à Francoulès, au canton de Catus (1).

En quittant Francoulès, Mouliérac avait cessé les fonctions de son ministère, d'après ses propres déclarations. Il était resté ainsi sans continuer les fonctions du culte durant un espace de dix-huit mois. Il les avait reprises en l'an IV et était allé les exercer dans la commune de Vidaillac. Il y était au dix-huit fructidor.

Au moment où il abdiqua ses fonctions, il resta à Cahors.

En 1791, il avait prêté le serment prescrit par la loi du 27 novembre-26 décembre 1790. Il ne dit pas qu'il ait tenu ce serment, mais il prétend qu'on ne saurait lui prouver qu'il l'ait rétracté.

Il aurait prêté le serment de Liberté et d'Egalité et il attend qu'on lui prouve qu'il en a fait rétractation.

On lui demanda pourquoi il n'avait pas prêté le serment de haine à la royauté et il répondit qu'il n'y était pas tenu, n'exerçant aucune fonction du culte.

Depuis le coup d'Etat, il n'avait exercé le ministère ni publiquement ni clandestinement. De plus, il ne s'était nullement caché « pour se soustraire aux recherches de la gendarmerie et de peur d'être arrêté comme prêtre sujet à la déportation ». Il s'était constamment montré en public, à Vidaillac.

Mouliérac trouva injuste son arrestation puisqu'il n'en connaissait d'autre motif que sa non-prestation du serment de haine à la royauté et que s'il n'avait pas juré sa haine aux rois, il en était dispensé en ne faisant aucun ministère (2).

On le voit, les administrateurs départementaux faisaient surtout expliquer aux prêtres prévenus, leur passé relativement à la prestation des serments révolutionnaires. On fait connaître ici, d'après les pièces elles-mêmes, les réponses faites par les prêtres ainsi interrogés. Evidemment, ces prêtres n'allaient pas avouer leurs délits commis en célébrant le culte sans avoir au préalable prêté les serments requis. Ils répondaient de manière à ne pas attirer sur eux une condamnation. C'était à leurs juges qu'il appartenait de voir en quelle mesure ils avaient contrevenu aux lois du pays.

Un autre prêtre qui n'était nullement un réfractaire, mais qu'on accusait de l'être comme prêtre rétracté, Augustin Bru, l'ancien curé de Bouloc, dont il a déjà été question, eut à subir lui aussi à Cahors un interrogatoire tout comme d'autres prêtres, vraiment réfractaires.

Le département l'avait mis au rang des prêtres rétractés. La gendarmerie l'avait arrêté et conduit en prison à Cahors. Là, il fut interrogé jusque sur les plus petits détails de sa vie.

Justice ne se fit pour lui qu'à la fin. Le département le raya, le 14 novembre 1798, du tableau des prêtres rétractés, en recevant toute approbation du ministre Duval. Et, quand au commencement de l'année de 1799 on voulut s'informer de nouveau sur sa conduite, pour voir s'il apparaissait ou non comme un rétracté, l'administration municipale de Lauzerte sut le défendre énergiquement auprès des administrateurs du Lot.

Augustin Bru comparaissait le 19 messidor an V (7 juillet 1798), devant l'administration départementale.

A cette date, il était âgé de 35 ans et demeurait à Albas, dans le canton de Luzech, depuis environ six mois.

D'après ses déclarations, il n'avait exercé aucune fonction ecclésiastique à Albas, depuis qu'il y séjournait. Avant de se rendre à Albas, il avait résidé chez le curé de Tourniac, l'abbé Delord, dans la commune de Saux, au canton de Montcuq. Il était resté dans cette paroisse durant trois mois. Là non plus il n'avait exercé aucun ministère. Auparavant, il avait habité la commune de Lauzerte. Ce fut dans ce chef-lieu de canton qu'il passa le plus le temps avant d'aller à Tourniac et à Albas.

De Lauzerte, il se rendait alternativement dans la commune de Saint-Hippolyte, et dans celle de Caminel. Il exerçait les fonctions sacerdotales dans ces paroisses.

Il exerça durant environ un an dans ces communes.

Avant d'être à Lauzerte, il habitait à Saint-Laurent, au canton de Montcuq, chez le citoyen Balmary. Il demeura près de deux ans dans la maison de cet individu. Dans cette famille, il n'exerçait aucune fonction pastorale et se contentait de remplir le rôle d'instituteur auprès des enfants de Balmary.

Durant le mois de mars 1791, il avait été nommé curé de Bouloc, au canton de Lauzerte, par l'assemblée électorale du district de Lauzerte. Il y était demeuré jusqu'en 1794, c'est-à-dire jusqu'à la fermeture des églises.

Au moment du coup d'Etat, il habitait Lauzerte.

Pour ce qui était des serments imposés par les lois au cours de la Révolution, il avait prêté le serment établi par la loi du 27 novembre et du 26 décembre 1790 et celui qui avait prescrit la loi du 14 août 1792. Il avait prêté ces deux premiers serments

---

(1) Série I, registre 9, folio 23.
(2) Série I, registre 9, folios 23 et 24. Cet interrogatoire existe en deux exemplaires.

devant le corps municipal de Bouloc, L'an IV, il fit sa déclaration de soumission aux lois de la République conformément à la loi du 7 vendémiaire. Il avait juré sa haine à la royauté devant l'adjoint municipal de Lebreil, dont dépend l'église paroissiale de Caminel.

Il n'a rétracté aucun de ces divers serments, ni même songé à le faire.

Mais, lui demanda-t-on, pour qu'elle raison aurait-il été arrêté s'il avait de tels sentiments et si, de fait, il avait prêté tous les serments imposés par les lois ?

Il prétendit qu'on l'avait arrêté comme n'ayant pas de passeport. Il en avait demandé un à Albas lorsqu'il apprit qu'on l'écrouait comme prêtre rétracté.

On l'avait classé au nombre des prêtres rétractés sans qu'il s'en doutât. Il ignorait, d'après son dire, d'autant plus son inscription sur le tableau des prêtres rétractés dressé à Lauzerte par l'administration cantonale, qu'il s'était souvent présenté au chef-lieu de ce canton, et même devant les administrateurs municipaux ainsi que devant l'agent de cette commune, sans qu'on lui parlât de sa rétractation. L'agent municipal de Lauzerte lui accorda un acte de départ du canton et, vraiment, l'aurait-il fait s'il l'avait connu comme prêtre rétracté ? Lui-même, d'ailleurs, tenait trop à ses serments pour protester contre une semblable inscription sur le tableau des rétractés, si quelque personnage de l'administration lui avait fait soupçonner qu'il avait été mis au rang des rétractés. S'il n'a pas protesté, la raison en est uniquement qu'il n'aurait jamais pensé à semblable inscription.

Augustin Bru reçoit de l'Etat une pension et n'a aucune intention de cesser d'émarger au budget de la République. Il servait là, en faveur de sa cause, un argument qui aurait dû être décisif. Car il tenait bien dans la circonstance le langage d'un constitutionnel véritable. Cela ne peut faire aucun doute. La plupart des prêtres constitutionnels de second rang n'embrassèrent, en effet, la cause de la constitution civile du clergé et ne lui restèrent fidèles que pour pouvoir toucher un traitement ou une pension. Les membres du bas clergé de l'ancien régime devinrent assermentés durant la période révolutionnaire, comme plus tard, sous Bonaparte, ils devaient devenir concordataires toujours avec des vues identiques, celles d'avoir part à l'argent des caisses publiques. Il est bien évident que si tous ces prêtres avaient fait avant tout une question de principe de leur adhésion à l'Eglise nationale, ils n'auraient pas renié cette même Eglise, en 1801, quand Bonaparte signa le Concordat.

On l'accusait d'avoir dit la messe chez la femme de l'émigré Roset. Mais, à semblable allégation, il opposa un démenti catégorique.

On l'accusait encore d'avoir renversé le bénitier à Saint-Jean-d'Olmier et d'y avoir renouvelé l'eau qu'un prêtre assermenté avait bénite. Bien plus, il aurait béni de nouveau l'église de cette commune et le propre missel dont se servait le constitutionnel pour y dire la messe. Mais, comment aurait-il pu faire tout cela puisque jamais il n'a paru seul à Saint-Jean-d'Olmier. Il y est toujours allé avec le prêtre assermenté Clauzel, curé de cette paroisse. Il n'a donc pu y exercer aucune fonction pastorale sans que ce prêtre constitutionnel en fût lui-même témoin.

Interpellé de dire s'il n'aurait pas remarié dans l'église de Saint-Hippolyte « deux citoyens » qu'il aurait lui-même mariés lorsqu'il était curé constitutionnel de Bouloc, il répondit négativement.

Il n'avait pas non plus rebaptisé des enfants qui avaient été baptisés par des prêtres assermentés. Il met au défi ses juges de lui prouver qu'il l'a fait.

Il n'avait pas non plus recommandé à Pagès de se confesser à lui pour son mariage, de lui faire célébrer la cérémonie et de ne pas s'adresser au curé constitutionnel qui pour le moment était en fonctions à Bouloc. Il était donc innocent du propos qu'on lui prêtait et qu'il aurait tenu à Pagès, à savoir « que ses enfants seraient bâtards » s'il faisait bénir son mariage par ce curé assermenté.

Il n'était point vrai surtout qu'il eût dit publiquement que les prêtres assermentés n'avaient aucun pouvoir et qu'on ne devait pas assister à leur messe. La preuve qu'il disait vrai, ajoutait-il, c'est qu'il « vivait journellement avec eux et exerçait avec eux (1) ».

Furent semblablement interrogés, dès leur arrestation, devant l'administration départementale du Lot, les prêtres dont les noms suivent : le 26 thermidor an VI (13 août 1799), Jean-Pierre Rey, demeurant au Bourdicou, commune de Duravel, prêtre porté sur le tableau des insermentés (2); le deuxième jour complémentaire an VI (18 septembre 1798), Bessière, arrêté le 17 fructidor an VI (3 septembre 1798), dans le village de Cancès, canton de Saint-Céré, domicilié à Molières, âgé de 64 ans (3); le 23 vendémiaire an VII (14 octobre 1798), Pierre Ventach de Mayrinhac-Lentour (4); le 6 brumaire an VII (27 octobre 1798), Jean Baptiste Alary, âgé de 41 ans, domicilié à Saillac, canton de Limoges, originaire de Caylus (5); en frimaire an VII (novembre-décembre 1798), Jacques Lagarde, âgé de 34 ans, domicilié à Lacapelle-Marival (6); le 8 ventôse an VII (26 février 1799), Raymond Dablan, âgé de 39 ans, domicilié à Bouziès-Bas et y ayant exercé les fonctions de vicaire, soupçonné d'avoir rétracté les serments révolutionnaires qu'il avait prêtés (7) ; le 5 pluviôse an VII (24 janvier 1799), Jean-Baptiste Blavignac, âgé de 39 ans, né à Martel (8) ; le 2 thermi-

---

(1) « Archives du Lot », Série L., registre 9, folio 27.
(2) Série L. registre 9, folios 27 et 28.
(3) Série L. registre 9, folios 49 et 50.
(4) Série L., registre 9, folios 58 et 59.
(5) Série L. registre 9, folio 63.
(6) Série L. registre 9, folios 73 et 74.
(7) Ibid., folio 76.
(8) Série L., registre 9, folios 75 et 76.

dor an VII (20 juillet 1799), Pierre Sourdès, originaire de Figeac, âgé de 48 ans, domicilié à Cadrieu, canton de Cajarc (1) ; le 23 ventôse an VII (14 mars 1800), Jérôme-Antoine Guiches, âgé de 49 ans, natif de Cahors (2).

Le 12 prairial an VIII (1er juin 1800), dans la salle des audiences de la préfecture du département, Pierre Brunies, un ancien constitutionnel devenu secrétaire général de la Préfecture du Lot, fut chargé par arrêté préfectoral de ce même jour d'interroger Jean-Pierre Aymar (3).

Ce prêtre avait été arrêté dans le département du Gers par la gendarmerie de Mauvezin, de la région de Lectoure, et renvoyé devant le préfet du Lot par arrêté préfectoral du département du Gers, du 28 floréal an VIII (18 mai 1800). A Cahors, on devait l'examiner sur le délit d'émigration dont il était prévenu. Pierre Brunies ordonna au concierge de la maison d'arrêt de la commune de Cahors de conduire devant lui le prêtre Aymar, pour lui faire subir un interrogatoire.

Le 28 pluviôse an VIII (17 février 1800), un agent unique du pouvoir, le représentant immédiatement dans le département, qu'on désigna du nom de Préfet, avait été mis à la tête de chaque département. Brunies tenait la place de secrétaire général à la préfecture du Lot. Son rôle, délimité par la loi du 28 pluviôse, consistait spécialement à diriger les travaux des bureaux et à les surveiller.

En comparaissant devant le secrétaire général de la préfecture du Lot, Aymar devait avoir en face de lui, un ancien professeur ecclésiastique du collège de Cahors. Se trouvèrent ainsi face à face deux membres de l'ancien corps professoral de ce célèbre établissement cadurcien, dont le professeur actuel d'histoire au lycée de Cahors, M. Benjamin Paumès, a donné l'historique dans *Le Collège royal et les origines du lycée de Cahors*, 1763-1815 (1907).

Aymar avait été en effet professeur de troisième au Collège royal et Brunies avait brillamment professé la rhétorique dans le même établissement.

Seulement tous les deux n'avaient pas été également fidèles à leurs devoirs ecclésiastiques. L'un, Brunies, s'était lancé dans le mouvement révolutionnaire; l'autre, Aymar, était resté avant tout fidèle observateur des prescriptions de son Eglise. Aussi les destinées furent-elles différentes pour chacun d'eux.

A une époque de souveraine injustice pour tous ceux qui restaient attachés au siège de Pierre, il ne pouvait en être autrement. Aymar s'expatria et, quand il voulut rentrer, il dut se voir arrêter. Brunies, lui, à part quelques durs moments essuyés durant la période révolutionnaire, fut assez heureux durant toute cette époque. A la fin même, il fut comblé d'honneurs. Nous le voyons, en effet, en mai 1800, secrétaire général de la préfecture du Lot.

D'après ses réponses faites à Brunies, Aymar s'était retiré en Espagne, à Berilla-d'Ebre, au mois de septembre 1792. Le 8 mai 1800, il était rentré en France, croyant qu'après le 18 brumaire, il pourrait vivre désormais tranquille dans son pays. Il avait pensé que la paix avait été rétablie en France à la chute du Directoire. Mais il s'était trompé : ce n'était point encore la paix définitive sur le terrain religieux. Elle ne devait l'être qu'en 1801. Des administrations savaient appliquer encore les lois en vigueur, même en tout ce qu'elles avaient de dur pour le clergé réfractaire (1).

XXVIII

### Les prêtres reclus ou faits prisonniers

L'administration départementale du Lot faisait reclure à Cahors les prêtres âgés, malades ou infirmes, qui ne pouvaient émigrer et que le Directoire ne déportait pas après les avoir fait arrêter et emprisonner. Le ministre de la police générale Sotin dispensa de la réclusion dans une des maisons des chefs-lieux de département tout prêtre infirme ou sexagénaire. Il autorisa les autorités locales à laisser les prêtres de cette catégorie en réclusion dans leurs familles, mais en soumettant ces ecclésiastiques à une surveillance profondément inquisitoriale de la part des administrateurs municipaux. Lorsque ces prêtres seraient accusés de troubler l'ordre dans les communes où ils résidaient, ou bien seraient dénoncés pour exercer illicitement le culte, ils devaient être arrêtés et traduits à Cahors pour y être reclus dans la maison que l'administration centrale devait leur indiquer.

A deux reprises donc, des prêtres furent enfermés à Cahors dans une maison de réclusion durant les deux années que dura la Terreur fructidorienne. On conduisit en réclusion au chef-lieu du département, dès le lendemain du vote de la loi du 19 fructidor an V. On y conduisit dans la suite ceux des réfractaires âgés, malades ou infirmes qui, dans les paroisses où le ministre Sotin les avait autorisés à rester, avaient exercé les fonctions du culte sans se conformer aux lois.

On eut à Cahors, comme maison de réclusion, l'ancien grand séminaire qui fut construit en 1652 par les Lazaristes, sous l'épiscopat d'Alain de Solminihac. L'établissement avait été élevé sur l'emplacement de la caserne actuelle. Il paraît que le bâtiment en question serait celui qui clôture, du côté Est, la cour d'honneur de la caserne. Il était large de dix mètres et long de soixante mètres du Nord au Sud. La maison fut abandonnée par les Lazaristes, le 3 juillet 1792, en raison des événements révolutionnaires. On y mit les scellés. On fit un inventaire du mobilier

---

(1) Série L., registre 9, folios 85 et 86.
(2) Ibid., folios 104 et 105.
(3) Série L., registre 9, folios 109 et 110.

(1) Série L., registre 9, folios 109 et 110.

et on y logea, dès la fin de cette année 1792, les prêtres réfractaires (1).

Le Grand Séminaire ne fut pas toutefois la seule maison de réclusion de Cahors. Le bâtiment qu'on appelle de nos jours le Tribunal Vieux en fut une autre durant la période révolutionnaire.

Ce bâtiment fut occupé jusqu'au 21 juillet 1792 par les religieuses de l'ordre de Saint-Benoît, règle de Cluny, ou les Bénédictins. A cette date, les Défenseurs de la Liberté de Cahors réunirent ces religieuses à celles de Saint-Géry qui n'étaient autres que des Augustines et cet immeuble se trouva libre. On s'en servit pour y enfermer les prêtres réfractaires.

Cette maison de réclusion est située entre la place des Petites-Boucheries et le quai Champollion (2).

On pourrait citer d'autres maisons de Cahors qui, à un moment ou à l'autre, servirent pour la réclusion des prêtres : celles de Saint-Thomas, du Bon Pasteur, de la Daurade.

La grande maison de réclusion destinée aux réfractaires durant la persécution fructidorienne était le Séminaire.

Il paraît que cet établissement ecclésiastique avait besoin de réparations en 1798. Le 14 frimaire an VII (4 décembre 1798), l'administration municipale de Cahors observait au département qu'il était nécessaire de faire « quelques réparations utiles » au Séminaire, pour la partie du moins où on pourrait reclure les prêtres condamnés à être déportés mais dispensés de la déportation (3).

Par lettre du 14 frimaire, du jour même où l'administration municipale fit sa lettre, le département avait demandé aux administrateurs de Cahors de lui désigner un local « propre à recevoir les prêtres sujets à la déportation et qui en sont exempts en raison de leur âge et de leurs infirmités », pour y être reclus, conformément à la lettre du ministre de la police générale Duval, du 14 brumaire an VII (5 octobre 1798) (4).

La municipalité cadurcienne offrit l'aile gauche de l'ancien séminaire comme étant « propre et assez vaste pour servir de réclusion à ces prêtres »

Seulement, il fallait réparer ce local et le département, à qui s'adressait la municipalité, n'avait pas les fonds voulus pour faire les réparations nécessaires. En janvier 1799, donc quelques semaines après, l'administration centrale du Lot demandait au ministre de la police générale les fonds voulus pour réparer la maison de réclusion du département.

Le ministre Duval répondit aux administrateurs du département, le 29 nivôse an VII (18 janvier 1799) : « Quant à la demande que vous me faites de fonds pour les réparations de la maison de réclusion de votre département, cet objet fait partie des attributions du ministre de l'Intérieur à qui j'ai adressé l'extrait de votre lettre en l'invitant à y avoir égard. En attendant la décision de ce ministre, les prêtres condamnés à la déportation qui, par leur âge ou leurs infirmités, en seront dispensés, devront être conduits dans la maison de réclusion la plus voisine de votre département (1). »

En 1799, les établissements nationaux qui avaient servi de maisons de réclusion pendant des années avaient dû être vendus ou ne pouvaient plus être utilisés à cette fin, puisque, d'après cette lettre du ministre Duval, les prêtres à reclure devaient être conduits dans un département voisin en attendant que les réparations fussent faites au Séminaire.

Il n'y avait à la vérité manifestement plus, à cette époque, d'autre établissement que celui du Séminaire pour recevoir les prêtres condamnés à la réclusion puisque nous voyons, en septembre de cette même année 1799, les administrateurs de Cahors solliciter un immeuble annexé à l'Ecole Centrale, comme maison de réclusion, quand il commença à être question de transformer le Séminaire en caserne.

L'administration municipale de la commune de Cahors demanda comme maison de réclusion pour les prêtres réfractaires, un bâtiment du couvent des Cordeliers, annexé à l'école centrale qui avait été inaugurée à Cahors le 6 mars 1796. C'était le troisième jour complémentaire an VII (19 septembre 1799). Il était question de faire servir de caserne l'ancien grand séminaire, d'y loger le régiment de Champagne qui plus tard devait devenir le 7e de ligne et il s'agissait de trouver un autre établissement pour y enfermer les prêtres.

« Le ci-devant séminaire étant désigné pour caserne, pour le logement du bataillon, écrivent les administrateurs municipaux de Cahors à l'administration centrale du Lot, il ne nous reste aucun autre édifice à pouvoir vous indiquer, propre à la réclusion des prêtres. Si vous vous entendiez avec les professeurs de l'Ecole Centrale (2), la partie des édifices des ci-devant Cordeliers qui sont aujourd'hui à la disposition de l'Ecole Centrale serait propre à cette destination. Nous sommes persuadés que les professeurs se prêteront à cela avec d'autant plus de raison que ce local leur est inutile dans le moment (3). »

L'Ecole Centrale était, en effet, vastement installée. Elle occupait l'emplacement du lycée actuel. Lorsqu'on lui adjoignit un pensionnat, on lui donna, en plus du bâtiment de l'ancien collège royal qu'elle occupait déjà, les locaux de l'ancien couvent des Cordeliers.

Les officiers de santé de Cahors durent

---

(1) J. Daymard. « Le vieux Cahors », dans « Bulletin de la Société des Etudes du Lot », XXXI, pp. 196 à 199.
(2) Daymard. « op. cit. », ibid., pp. 82 à 84.
(3) « Archives du Lot », série L 277, numéro 23.
(4) Ibid.

---

(1) « Archives du Lot », Série L 142, numéro 44.
(2) Série L 263, numéro 42.
(3) Ibid.

reconnaître à maintes reprises que les maisons de réclusion n'étaient pas assez salubres pour l'état de certains malades. Ils font sortir parfois de ces maisons de réclusion des détenus, en raison des progrès que leurs maladies ou infirmités y feraient s'ils y restaient plus longtemps.

Avant le 18 fructidor an V, les officiers de santé Lagarde et Roques, de Cahors, attestaient le 2 frimaire an IV (23 novembre 1795) que le prêtre Jean Bergougnoux leur paraissait « d'un âge approchant de celui de la caducité et réunir les infirmités inséparables de la vieillesse ». Ils estimaient qu'un « service habituel » devait être accordé à ce prêtre.

Bergougnoux était reclus à Sainte-Ursule conformément à la loi du 3 brumaire. On lui accorda l'autorisation de faire entrer une personne pour son service. L'administration municipale de Cahors fut d'avis, le 3 frimaire an IV, que ce réfractaire pouvait réclamer, au besoin, l'entrée d'une telle personne.

C'était là une faveur pour Bergougnoux. La plupart des réfractaires ne pouvaient l'obtenir et cependant, quand ils étaient reclus, ils étaient ou sexagénaires ou infirmes et auraient pu avoir besoin d'une personne de service autant que ce prêtre. D'ailleurs, auraient-ils obtenu de l'administration municipale d'en avoir une, fallait-il encore avoir les moyens, avant de formuler semblable demande, de rémunérer les services qu'une telle personne aurait pu donner.

En 1798 comme en 1792, on ne laissait pas une maison de réclusion sans concierge ou « portier » qui fut aux frais de la nation « pour veiller à la clôture des prêtres ». Une fois entrés, les réfractaires ne pouvaient sortir librement, comme aussi personne ne pouvait être à leur service sans une autorisation spéciale.

A cet esclavage, d'être tenu de rester toujours renfermé, s'ajoutaient de nombreuses souffrances. Dans ces maisons de réclusion, des cruautés étaient à essuyer (1).

Le prêtre Jean Dufau, âgé de 87 ans, écrit le 3 brumaire an VI (24 octobre 1797) à l'administration municipale de Montauban qu'il est informé que de nouvelles mesures du département enjoignent aux prêtres insermentés de se rendre à la maison de réclusion du chef-lieu du département (2). Il est requis de s'y transporter, mais il ne le peut en raison de son grand âge et de ses infirmités. Un service habituel lui est nécessaire et, chez lui, une famille amie le lui procure. En réclusion à Cahors, qui le lui procurera ? Il n'a pas les moyens de payer une personne pour le servir. Mais « au reste il a passé deux ans dans cette même maison de réclusion et il peut dire avec vérité qu'il y a toujours lutté contre la mort » (3).

C'est au séminaire qu'avait été reclus Dufau. Il ne peut y revenir parce qu'il y trouverait la mort, tellement il a dû y lutter contre elle quand il y était détenu jadis.

De la maison de réclusion les détenus allaient parfois à l'hôpital.

La réclusion était tellement en horreur à l'époque révolutionnaire que, sous la première terreur, Condorcet avala du poison pour ne pas être renfermé. D'aucuns la considéraient comme un supplice aussi douloureux, sinon plus, que la guillotine, quoique supplice plus lent.

Avant le 18 fructidor, le ministre de l'Intérieur Bénézech dut adresser à l'administration départementale du Lot un blâme sévère pour l'inhumanité avec laquelle des inférieurs traitaient les prêtres reclus au séminaire. Après le coup d'Etat, le ministre de la police générale dut admonester la même administration pour la manière injuste dont elle exécutait la loi du 19 fructidor an V.

Bénézech écrivait de Paris le 22 prairial an IV (10 juin 1796) aux administrateurs du Lot à Cahors :

« Je suis informé que les prêtres réfractaires détenus dans la maison de réclusion de Cahors sont renfermés dans une chambre dont un municipal a la clef, que la porte ne s'ouvre qu'à une certaine heure pour leur porter leur nourriture et que, dans le jour, on leur fait passer de l'eau par un entonnoir fiché dans la porte, au bas duquel ces reclus la reçoivent avec une bouteille.

« Je suis informé, en outre, que quatre ou cinq de ces prêtres sont plus qu'octogénaires et très infirmes et qu'un nommé Daynaz (?), entre autres, âgé de quatre-vingt-treize ans est très mal, qu'il ne peut plus retenir ses besoins naturels et qu'il aurait besoin d'être lavé et nettoyé à chaque instant et qu'il ne peut par ce moyen recevoir les secours dont il a besoin que par ses confrères qui sont peu propres à les lui administrer.

« La loi et l'humanité réprouvent toute mesure de rigueur qui n'est pas commandée impérieusement. Je vous invite à vérifier les faits rapportés ci-dessus et à veiller à ce que ces reclus soient traités avec tous les égards qu'exigent leur âge et leurs infirmités et qu'ils reçoivent les secours que la loi veut qu'on leur accorde (1) ».

Sans donner les noms de tous les prêtres qui furent reclus à Cahors durant cette seconde persécution, on peut signaler Hébray et Calvet, de Gourdon, qui au 1er frimaire an VI (21 novembre 1797), d'après le commissaire du Directoire exécutif près l'administration cantonale gourdonnaise, devaient être rendus au chef-lieu du département pour y faire la réclusion (2). On peut encore indiquer les prêtres malades, âgés ou infirmes, compris dans les soixante-dix prêtres réfractaires ou rétractés que

<hr>

(1) Série L 278, numéro 108
(2) « Archives du Lot », Série L 278, numéro 108.
(3) Ibid.

(1) « Archives du Lot », Série L 140, numéro 3.
(2) Série L 278, numéro 36.

le département fit arrêter le 18 frimaire an VI (1).

Un ancien frère-lai de Lauzerte, Delsol, insermenté mais sexagénaire, devait être conduit dans une maison de réclusion de Cahors. Mais l'agent municipal de la commune de Lauzerte estimait que, s'il était permis de modifier la rigueur des lois de 1792 et de 1793 en faveur de quelque individu, « beaucoup de fortes raisons militeraient pour celui-ci ».

L'agent Albouys fit connaître le cas de Delsol à l'administration centrale dans une lettre du 12 brumaire an VI (2 novembre 1797. Il lui écrivit entre autres choses :

« Étant illettré et le ciel ne lui ayant pas accordé ce don parfait qui insinue adroitement le poison du fanatisme, il dit avoir ignoré la loi qui lui ordonnait de prêter serment et déclare être prêt à le faire. Réduit presque à la mendicité, son seul et unique travail se borne à la culture d'un coin de vigne à laquelle il est toujours occupé et qui est sa seule propriété. Cet individu est presque infirme.

« Je crois que, pour concilier l'exécution de la loi avec la justice et l'humanité, on pourrait se borner à le laisser consigné chez lui (2). »

A côté des prêtres renfermés dans la maison de réclusion du séminaire, il y avait, durant cette seconde Terreur, à Cahors, des prêtres faits prisonniers. Ils n'allèrent pas en prison sans protester, sans se dire innocents des griefs qu'on avait contre eux ou sans faire connaître les infirmités qui leur interdisaient tout séjour dans les prisons de Cahors.

Pierre Alaniou, ancien chapelain de Notre-Dame de la cathédrale de Cahors, fut arrêté et conduit dans la maison d'arrêt de la commune (3). Cependant il prétendait n'être atteint par aucune loi. Il n'avait jamais été fonctionnaire public.

« Il est assez connu, dit-il aux administrateurs départementaux le 15 ventôse an VI (5 mars 1798), que les places de chapelains étaient musicales et dévolues aux anciens enfants de chœur parmi lesquels l'exposant a été élevé. Les lois des 12 et 24 juillet, 27 novembre et 26 décembre 1790, et 17 avril 1791, lui sont donc étrangères parce qu'il n'était point dans la classe de ceux que ces lois désignent, ni évêque, ni curé, ni professeur, ni prédicateur, ni aumônier. Aussitôt en possession de la chapelle, aussitôt elle fut supprimée, par conséquent il n'a pu être frappé par les lois des 14 et 16 août 1792. Il n'a jamais causé de troubles (4). »

Alaniou voulait croire que c'était par erreur qu'il avait été arrêté. Il espérait donc de l'administration départementale sa mise en liberté (5).

Le prêtre Richard fut arrêté comme Alaniou à Cahors. Au moment où, en vertu de l'arrêté départemental du 6 brumaire an VII (27 octobre 1798), il allait être maintenu dans les prisons de Cahors, il écrivit à l'administration centrale le 11 brumaire (1er novembre 1798) :

« L'état d'infirmité dans lequel je me trouve ne me permet pas d'y rester sans que ma vie soit en danger. Je suis encore moins dans le cas de supporter la déportation (1). »

Dans ces conditions, il demande au département d'être autorisé par lui à rester jusqu'à parfaite guérison dans sa maison paternelle à Cahors, sous la surveillance de l'administration municipale cadurcienne.

Raymond Dablanc se trouvait détenu depuis une décade et demie dans « la maison de sûreté établie près la maison commune de Cahors ».

Le 18 ventôse an VII (8 mars 1799), il exposa à l'administration centrale du Lot que son état d'infirmité habituelle devait l'exempter non seulement de la déportation mais encore de la détention. Une fois que sa triste situation serait connue des administrateurs, ceux-ci n'hésiteraient pas un instant à le renvoyer dans ses foyers « pour s'y procurer un faible soulagement aux maux dont il est accablé, et auquel l'air malsain et humide de l'endroit où il est détenu fait le plus grand obstacle (2) ».

En mettant pareillement en réclusion ou en prison, le Directoire n'appliquait cependant pas aux prêtres un régime suffisamment vexatoire.

Les deux Conseils des Cinq-Cents et des Anciens trouvèrent trop tièdes des membres du Directoire, dans la guerre entreprise contre le clergé réfractaire. Ils épurèrent le Directoire le 30 prairial an VII (18 juin 1799) et exigèrent que le Directoire encore une fois renouvelé orientât sa politique dans un sens plus nettement que jamais hostile aux insermentés et rétractés.

Il y eut alors, à partir de cette date, une recrudescence de persécution contre les prêtres. On en arrêta et on en incarcéra un grand nombre dans toute la France.

Il y eut des prêtres reclus ailleurs qu'à Cahors, mais dans leurs familles ils étaient toujours mieux que dans une maison de réclusion. Cependant, même à leur domicile, on le sait, les prêtres âgés, malades ou infirmes étaient l'objet d'une surveillance active de la part des autorités locales. On allait même, en certains cas, à les accuser de conspirer contre la République.

D'après une lettre venue de Toulouse à Cahors, datée du 16 pluviôse an VII (4 février 1799), à l'adresse de l'administration centrale du Lot, nous pouvons dire qu'ailleurs, dans une grande ville voisine du Quercy, la réclusion était aussi dure simon davantage pour les prêtres qui devaient être renfermés (3).

---

(1) Série L 276, numéro 44 bis.
(2) « Archives du Lot ». Série L 257, numéro 8.
(3) Série L 161, numéros 72 et 73.
(4) Série L 161, numéro 72.
(5) Série L 161, numéro 72.

(1) Série L 278, numéro 113.
(2) Série L 278, numéros 92 et 93.
(3) Série L 277, numéro 62.

Le 12 pluviôse an VII (31 janvier 1799,
les administrateurs de notre département
avaient demandé à leurs collègues de la
Haute-Garonne un local pour servir de
maison de réclusion aux prêtres du Lot
condamnés à la réclusion. A Cahors on
n'avait pas de local. Celui qu'on avait, le
Séminaire, avait besoin de réparations. Ils
leur demandaient un immeuble à Toulouse
« en attendant qu'ils eussent pu faire mettre en état de sûreté » le local qu'ils desti-
naient à la réclusion des réfractaires. Ils le
sollicitaient au nom même du ministre de
la police générale, qui leur avait prescrit
« de faire conduire dans celles des départements les plus voisins les prêtres dispensés de la déportation à raison de leur âge
ou de leurs infirmités ».

L'administration du Lot avait cru qu'à
Toulouse on accepterait les prêtres du Lot
à reclure. Elle invita, par la même lettre
du 12 pluviôse, l'administration centrale
de la Haute-Garonne, à « l'instruire du
nombre de ces ecclésiastiques » que la maison de réclusion de Toulouse serait dans le
cas de recevoir.

A Toulouse, on ne pouvait agréer aucun
prêtre du Lot. La réponse que firent à
Cahors, le 16 pluviôse an VII, les administrateurs de la Haute-Garonne, fit connaître
l'impossibilité absolue où ils étaient de reclure d'autres prêtres que ceux de leur département.

Mais cette réponse n'a pas pour nous ce
seul intérêt. Elle est particulièrement sug-
gestive à un autre point de vue. Elle nous
dit comment se trouvaient les reclus à
Toulouse même.

« Nous vous observons à cet égard, disent dans leur lettre du 16 pluviôse les administrateurs de la Haute-Garonne, qu'il
n'y a pas encore dans notre département
de local affecté à ces individus, et que celui
qui pourrait leur être approprié n'est pas
encore disposé et nécessiterait pour cela
de grandes dépenses, en sorte que nous
sommes réduits provisoirement à les entas-
ser pour ainsi dire dans la maison de justice de la commune de Toulouse parmi toute espèce de prisonniers qui, les uns et les
autres, y sont très à l'étroit, d'où il suit
qu'à notre grand regret nous ne pouvons,
dans ce moment, remplir vos vœux sur ce
point (1) ».

On avait pris au clergé tous ses biens et,
quand il s'agit de le reclure dans un local
quelconque, on n'eut, même dans une
grande ville comme Toulouse, comme immeuble disponible, que la maison de justice
communale, où devaient se trouver réunis
prêtres et bandits. A Cahors, en l'an VII,
on n'avait même plus un seul local pour
servir de maison de réclusion.

Sur tous les points du territoire de l'ancien Quercy, on trouvait des prêtres détenus dans les maisons de justice attenan-
tes aux locaux des administrations municipales cantonales. Ces prêtres restent ainsi prisonniers un temps plus ou moins

long. Mais, évidemment, la véritable détention se fait à Cahors.

Dans la nuit du 14 au 15 nivôse an VII
(3 au 4 janvier 1799), plusieurs évasions de
prêtres se produisirent, à la maison d'arrêt de la commune de Cahors (1).

Le 1er pluviôse an VII, l'administration
centrale envoya aux autres départements
une circulaire pour en prévenir les administrations. Dans cette lettre, on signalait
les individus qui avaient pris la fuite et on
demandait de faire faire des recherches à
leur sujet.

L'administration départementale de la
Haute-Garonne accusa réception à Cahors
de l'exemplaire qui lui était parvenu. Le
16 pluviôse, elle prévenait notre département qu'elle s'était empressée de donner
connaissance de cette circulaire aux administrations municipales, aux commissaires
des guerres et au commandant de la gendarmerie nationale de son arrondissement.
Elle les avait invités à employer tout leur
zèle pour remplir à l'égard des prêtres à
rechercher les vues des administrateurs du
Lot (2).

Dans le département, à Gourdon, Pierre
Parlange se trouvait détenu dans la maison d'arrêt communale, à la date du 15
frimaire an VII (5 décembre 1798).

Le prisonnier était dans un état lamen-
table. D'après l'attestation des officiers de
santé nommés pour le visiter, le prêtre
était même hors d'état d'être transféré
n'importe où « sans danger pour sa
vie (3). »

Pierre Parlanges avait « deux plaies si-
tuées sur la partie latérale de la jambe
droite ».

Les officiers de santé écrivirent :

« Nous soussignés, certifions que les deux
plaies... sont dans un état qui donne tout
à craindre pour leur dégénération très pro-
chaine en ulcère ; les bords relevés, les
chairs baveuses et vaisseaux variqueux en
présentent déjà un caractère bien distinct ;
le détenu se plaignant toujours qu'il éprouve des éblouissements, tintements d'oreil-
les et douleur constante à l'occiput, accidents concomitants du coup de feu reçu sur
la partie postérieure du coronal, des absences d'esprit momentanées s'étant faites
remarquer et à nous et à ceux qui l'appro-
chent : toutes ces circonstances nous déter-
minent à déclarer ledit Parlanges hors d'é-
tat de pouvoir être transféré sans éprouver
des tortures et courir les plus grands dangers pour sa vie, par le déplacement de
l'humeur abondante qui suinte de ces
plaies (4). »

Pour un prisonnier, Parlanges aurait pu
souhaiter un meilleur état pour être à même de résister aux épreuves d'une maison
de détention.

Le coup de feu dont il est question dans
le certificat des officiers de santé se rap-

(1) « Archives du Lot ». Série L 277, numéro 42.

(1) Série L 277, numéro 62.
(2) Série L 277, numéro 62.
(3) Série L 277, numéro 68.
(4) Série L 277, numéro 99.

porte aux événements de son arrestation. A cette époque il essuya de mauvais traitements. Il reçut plusieurs contusions et dut se soigner aussitôt. Il resta même détenu à Gourdon à cause de son fort mauvais état (1).

A Montpezat, le 17 nivôse an VII, on avait arrêté un prêtre. Une fois détenu dans la maison d'arrêt de la commune, ce prêtre tomba malade. L'administration municipale fit visiter le détenu par les deux officiers de santé Arvengas et Pellet. Ceux-ci rapportèrent que le détenu au corps de garde était « atteint d'une affection gastrique et d'un état fébrile qui en dépend ». Les administrateurs de Montpezat écrivirent à l'administration centrale, le 19 nivôse an VII (8 janvier 1799), qu'ils feraient bien faire à ce prêtre la route de Cahors, mais qu'il y aurait eu du danger à le faire conduire le jour même de l'arrestation au chef-lieu du département (2).

Évidemment, encore une fois, c'est à Cahors que se faisait la prison en attendant un jugement soit d'acquittement, soit de condamnation à la déportation. Les prêtres, une fois arrêtés, ne faisaient que passer dans les maisons d'arrêt locales. S'ils y restaient longtemps, cela provenait de leurs infirmités ou de leur état de maladie qui ne leur permettait par toujours de faire le chemin de Cahors au gré des gendarmes et des administrateurs. A Montpezat, et surtout à Gourdon, le cas se produisit de prêtres qui ne purent être, immédiatement après leur mise en état d'arrestation, transférés dans les prisons de Cahors.

<h2 style="text-align:center">XXIX</h2>

**Jugements du tribunal de Cahors**
**Sentences relatives au royalisme**

Les affaires soumises à l'époque au tribunal de Cahors furent de deux sortes : les unes relatives à des faits simplement politiques, les autres relatives au culte.

Des laïques seuls furent compromis dans les affaires purement politiques qui surgirent alors et que je me propose de signaler d'après les Archives du Tribunal révolutionnaire. Aucun prêtre ne le fut dans ce genre d'affaires (3).

Les réfractaires ne furent guère compromis que dans les affaires d'intérêt purement religieux, qui touchaient à leurs consciences sacerdotales et se rattachaient à la célébration du culte.

Je vais faire successivement connaître les unes et les autres de ces affaires. Les affaires d'ordre religieux sont évidemment pour nous les plus palpitantes d'intérêt puisqu'on a pour but, dans cette étude, de voir tel qu'il fut le rôle religieux du Quercy à l'époque fructidorienne. Mais les affaires politiques revêtirent à nos yeux ce grand intérêt de montrer qu'aucun ecclésiastique ne fut poursuivi pour faits purement politiques et de prouver par voie de conséquence que les prêtres du Lot furent généralement des hommes avant tout religieux, laissant la politique pure de côté.

Le directeur du jury de l'arrondissement de Montauban accusait la femme Raymonde Minot, épouse du cardeur de laine Jacques Estève, domiciliée à Montauban même, d'avoir chanté : *Vive le Roi, Vive la Reine, Vive le Dauphin, Vive le Comte d'Artois* « pour soutenir la couronne et ses trois fleurs de lys » (1).

Cette femme aurait acclamé de la sorte la Monarchie le 25 brumaire an VI (15 novembre 1797), vers les trois heures de l'après-midi, dans le jardin d'Alexandre Cuzard. Elle ne l'aurait pas fait seule. D'autres femmes se trouvaient avec elle (2).

Le directeur du jury accusait la femme Minot d'avoir voulu, par de tels chants, provoquer une restauration monarchique.

Cette femme reconnut devant le directeur du jury de l'arrondissement de Montauban qu'avec les autres femmes elle chanta non seulement cette chanson, mais encore d'autres, et notamment « une dite des Reclus ». Elle croyait avoir prononcé le nom d'Artois, mais elle ne saurait néanmoins l'affirmer. Ce qui était certain, c'est que le mot « d'Artois » se trouvait dans ladite chanson des Reclus. Elle l'affirme du moins dans la mesure où elle peut s'en rappeler. Par contre, elle niait avoir dit les mots suivants « pour soutenir la couronne et ses trois fleurs de lys ». Elle n'avait jamais eu l'intention de parler de roi, ni de reine, ni de couronne de France, ni de fleurs de lys. Si elle prononça le nom d'Artois, ce ne put être dans l'intention de provoquer la royauté « n'ayant ni ne pouvant avoir aucun intérêt dans le retour d'icelle » (3).

A Cahors, la femme Minot fut de nouveau interrogée devant le tribunal criminel du département. Des réponses qu'elle fit, il sembla résulter qu'en chantant *Vive le Roi, Vive la Reine*, etc., cette femme n'avait pas voulu « provoquer à la dissolution du Gouvernement républicain et au rétablissement de la Royauté ». Elle était bien convaincue d'avoir chanté des chansons où étaient les mots incriminés, mais elle ne le fut pas d'avoir crié ces mêmes expressions sous forme de provocation à la République, en faveur d'une restauration monarchique.

Elle fut acquittée conformément à l'article 424 de la loi du 3 brumaire an IV par le président du tribunal criminel Jean-Baptiste-Joseph Laval Parry, le 14 pluviôse an VI (2 février 1798). Elle fut mise en liberté sur le champ, dès le prononcé du jugement.

Raymonde Minot était toute jeune. Elle n'avait que dix-huit ans. Quand elle fut

---

(1) Série L 142, numéro 40.
(2) Série L 277, numéro 32.
(3) « Archives du Lot », Registres du tribunal criminel du Lot, volumes XXVIII. XXIX et suivants.

(1) Ibid., volume XXVIII, folios 167 à 170.
(2) Ibid.
(3) Ibid., dans les deux volumes XXVIII et XXIX des registres du tribunal criminel.

accusée de travailler à la perte de la République et arrêtée pour être conduite dans la maison d'arrêt de Montauban, elle exerçait la profession de « fileuse au tour » et habitait le faubourg de Sapiac (1).

D'après l'agent municipal de la commune de Cambayrac, au canton de Luzech, le 8 fructidor an VI (25 août 1798), au cours d'une fête locale, la fête votive ou la bote, un rassemblement s'était produit et on avait proféré le cri séditieux : Vive le Roi. Les cocardes nationales auraient été arrachées et foulées aux pieds. Les auteurs pouvaient en être signalés et on connaissait des témoins qui certifieraient les faits (2).

Gausbert Dardennes, jeune, commissaire du Directoire exécutif près le tribunal correctionnel de l'arrondissement de Cahors, reçut un verbal de tous les faits dressé par l'agent de Cambayrac et s'empressa, le 26 fructidor an VI (12 septembre 1798), de le transmettre au directeur du jury de Cahors. Il joignit à son envoi les lettres que le commissaire du Directoire exécutif près l'administration municipale de Luzech lui avait écrites à ce sujet.

Dardennes demanda au directeur du jury d'accusation de procéder sans délai à l'instruction « sous peine de forfaiture ». L'affaire ne devait pas avoir cependant de suites bien graves. Il ne fut prononcé aucune condamnation (3).

L'auteur principal du rassemblement séditieux qui avait eu lieu à Cambayrac, le 8 fructidor, était Antoine Bosredon, âgé de 27 ans, fils aîné à Pierre Bosredon, cultivateur, des Roques, commune de Saint-Vincent. Bosredon avait, dans l'affaire, pour compagnons : Antoine Hébrard, de Cambayrac, Pierre Delcros, Jean Chateau, de Saint-Vincent. Les trois jeunes gens étaient des conscrits.

Evidemment, Antoine Bosredon et ses trois camarades ne furent pas les seuls à crier : Vive le Roi. D'autres proférèrent le même cri, à plusieurs reprises. Des réquisitionnaires, conscrits et déserteurs se trouvaient parmi eux. C'est ce qui rendait le rassemblement particulièrement odieux aux autorités locales. Ceux qui le composaient, comme les cris qui y étaient proférés, ne pouvaient que dénoter une organisation séditieuse (4).

Bosredon comparut le 28 brumaire an VII (18 novembre 1798), devant Jean-Baptiste-Marc-Antoine Delbos, directeur du jury d'accusation, dans le prétoire du tribunal correctionnel de l'arrondissement de Cahors. Il y fut accusé « de crime contre la sûreté intérieure de la République et contre la sûreté individuelle des citoyens à Cambayrac ». Au cours de son interrogatoire, il n'avoua pas avoir crié avec ses camarades : Vive le Roi.

Durant la fête votive, le 8 fructidor, Bosredon et les autres étaient allés à l'auberge du lieu et y auraient crié aussi bien que dehors : Vive le Roi. Mais Bosredon nia y avoir proféré ce cri. Il reconnut n'avoir crié que : Vive la République (1).

Les témoins furent entendus le 30 fructidor an VII, par le directeur du jury (1). Celui-ci, comme officier de police judiciaire immédiat, donna une ordonnance en faveur de Bosredon, le 13 frimaire an VII (3 décembre 1798) (2).

A Montauban, les membres de l'administration municipale, à part Couderc et Roux, avaient été prévenus « de conspiration intérieure et extérieure de la République » et trois en furent arrêtés par le maréchal-des-logis Antoine Denugues à la date du 16 vendémiaire an VI (27 octobre 1797).

Ils avaient provoqué à la révolte et refusé de faire afficher l'adresse de l'administration centrale du Lot relative aux événements du 18 fructidor, ainsi que la Proclamation du Directoire exécutif. Au premier avis de la journée du 18 fructidor an V, ils avaient armé plus de mille citoyens, fait braquer les canons, mèche allumée, et avaient répondu, sur les questions posées par le commissaire du Directoire, « qu'ils ne pouvaient rien dire sur les événements, que leur opinion n'était pas la même sur ce qui se passait à Paris ». Tout le temps que durèrent ces troubles, les administrateurs montalbanais avaient donné ordre aux patrouilles de ne laisser passer librement que ceux qui criaient : « Royalistes. » Ils avaient envoyé des agents secrets dans les communes voisines et dans le département de l'Aveyron, afin de se concerter avec les administrateurs locaux soupçonnés de tiédeur vis-à-vis de la République sur les moyens de rébellion.

Les trois administrateurs arrêtés étaient Jean Pecharman, Raymond Lalevie et Guillaume-Jean-Baptiste Fabre. Aussitôt arrêtés, ils furent interrogés par le directeur du jury de Montauban sur les causes de leur arrestation.

D'autres furent arrêtés dans la suite. Des condamnations furent prononcées. Mais, ni parmi les coupables, ni parmi les complices, ne se trouva un seul ecclésiastique (3).

Dans tout le département, nous ne connaissons donc aucun ecclésiastique qui ait eu à comparaître devant le tribunal de Cahors pour délit de royalisme.

A ces affaires relatives au royalisme de certains prévenus pourrait se rattacher, quoique indirectement, une affaire de rixe qui se passa à Cahors le 5 germinal an VI (25 mars 1798), à l'occasion d'une assemblée primaire.

(1) « Archives du Lot », registres du tribunal de Cahors, volume XXIX, folio 170.
(2) « Archives du Lot », tribunal de Cahors, an VII. G. numéro 1.
(3) Ibid. numéro 1 et Registres du tribunal criminel du Lot, vol. XXXVII, numéro 1.785.
(4) Ibid., numéro 2.

(1) « Archives du Lot ». Tribunal de Cahors, an VII. G., numéro 2.
(2) Ibid., numéro 3.
(3) « Archives du Lot », registres du tribunal criminel du département du Lot, volume XXXV, folios 46 à 75 ; volume XXXVIII, folios 7 à 35, et volume XL, folios 1 à 8.

La rixe n'éclata évidemment qu'à cause des vives discussions qu'avaient dû produire parmi les querelleurs les idées politiques débattues alors entre citoyens.

Une assemblée primaire se tenait à Cahors, à cette date du 5 germinal. La rixe n'eut pas lieu dans la salle même des séances électorales, mais bien dans les cloîtres. On sait que l'ancien couvent des Cordeliers avait été adjoint à l'ancien collège royal et que l'immeuble servit pour les réunions électorales durant la période révolutionnaire.

Vers les quatre heures du soir, le 5 germinal, lorsque probablement les têtes durent être bien échauffées en raison sans doute des discussions politiques fort ardentes qui avaient dû se produire au cours de la journée, Guillaume Jouclas (ou Jougla), cordonnier, Ausset, vigneron, et Feriol (ou Fouriol), un autre vigneron, tous trois de Larroque-des-Arcs (ou La Roque), sortirent du lieu même des séances et allèrent au devant de François Miquel, de la commune de Rassiels, qui déjà s'était enfui de l'assemblée primaire et se trouvait dans les cloîtres de l'ancien monastère des Cordeliers. On le voit, les coups qui vont être donnés le seront dans un lieu très distinct de l'endroit où se tenait l'assemblée.

Les trois individus de Larroque se jetèrent sur François Miquel de Rassiels. Ils le frappèrent et le renversèrent par terre ; ils le rouèrent de coups « soit à coups de poing, soit à coups de pied, sur toutes les parties de son corps, de manière qu'il y aurait eu tout à craindre pour le plaignant, si on n'était venu à son secours pour arrêter les susnommés dans leurs excès, nullement provoqués par l'exposant ».

La conduite de ceux qui se laissèrent aller de la sorte à de telles sévices, que peuvent seules expliquer d'âpres discussions politiques antérieures dans la salle de l'assemblée primaire ou ailleurs, n'aurait pas été irréprochable dans le passé. On la déclare « très répréhensible et nuisible » (1).

François Miquel porta plainte contre Jouclas, Ausset et Feriol. Les prévenus comparaissaient devant le tribunal correctionnel de l'arrondissement de Cahors, le 9 germinal an VI (29 mars 1798).

Guillaume Jouclas se présenta le premier. On l'interrogea sur les faits mentionnés dans la plainte portée par Miquel. Aux questions qui lui furent posées, il répondit « n'avoir pas maltraité le plaignant, ne s'être pas aperçu même qu'il fût dans le cloître ». Surtout, il allégua l'incompétence du tribunal correctionnel, puisque l'assemblée primaire avait droit de police « dans toute l'étendue de son enceinte », et que le cloître des Cordeliers faisait partie « du lieu ou enceinte de l'assemblée primaire du canton de Cahors ».

Le plaignant Miquel objecta à Jouclas que l'assemblée primaire se tenait dans une salle du couvent distincte du cloître et que la police de l'assemblée ne pouvait s'étendre hors de la salle. Il requit la continuation de l'audience, en dépit de l'opposition d'incompétence faite par le prévenu.

Après Jouclas comparut François Ausset, vigneron ou cultivateur de Larroque. Cet autre prévenu désavoua les faits qui lui étaient signalés et déclara, comme son co-prévenu Jouclas, l'incompétence du tribunal pour juger l'affaire.

Jean Feriol (ou Fouriol, ou encore Fourniol), troisième et dernier prévenu, fit comme les deux autres, Ausset et Jouclas. Il nia les faits qui lui étaient reprochés et demanda le renvoi de l'affaire devant une autre juridiction, déclarant le tribunal correctionnel incompétent.

Le tribunal passa outre et demanda à entendre les témoins. Les témoins qui comparurent furent : Antoine Yot, vigneron de Trespoux, âgé de 45 ans ; François Cantayré, tisserand, de Trespoux, âgé de 34 ans ; Jean Delcas, de Trespoux, charpentier, âgé de 65 ans ; Antonin Roques, officier de santé de Labastide-Marnhac, âgé de 34 ans ; Guillaume Rouziès, professeur à l'Ecole centrale de Cahors, âgé de 54 ans ; Madeleine Roques, épouse Bouzerand, de Cahors, âgée de 36 ans ; Jean Vayssières (ou Bayssières), cultivateur de Lacapelle, âgé de 50 ans. Ces témoins avaient été cités à la requête du plaignant Miquel.

Celui-ci avait trouvé un avocat. Il eut pour défenseur Me Fouilloux, qui parla après l'audition des témoins.

Dans la plaidoirie qu'il fit en faveur de François Miquel, il soutint que les prévenus étaient bien les auteurs des coups, « des excès » dont se plaignait Miquel, « sa partie », et que les faits s'étaient passés hors de l'enceinte de l'assemblée primaire. Comme conclusion à l'affaire, Fouilloux demanda que Jouclas, Ausset et Feriol fussent condamnés à payer à François Miquel une somme de trois cents francs pour lui tenir lieu de dommages et intérêts, et de plus fussent condamnés « aux entiers dépens ».

La séance fut renvoyée au lendemain, 10 germinal (30 mars 1798), à trois heures de relevée, dès que l'avocat eut défendu la cause de Miquel (1).

Le 10 germinal an VI, le tribunal correctionnel fit connaître sa sentence. Il condamnait, faisant en partie droit aux conclusions du plaignant, Jouclas et Feriol à vingt-cinq francs de dommages-intérêts envers Miquel et à cinq francs d'amende envers la République. Ausset ne fut pas condamné (2).

A Montdoumerc eut lieu un attroupement qui offre bien tous les caractères d'un

---

(1) « Archives du Lot », registres du tribunal correctionnel de Cahors, volume XXXIII, folios 159-161.

(1) « Archives du Lot », tribunal de Cahors, registre XXXIII, folios 150-161.
(2) Ibid., folios 165 et 166.

attroupement organisé par quelques royalistes. Mais encore dans ce cas, aucun réfractaire ne fut mêlé aux troubles.

Ce fut le commissaire du Directoire exécutif près le tribunal correctionnel de Cahors qui dressa l'acte d'accusation contre les instigateurs du mouvement de Montdoumerc, sur le rapport que lui fit des événements le commissaire de Lalbenque.

Il y eut comme prévenus :

Jacques Luc, maçon; Marie-Anne Jordanet (ou Jourdanet), fille; Martin Luc, maçon; Antoine Sabrié, laboureur; Antoine Dissés, tisserand ; Pierre Sabrié, meunier; Joseph Lavergne, charpentier ; Bernard Chauhart, cordonnier; Jean-Régis Girma, charpentier; Jean Sabrié, meunier; Antoine Fabre Dunoyer, cultivateur; Raymond Ramond, laboureur; Pierre Sicard (ou Cicard), menuisier, de la commune de Montdoumerc; Barthélemy Deilhes, cultivateur; Jean-Baptiste Deltheil, cultivateur, de Fontanes ; Jean Marconnié, propriétaire; Jacques Capmas, cultivateur, de Montdoumerc; Jean Poujol, cardeur, de Fontanes; et Jean, domestique de la femme Jordanet, de Montdoumerc.

Le commissaire près le tribunal lut son rapport dans la séance du 28 messidor an VI (16 juillet 1798). L'affaire de Montdoumerc se réduisait d'après lui aux faits suivants :

Le 11 messidor an VI (29 juin 1798)), le commissaire du Directoire Exécutif près l'administration municipale du canton de Lalbenque, Antoine Quercy, arrivait à Montdoumerc, lieu de sa résidence, lorsqu'il entendit battre la caisse. Il aperçut bien vite un attroupement considérable à la tête duquel était Jean, le domestique de la femme Jordanet. Ce domestique était « décoré de deux rubans croisés et suspendus à son col en forme d'écharpe ».

Le commissaire Quercy demanda aussitôt à l'individu « qui battait la caisse » celui qui lui avait donné ordre de faire tout ce tapage. Il répondit que « c'était tout le monde ». Quercy persista à lui poser encore une fois la même question. Le domestique Jean finit par dire au commissaire que c'était lui-même qui en avait donné l'ordre. Il ajouta même, en parlant à Quercy : « Je me f.... de toi et de ton écharpe. J'en ai une aussi bien que toi. Je me f... de tout. Allons, tambour, en avant, marche ! »

Le commissaire Quercy fut couvert de huées et d'apostrophes injurieuses. La foule assemblée, dirigée toujours par Jean, fit le tour du village de Montdoumerc à plusieurs reprises en poussant de nombreux cris « effroyables » et en insultant les républicains qu'ils rencontraient.

On entra dans l'église et on s'y mit à chanter un *Te Deum*. On y dansa même en chantant. On y cria fort : *Vive la religion !*

Au sortir de l'église, on pénétra dans le cabaret du village. Ils n'y étaient pas entrés que tous ces hommes virent promener

ensemble le commissaire de Lalbenque, le chef de bataillon et quelques autres personnages républicains influents. Ils les accablèrent des pires injures « et de personnalités qui leur firent craindre pour leurs jours ». Tous ces personnages durent s'enfuir, se cacher même dans la maison de Quercy.

La foule ne manqua pas de s'attrouper alors devant la maison de celui-ci, environ une demi-heure après, « en continuant de danser et de proférer des hurlements toujours au son de ladite caisse ». Le commissaire et ses compagnons voulurent sortir sur la porte de la maison où ils se tenaient durant cette farandole populaire. Mais la foule, dès qu'elle les aperçut, les couvrit de nouveau d'injures. Le grand chef Jean vint même trépigner sous le nez de tous ces personnages, « avec la plus grande affectation », dans un bourbier situé tout près de la maison Quercy. Le domestique Jean n'était pas seul à agir de la sorte. Ils étaient plusieurs, occupés « à faire rejaillir la boue » sur le commissaire et ses compagnons.

Le commandant de bataillon qui était avec Quercy finit par dire à Jean et à ses acolytes : « Citoyens, ne nous insultez pas et laissez-nous tranquilles ! » Le grand chef Jean n'accepta pas cette observation et « en affichant de plus fort de trépigner dans le bourbier », il lui répliqua : « Je me f... de vous ; je porte deux écharpes ! »

Au dire du commissaire de Lalbenque, dans l'attroupement, « les hommes les plus mutins et les plus portés à la révolte » étaient : Fabre Dunoyer, Deilhes, Deltheil, Capmas, Marconnié, et quatre autres, agents ou adjoints des communes de Montdocmerc ou de Fontanes, qui avaient été suspendus de leurs fonctions pour avoir refusé de prêter le serment de haine à la royauté. Au nombre des révoltés se trouvaient encore : Bernard Chaubard, déserteur; Sabrié père avec deux de ses enfants; Guilhou père et son fils; Blaise Périé; Poujol, déserteur; Lavergne; Jean Régis Girma ; Raymond Ramond et Antoine Dissés.

Quercy se renseigna sur place sur l'origine d'un tel attroupement. Au cours de son enquête, il apprit que Marconnié, le 6 messidor (24 juin 1798), au sortir de la messe d'un prêtre rétracté aurait dit au peuple : « Il faut vous rendre jeudi, sans faute, pour assister à une réjouissance. Il y aura un feu de joie ; l'aristocratie a gagné et il n'y aura que les braves gens et non des républicains, nous ne voulons pas de ceux-ci ».

Le bruit parvenu à Montdoumerc, du triomphe des aristocrates sur la République, était évidemment faux. Même le Coup d'État de brumaire ne devait avoir lieu qu'en l'an VIII, le 9 novembre 1799.

Le commissaire put reconstituer comme il suit la suites des événements :

Le jeudi 11 messidor an VI (29 juin 1798), au jour indiqué par Marconnié, Sicard parcourut de grand matin toute la com mune de Montdoumerc. Il insista auprès de tous les habitants pour qu'ils se rendissent en grand nombre, l'après-midi, dans le bourg, pour y faire un grand feu de joie. On sait ce qui se passa ensuite. Chacun des faits est rapporté dans le procès-verbal qui fut rédigé par le commissaire.

Le juge de paix du canton de Lalbenque fut informé des troubles survenus à Montdoumerc. Une fois dûment renseigné, il lança un mandat d'arrêt contre Jacques Luc, Martin Luc, Antoine Sabrié, Jean Poujol, Antoine Dissés, Pierre Sabrié, Joseph Lavergne, Bernard Chaubard, Jean-Régis Girma, Jean Sabrié, Antoine-Fabre Dunoyer, Raymond Ramond, Pierre Sicard, Barthélemy Deilhes, Jean-Baptiste Delheil et le fameux domestique Jean.

Il y eut un mandat de comparution devant le directeur du jury contre Jean Marconnié, Marie-Anne Jordanet et Jacques Capmas. Ils furent interrogés à Cahors, mais furent remis de bonne heure en liberté.

Jacques Luc était un maçon de Montdoumerc, âgé de 50 ans. Marie-Anne Jordanet, fille, était âgée de 30 ans. Martin Luc, dit Guilhou, un autre maçon, avait 23 ans. Antoine Sabrié, cultivateur, était âgé de 18 ans. Antoine Dissès, tisserand, avait 22 ans. Pierre Sabrié, meunier de Montdoumerc, était âgé de 23 ans. Joseph Lavergne, charpentier, avait 32 ans. Bernard Chaubard, cordonnier, était âgé de 25 ans. Jean-Régis Girma, charpentier, avait 27 ans. Jean Sabrié père, cultivateur, avait 60 ans. Raymond Ramond, cultivateur, était âgé de 62 ans. Pierre Sicard, menuisier, avait 40 ans. Barthélemy Deilhes, cultivateur, de Fontanes, avait 40 ans. Jean-Baptiste Delheil, cultivateur, de Fontanes, avait 35 ans. Jean Marconnié, cultivateur, était âgé de 58 ans. Jacques Capmas, cultivateur, avait 47 ans.

Tous ces individus, une fois conduits à Cahors à la maison d'arrêt de l'arrondissement, furent interrogés sur les faits de Montdoumerc, auxquels, croyait-on, ils avaient participé (1).

Après les prévenus furent appelés les témoins. Ceux qui avaient été cités étaient : Jean Deilhes, « raccommodeur de moulins », âgé de 36 ans; Baptiste Pouzergue, laboureur, âgé de 36 ans; Jean Matat, laboureur, 50 ans, tous trois de Montdoumerc ; Etienne Rascousel, laboureur, de Groumard, commune de Belfort, 40 ans; Guillaume Périé, maçon, de Mondoumerc, 30 ans; Joseph Richard, propriétaire, 34 ans; Marie Capmas, épouse de Pierre Roumé, cultivateur, âgée de 35 ans; Jean Gibert, tisserand, 45 ans; Charlotte Figeac, épouse Rigal, 60 ans; Guillaume Rames, cordonnier, 58 ans; Etienne Merly, propriétaire, 26 ans; Guillaume Delom, officier de santé, 50 ans; Jean Rames, cordonnier, 22 ans. Tous ces témoins furent ap-

pelés à Cahors par le commissaire du Directoire exécutif près le tribunal (1).

Le 29 messidor an VI (17 juillet 1798) se continuait encore l'instruction de la procédure de cette affaire. Les accusés furent défendus par Me Rivières. Il dit « dans son plaidoyer aussi persuasif qu'éloquent », que ses clients n'étaient pas coupables du délit dont on les accusait. Loin de proférer des injures contre le Gouvernement de la République et ses représentants, ils les auraient couverts de paroles respectueuses. D'après Rivières, les prévenus étaient portés « à aimer et à bénir » la République plutôt qu'à la haïr; ils étaient de vrais et sincères républicains, et surtout des citoyens probes et honnêtes, amis de la vertu.

Le défenseur Rivières expliquait les faits de la manière suivante : On avait fait un feu de joie, le 11 messidor, à Montdoumerc, mais l'usage en est constant qu'un feu se fasse après la Saint-Jean, ou au jour même de la Saint-Jean, dans les communes. L'ordre avait été quelque peu troublé, mais la faute en était uniquement au représentant du Gouvernement, personnage d'un caractère « bizarre et digne du mépris », qui n'avait nullement su, dans la circonstance, maintenir la tranquilité dans la commune de Montdoumerc par son manque de jugement et de tact.

Me Audurand défendit la femme Jordanet et plaida dans le même sens que Me Rivières.

Me Calméjane se fit encore l'avocat des prévenus.

Mais, malgré tous ces discours, le commissaire du Directoire Exécutif, Dardenne Jeune, prenant la parole, maintint les faits dans leur teneur essentielle : « Il résulte du procès-verbal dressé le 11 messidor par le commissaire du Directoire Exécutif près l'administration municipale de Lalbenque, dit-il, et de la déclaration univoque moins une des témoins, que le jour dénoncé il se forma un rassemblement dans la commune de Montdoumerc. Le rassemblement précédé d'un tambour et d'un fifre parcourut les diverses rues de Montdoumerc, y proféra des cris effroyables et provoquait les citoyens. Malgré l'invitation du commissaire du Directoire exécutif, l'attroupement, loin de se dissoudre, l'injuria et se refusa d'obéir à la réquisition qui lui fut faite ».

Le tribunal relaxa beaucoup de prévenus. Les plaidoiries aboutirent donc à un résultat. Mais des condamnations furent prononcées. Le tribunal condamna par contumace le domestique Jean et Jean Sicard et, en outre, condamna les mêmes conjointement avec Pierre Sicard, Fabre Denoyer et Deltheil, à un mois d'emprisonnement et à une amende de dix fois leur contribution mobilière solidairement (2).

---

(1) « Archives du Lot », registres du tribunal correctionnel de Cahors, volume XXXII, folios 113-130.

(1) Ibid., folios 130, 131.

(2) « Archives du Lot », registres du tribunal correctionnel de Cahors, volume XXXI, folios 132 à 136.

Le jugement est du 28 messidor an VI (16 juillet 1798) (1).

### XXX

### Les condamnés à la déportation

Le clergé réfractaire du Lot ne semble pas s'être engagé, au moment du coup d'Etat ou dans la suite, dans les luttes politiques dont certaines communes purent être le théâtre. On ne le trouve mêlé à aucune agitation royaliste.

Semblable attitude n'implique pas évidemment que les réfractaires de ce département eussent abdiqué leurs anciens sentiments de sympathie pour la Monarchie et n'eussent pas préféré une restauration monarchique, qui eût été favorable aux intérêts catholiques, au maintien d'une République persécutrice.

Mais semblable fait, que tout un clergé même persécuté se soit mis à l'écart de tout mouvement politique de l'époque, est bien de nature à prouver qu'à un tel moment de crise religieuse les réfractaires du Lot surent avant tout ne considérer que la gravité du conflit politico-religieux de l'heure présente. On voit ainsi le clergé non-conformiste de tout un département mettre de côté toute question de politique pure et travailler simplement dans la mesure du possible, tout en ne prêtant pas le serment de haine à la royauté, au maintien du culte romain dans les localités où il pouvait croire qu'il lui était facile de résider sans trop de dangers.

Ce n'est donc point sur le terrain politique, dans les affaires de pur royalisme, que le clergé du Lot fut exposé à subir les châtiments des lois en vigueur. Ce fut uniquement en matière purement religieuse, en allant à l'encontre de certaines dispositions légales dans la célébration de leur culte, que des prêtres réfractaires se virent condamner à la déportation.

On déporta plusieurs prêtres de ce département. On leur en voulait d'oser faire les fonctions de leur ministère sans avoir prêté le serment de haine.

Certains furent détenus dans la citadelle de Saint-Martin-de-Ré et de l'île d'Oléron; d'autres le furent à Rochefort, avant d'être déportés à la Guyane.

Deux moururent à Saint-Martin-de-Ré, à l'hôpital : Jacques-Martial Bessières, né à Figeac, décédé le 18 octobre 1799, et Pierre Lagane, âgé seulement de 33 ans, originaire de Saint-Germain, décédé le 11 octobre 1798.

Dans l'île d'Oléron fût détenu Jean Pradel, à partir du 7 mars 1799.

Un prêtre, né à Cahors en 1740, André Lafage, fut conduit à Saint-Martin-de-Ré. Il y passa moins d'un an. Il fit soumission aux lois et put être délivré grâce à cette attitude. Ce prêtre quitta l'île de Saint-Martin-de-Ré et se retira à Toulouse.

Ces prêtres comme ceux qu'on va signaler ne furent condamnés à la déportation que pour avoir célébré le culte. On ne saurait dire qu'ils le furent pour avoir réellement fomenté aucune révolte d'ordre politique dans les communes où ils habitaient.

Le prêtre Couderc prêchait. Il ne pouvait dès lors, puisque quoique rétracté il s'adonnait à l'évangélisation des masses, que fanatiser, enseigner l'intolérance, propager la contre-révolution et fomenter la guerre civile. Il prêchait et, dès lors, il devenait naturel, aux yeux des administrateurs locaux, de l'accuser de tenir « une conduite capable de jeter le désordre » dans son canton, celui de Bruniquel. On l'arrêta évidemment en vertu de l'article 24 de la loi du 19 fructidor. Treilhard, président du Directoire exécutif, chargea du soin de cette arrestation le ministre de la Police Générale, à la date du 22 brumaire an VII (12 novembre 1798) (1).

Le ministre Duval s'acquitta de l'obligation qui lui incombait, celle de faire arrêter Couderc. A la date du 25 brumaire an VII (15 novembre), le ministère de la Police Générale fit part au commissaire du Directoire exécutif près le département du Lot, de l'arrêté du Directoire du 22 brumaire portant que ce prêtre devait de suite être arrêté et déporté (2).

Duval chargeait le commissaire du département de faire exécuter sur-le-champ cet arrêté et de faire conduire Couderc « sous bonne et sûre garde » à l'île de Ré, lieu où on devait l'embarquer pour la déportation (3).

Le même ministre Duval écrivait, de Paris, le 2 frimaire an VII (22 novembre 1798), à l'administration centrale du Lot, qu'il approuvait son arrêté prononçant la peine de la déportation contre Jean-Baptiste Alary, ancien Cordelier et pensionnaire de l'Etat (4). Ce prêtre s'était refusé de prêter le serment du 14 août 1792, n'avait pas prêté le serment de haine et cependant il remplissait les fonctions du culte.

Le 23 frimaire an VII (13 décembre 1798), le ministre de la Police générale approuvait un autre arrêté départemental qui condamnait à la déportation le fameux réfractaire Ventach, ce curé de Mayrinhac-Lentour, dont l'influence était si grande sur les populations du canton d'Aynac et que l'administration départementale redoutait tant ! (5).

Duval écrivait encore le 28 frimaire an VII (18 décembre 1798), à l'administration de ce département, que son arrêté du 8 frimaire déportant Jacques Charbonnel était conforme aux dispositions de la loi du 19 fructidor an V et à la circulaire ministérielle du 14 brumaire an VII relative à la police de la France. Ce réfractaire était ainsi déporté pour cause de rétractation

---



(1) Série L 142, numéro 48.
(2) Ibid., 48.
(3) Série L 142, numéro 47.
(4) Série L 142, numéro 45.
(5) Série L 142, numéro 50.

des serments qu'il avait prêtés et célébration illicite du ministère sacerdotal (1).

Le ministre comptait sur le zèle des administrateurs du Lot pour faire rechercher, arrêter, poursuivre et condamner à la même peine de la déportation l'ancien curé de Saint-Cirgues, le prêtre Lajorbe, qui était prévenu du même délit (2).

Le 15 pluviôse an VII (3 février 1799), le département ordonnait la déportation de Baptiste Blavignac, prêtre rétracté et exerçant illicitement le culte, conformément aux lois et à la circulaire du 14 brumaire an VII (3). L'administration centrale adressa à Paris l'arrêté et les pièces à l'appui. Elle ne manqua pas d'obtenir son approbation de la part de Duval. Le ministre approuva l'arrêté à la date du 23 février 1799 (4).

La commission militaire, établie à Périgueux en vertu de la loi du 19 fructidor, pour juger les émigrés rentrés et demeurés même après le 18 fructidor sur le territoire de ce département ou d'autres départements voisins, avait, pour raison d'incompétence, renvoyé devant le tribunal criminel du Lot le prêtre Pélissier « insoumis » au lieu de prononcer elle-même le jugement (5). Le ministre de la police générale fut mis au courant de l'affaire. Après examen, il décida que ce prêtre, se trouvant sujet à la déportation, il était comme inutile qu'il fût jugé par la commission en question. La peine de la déportation à prononcer contre Pélissier pouvait l'être par voie de police et de simple administration. Les administrateurs du Lot étaient donc invités par le ministre Sotin, le 24 pluviôse an VI (12 février 1798), à prononcer eux-mêmes administrativement la déportation contre ce réfractaire. Les décrets rendus en 1792 et en 1793 les y autorisaient d'ailleurs. Sotin terminait sa lettre adressée à Cahors en disant : « Vous aurez soin de me donner connaissance de l'arrêté que vous aurez pris à ce sujet et pour la translation à Rochefort, à l'effet d'y recevoir sa destination (6). »

Le prêtre Philippe-Olympe Conyghan, doyen du chapitre collégial de l'Isle-en-Jourdain, au diocèse d'Auch, dans le département du Gers, fut condamné par arrêté administratif du département du Lot à subir la peine de la déportation pour non-prestation ou rétractation de ses serments. L'administration centrale du Lot ordonna, le 3 fructidor an VI (20 août 1798), que ce prêtre fût conduit de brigade en brigade, et au plus tôt « sous bonne et sûre escorte », dans la citadelle de l'Ile-de-Ré, pour y être déporté hors du territoire français (7).

On conduisait à Rochefort des prêtres condamnés à la déportation. Mais une inspection de la maison d'arrêt où étaient détenus les prêtres à déporter fit découvrir que les prêtres pouvaient s'en échapper très facilement. On informa le ministre de la police générale d'une telle situation. Le ministre Dondeau désigna comme lieu de détention pour les prêtres déportés la citadelle de l'Ile-de-Ré, à la place de la citadelle de Rochefort. A Paris, on voulait ainsi empêcher l'évasion des prêtres, comme aussi activer le plus possible le départ des déportés (1).

Le 30 germinal an VI (19 avril 1798), le même ministre Dondeau invitait les administrateurs du Lot à faire diriger sur l'Ile-de-Ré tous les prêtres « insoumis » de leur département. Les administrateurs départementaux devaient rendre compte sans délai des mesures qu'ils allaient prendre aussitôt pour exécuter les volontés ministérielles (2).

Le vaisseau « La Décade » apporta à la Guyane, 193 individus condamnés à la déportation, prêtres ou hommes politiques. En moins de deux ans, il n'en resta plus que 39. Le navire « La Bayonnaise » apporta 120 autres déportés et il n'en resta qu'un seul.

Des prêtres du diocèse de Cahors se trouvaient sur l'un et l'autre vaisseau. L'un d'eux, Pierre Alaniou, de Frayssinet-le-Gélat, mourut « de faim ou d'asphyxie » dans l'entrepont de la frégate « La Bayonnaise »; les autres moururent dans la Guyane du climat fiévreux de ces pays et des privations qu'on leur imposait en ces contrées, au nom de la République du Directoire, en haine de leur foi.

Le calme momentané qu'on connut en France au lendemain des élections de germinal an V, et qui surtout se manifesta dans le Corps Législatif au moment du vote de la loi libérale du 7 fructidor, ne fut pas suivi de cette période de paix et de tranquillité que comptaient vivre sur le territoire de la République réfractaires de toute sorte, soit anciens émigrés rentrés, soit insermentés soumissionnaires ou insoumissionnaires. On vient de voir, aux récits qui précèdent, qu'une persécution violente fut la suite bien inattendue de ce temps d'accalmie qu'on avait connu dans le pays au printemps de 1797, et jusqu'au mois de septembre de cette même année (3).

*FIN.*

<hr>

(1) Série L 142, numéro 46.
(2) Ibid.
(3) Série L 142, numéro 42.
(4) Série L 142, numéro 42.
(5) Série L 142, numéro 30.
(6) Série L 142, numéro 30.
(7) Série L 257, numéro 44.

(1) Série L 142, numéro 33
(2) Ibid.
(3) Comme sources imprimées existant sur le sujet qui vient d'être traité, signalons les fascicules du « Bulletin de la Société des Etudes du Lot » et l'ouvrage du chanoine Justin Gary dont il a été plusieurs fois question : « Notice sur le clergé de Cahors pendant la Révolution », Cahors, Delsaud, 1897.

# LA SECONDE TERREUR

## EN QUERCY

Par M. Eugène SOL.

Imprimatur :

**Fr. POMAREL,**
Vic. Général.

Cahors, 13 Mars 1914.